Kabbalah
Wisdom

Kabbalah
Wisdom

Kabbalah
Wisdom

Kabbalah
Wisdom

Copyrights 2023
Laitman Kabbalah Publishers
www.kabbalah.info
ISBN: 978-1-77228-112-5

道路
歷史・現在・未來
The Road
The History, The Present and The Future

麥可・萊特曼 著　周友恒 編譯

The blind person drives the blind people.
The blind people guide the blind person.
（一個瞎子驅使著一群瞎子往前進，
這群瞎子又反過來指引著那個瞎子。）

看不見前方，人類將滅亡。
Where there is no vision, people perish.

——Proverbs 29：18, Bible 箴言《聖經》

問題不可能在其自身發生的層面被解決,對一個問題的解決總是需要提升到一個更高的水準才能實現。這個世界不會,也將不會理解它所面臨的這些問題以及解決這些問題的方法。

——愛因斯坦

占領

生態災難　　　　　　　　　　　　　　全面危機

危機（crisis）一詞（是從「希臘語的 κρίσις，krisis——決定，轉捩點」而來）指變革點，過渡時期，爆發點等，說明曾經有效的方法由於環境條件變化已變得無效，並且導致危急的情況和問題出現的一種狀態。

換句話說，危機不是指一種崩潰的狀態，而是指一種向全新的狀態的轉捩點。人類的問題是我們看不見這種新的狀態！

——麥可‧萊特曼博士

作者序

解讀生命的渴望！

我想，所有孩子都會經歷一個喜歡問「深奧」問題的時期。我曾問過「我們從哪裡來的？」、「人死了會去哪裡？」等問題。其中，我還問過，「生命的目的是什麼？」或許是因為父母都是博士的原因，我總覺得自己天生喜歡探究科學上的答案。可能因為我一直喜歡探究科學的奧祕，自己找到的答案總是更加廣泛，更加自然。

我選擇的科學領域是控制論，確切地說，是醫學生物控制論，這曾是我的研究項目和研究工具。在那個時候，控制論是一門革新的新生科學，使得研究者可以探索複雜的系統，並找出控制它們的機理。我曾對於人體和它的控制系統感到特別的興趣。透過控制論，我曾致力於解讀人類自身存在的祕密：身體和寄居其中的靈魂（我認為是這樣的）。

但是我的願望受挫了。確實，科學教會了我很多有關生命的東西，更確切地說，告訴了我新生命的開始和它維持的方式。但是，它並沒有帶給我、驅動我的科學研究更重要和更根本的問題的答案：生命是什麼？生命又是為了什麼？

解讀生命的渴望使我孜孜不倦地去研究任何自己可以得到的資料和線索。我在科學、哲學，甚至是宗教方面繼續著自己的研究，直到自己得到大量多餘的新知識和對生命的理解為止。但是，就和我起初有關控制論的經歷一樣，所有的這些似乎都不足以解答我對於生命的意義和目的這個最深層的疑惑。

直到有一天，我突然得到了自己長久以來探索的答案。我偶然碰到了它，後來發現這是一門叫做「卡巴拉」的科學。回顧以往，我發現自己所有的探究都並非多餘和可惜。在我探究「卡巴拉」的道路上，科學、哲學和宗教都是必要的「中途站」，儘管我從未真正停在其中的任何一個點上。在自己對於生命的意義和人類存在的目的的理解上，它們都做出了自己那一部分的貢獻，而且它們每一個都恰到好處地構成了由卡巴拉幫助我建立起來的完整的世界觀的一個部分。

另外，我發現了人類存在的意義和當今世界所面臨的各種全球危機之間的聯繫。透過卡巴拉，我認知到了這些危機是無可避免的，也讓我認知到了它們在和平與繁榮中必然得以解決，認知到了在如何解決這些危機方面我們的自由選擇是什麼——透過協同合作；而更主要地則是透過對我們的團結一體和互相依賴性的意識的覺醒。而且更重要地是，我發現古老的卡巴拉有關人類關係的理念為建立一個促進這種友善關係的可行性社會提供了一個平台。

現有的全球危機是事先註定的這一觀點並不是我自己獨有的。而且危機是一個通往一個所有人最狂野的夢想都不可能夢想到的現實的跳板，這個觀點也同樣不是我的發明。這兩個概念都存在了幾千年，只是最近才得以浮現出來，因為這是第一次一個必須的雙重條件得到滿足：人們已經足夠地絕望到了急切渴望得到一個答案的地步，並且能對之進行足夠清楚的解答的方式已經具備。至於我自己在昭示這些概念中所扮演的角色，我想我是一位呈獻者和促進者。但是，我對這些觀點絕對沒有所有權。

正如我希望在接下來的章節中將要展現的那樣，當代科學和現代思維現在有可能滿足那個雙重條件，從而揭開這個在卡巴拉科學中的古老

的祕密。如果不是量子物理敢於挑戰牛頓的對現實的認知世界觀，我們就不會認為類似「現實的統一性」等概念是值得考慮的。而且，如果不是哲學虔誠地培養了自由的思想觀念，我們也將無法分享思想和互相學習。

因此，雖然我將要介紹的是卡巴拉式的概念，我將同時表明，其中許多理念與現代科學並行。我希望，在多元主義的精神裡，人們將會用一種開放的思想和心態來迎接它們。而且，如果我能喚起哪怕只是一個同齡人的沉思，就像他們在我之內一樣，我也覺得自己的這些努力完全得到回報了。

麥可・萊特曼

編譯者序

突破過去，才能進入未來！

　　常識是一個人成長到 18 歲時獲得的偏見的積累！

—— 愛因斯坦

　　真理最大的敵人不是惡意謀劃，也不是不誠實的謊言，而是那些人們一直相信卻不真實的神話！

—— 美國前總統 約翰·甘迺迪

　　我想愛因斯坦表達的常識或者講偏見，如果不被突破就會變成甘迺迪所講的遮住我們探求真理的雙眼的毒藥！因為偏見必然將我們引到錯誤的道路上，並最終進入死胡同！這不正是人類整體面臨的狀況嗎！？當然，這種常識，在不同的層面，表現的形式不同！在國際，國家層面則表現為引領人類和民族走向未來的思想和主義！在科學層面則表現為認知的形式是否正確，觀察到的到底是什麼！

　　根據愛因斯坦的論斷，我們在學校裡學到的知識以及在家庭和社會中積累的所謂經驗等實際上都會成為我們探索宇宙以及我們自己是誰的包袱！這也正是整個世界尤其是我們中國現存的教育體系存在的根本問題！也是我們泱泱 14 億人口大國到現在都出不了一個諾貝爾獎獲得者的根源問題，因為我們的教育體系只是在培養對過去的權威的崇拜者，唯唯諾諾的服從者，不鼓勵任何超越和批判精神！

但是，人類對宇宙和自身的認識卻是一個由表及裡，由淺入深，隨著時間不斷深入的探索過程，所以，過去的知識是應該用來在今天突破的，過去的思想巨人是為了讓我們站在他們的肩膀上繼續向上突破的！只有這樣，才能將未知變成已知，思想和知識的接力螺旋上升過程才能得以持續，直至真正的智慧出現，終極的目標顯現。

沒有哥白尼對地心說的突破，就不會有今天對宇宙的更全面的認知；沒有愛因斯坦對牛頓的突破，也不可能有偉大的相對論的出現；沒有量子力學對愛因斯坦理論的突破，也不會有現代的量子物理和對宇宙奧祕的最新探索！人類的認知就是突破，再突破，不斷突破的歷史！

但是，為什麼人類歷史和文明發展到今天，為什麼我們越是往前探索，越是對科學和世界有了更新的認知，對科學技術掌握的越多，經濟高速發達，我們人類面臨的危機卻越來越大！？而我們的生活卻沒有比以前感到更幸福，我們對未來卻充滿了越來越多的疑惑和不安呢！？

在今天這個全球危機四起的全球一體化時代，危機的出現正在呼喚著我們對過去的突破，對過去的常識的束縛的超越，只有超越和突破過去，才能進入並看見未來，才能產生度過危機的新思想，新思維；新的目標才會顯現，新的道路才會產生！

現在是過去的果，又是明天的因，未來的成敗取決於今天的選擇！但是，現在的危機都是在過去的思想和知識體系的指引下，發展累積的結果！如果，我們還試圖從舊有的知識體系裡尋找解決這場空前危機的方法的話，那無異於像愛因斯坦所講的，我們人類又在重複著人類所能做的，但我們至今仍沒有汲取教訓的那種最愚蠢的瘋狂行為！

所謂的人類瘋狂就是一直不停地重複地做著同樣的事情，卻期待產生不同的結果！
——愛因斯坦

所以，面對這場空前的危機，人類最需要的是冷靜下來，哪怕在沒有搞清楚之前停下來，也比現在這樣盲目向前都好，人類，請停下你急匆匆的腳步，是停下思考一下的時候了！看一看我們到底在哪裡做錯了！為什麼我們對未來的美好期盼卻化作了災難、毀滅以及未來的不可預見性！出路又在哪裡呢！？

應該講，前人的常識沒有錯，都是人類偉大探索的足跡和結晶，錯的是我們後人對待常識的態度，我們的先哲們一定也在焦急地期盼著我們對他們的突破，他們一定會在想，為什麼他們的子孫們在幾千年之後的今天，還沒有真正突破他們的思想，甚至還沒有正確理解他們的思想和智慧！無論是孔子、老子還是釋迦牟尼以及歷史上那些偉大的思想家、科學家們！我想，他們的思想絕不是用來束縛我們往前突破的雙腳，也不是用來蒙蔽我們看見未來的雙眼的；我想，他們也不願意讓我們只是崇拜他們、景仰他們、停留在他們的光環中止步不前，而不敢探索他們的光環沒有照到的未知世界的！但是，歷史的車輪已經前進了幾千年，我們卻沒有真正的突破，只是在闡釋、演繹、應用他們的思想，毫無疑問，在他們的思想的光芒指引下，人類取得了空前的成就，但也正是這種停滯不前，也導致了今天人類在從個人到家庭，再到國家和國際層面的危機，也是今天全球性危機發生的原因！

危機恰恰表明了人類在突破過去上的停止不前和滯後，這種狀況的出現一方面是我們自己在過去的常識的指引下，發展到了今天的這個局面，另一方面危機也說明，正是因為我們沒有突破，它才以危機的形式出現從後面鞭策我們強迫我們突破過去。危機是我們自己創造的結果！也只有我們自己能夠突圍並拯救我們自己！

突破過去，突破常識的時代已經到來！我想，先人們一定會為我們

的突破，而歡呼，而喝采！因為過去的常識只是為我們搭建了一個高飛到另一個未知層面的平台！偉人們的肩膀是讓我們站得更高，看得更遠，進而上升到一個新的存在層面的！人類應該有足夠的勇氣突破常識，突破過去！況且，我們也沒有其他的選擇！危機不會給我們留有向後或原地踏步停止不前的選擇！因為這正是它發生的原因！我們可能會害怕失去過去而拒絕突破過去，但是正是這種猶豫和畏懼，會讓我們過去擁有的也將失去！人類歷史「眼見他起高樓，眼見他宴賓客，眼見他樓塌了」的大國不斷崛起又陸續倒塌的歷史清楚地說明了這個道理，停滯不前不是選擇；倒退，更是在敲響自己更快毀滅的喪鐘！人類沒有別的選擇，只有一條路，突破過去，向前突圍！當然，這種突破，絕不是魯莽和盲目地向前！

　　好在，一個幫助我們突破過去的所有常識，使它們不再遮住我們的雙眼的智慧正在向我們招手，她一直就在那裡等待著我們去尋求她！使用她，幫我們找到真正的目標，幫助我們認識自己是誰，幫我們找到宇宙存在的奧秘和我們生命的意義！而這一切都取決於我們自己有沒有突破過去的勇氣以及識別她的慧眼了！

　　這個智慧就是偉大的卡巴拉智慧，但願越來越多的人能夠從中看到智慧的光芒！並藉助她照亮隱藏區域，發現生命目標，突破過去，在卡巴拉智慧當中找到引發危機的原因，引領人類走出危機，進入一個更偉大的未來時代！

　　這本《歷史，現在，未來》是萊特曼博士從卡巴拉智慧的角度，對宇宙進化和人類文明史的另類解讀；他不像一本普通的著作，不是透過羅列宇宙進化和人類文明發展歷史的事件，而是從隱藏著的深層的原因層面，闡釋了那兩股操控並主宰著宇宙，隱藏在我們的五官所看到的現

象背後的力量，它們的相互作用和相互關係是如何的，它們如何引發了那些在宇宙進化以及人類文明史的里程碑事件，它們與現實事件之間的平行對應因果關係又是如何的等等。

根據卡巴拉智慧，我們看得到的世界和我們能夠透過五官觀察到的一切都是現象，就像一棵樹的枝葉部分一樣，而其原因層面對我們來講卻是隱藏著的，而且這種因果關係是單向的。但是，人類文明發展到今天，我們人類只是，當然也只能利用我們的五官以及延伸的科學儀器在現象層面觀察、收集、整理、記錄、歸納、推論並由此得出了各種理論，這其中就包括達爾文的物種進化論。但從卡巴拉智慧的角度來看，這些理論全部都是侷限於在現象和結果層面的觀察，而沒有讓我們真正看到引發它們的原因層面的力量。侷限於這些現象層面的思想也好、理論也罷是無法讓我們真正地瞭解宇宙和我們自己的；而只能演變成各執己方真理的論戰，而這就是達爾文進化論和宗教創世說之間的爭論。這種爭論永遠不會有結果出來！達爾文理論是侷限於現象層面的觀察，而創世說的堅持者則是對卡巴拉著作——《聖經》（主要指摩西五經《托拉》）的錯誤解讀。而按照卡巴拉智慧，如果不瞭解引發了我們看到的現象的根源和原因層面的力量，瞭解它們相互作用的規律，也就是瞭解事物發生和發展背後的自然規律，瞭解這些背後的力量會將宇宙演化和人類引向哪裡，我們人類就不可能真正瞭解過去發生了什麼，現在正在發生什麼，更無法知道將來會發生什麼，更不要談應對未來了！如果我們還是像從前一樣只是在現象層面用過時的思想和理論指導應對這場危機的話，這場危機不但不會緩解，而且會越來越惡化！

根據卡巴拉智慧，人類目前已發展到宇宙演化的最後階段！就像一個新生命將要誕生之前，母親臨產前將要遭受的那種最劇烈的陣痛一樣，

人類整體正處在人類有史以來最痛苦的階段，危機表明人類自文藝復興以來按照自己具有的天性——利己主義方式發展科技和經濟的時代已經結束，現在發生在歐洲、美國等的經濟危機和主權債務危機，就是這種人類所處發展階段的表象！

人類發展到今天，一方面整個世界已經透過全球經濟和資訊網路高度聯繫在了一起，我們已經成為一個單一的高度相互依存的整體，這已經是不容我們選擇的事實！但同時，我們每個人的自我也都已發展到其最高峰——每一個人都變得高度自戀，這種自戀又使得人們越來越相互分離！這兩股既聯繫又分離的力量將人類帶到了自人類有文明歷史以來危機的最高峰。我們真正的危險則在於我們對全球化的認識嚴重不足！還沒有意識到這一新的條件，要求一種全新的生存法則與之相適應。

按照萊特曼博士所表達的，人類所處的這個特殊的危機時刻，是人類唯一真正具有的自由選擇的時刻，我們要嘛選擇按照過去的做法，依然遵照「你的歸你，我的歸我」的利己主義發展模式，走向全體毀滅；要嘛選擇將整個人類做為一個整體，走利他式的相互擔保、相互合作、共同繁榮的道路！我們人類就處在這個十字路口。這一切都有賴於我們每個人以及全人類對自己、對過去的突破和對未來的選擇！只有突破過去，才能進入未來！而卡巴拉則為我們指明了目標和道路，使我們可以愉快到達！

周友恒
2012 03 16

目錄

道路：歷史 · 現在 · 未來
作者序 · 9
編譯者序 · 12
引言 · 22

第一章　人類對於一的追求
1. 那個隱藏著的無所不在的力量 · · · · · · · · 32
2. 來自巴比倫的先驅 · · · · · · · · · · · · · · · · · 37

第二章　核心願望
3. 起源（創世記） · · · · · · · · · · · · · · · · · · · 49
4. 四個階段和創造的起源 · · · · · · · · · · · · · 51
5. 階段 0 和階段 1 · · · · · · · · · · · · · · · · · · · 54
6. 階段 2 · 57
7. 階段 3 · 62
8. 階段 4 · 65
9. 對創造的思想的探求 · · · · · · · · · · · · · · · 70

第三章　人類共同的起源
10. 願望是如何變為世界的 · · · · · · · · · · · · · 80
11. 平行的名字──我們的這個世界 · · · · · · 85
12. 亞當的誕生與墮落 · · · · · · · · · · · · · · · · · 89

第四章　宇宙和地球上的生命

13. 大爆炸（The Big Bang）・・・・・・・・・・・・・・・・ 97
14. 物質的四個進化發展階段 ・・・・・・・・・・・・・・・ 99
15. 靜止無生命層面 ・・・・・・・・・・・・・・・・・・・ 102
16. 植物層面 ・・・・・・・・・・・・・・・・・・・・・・ 110
17. 動物層面 ・・・・・・・・・・・・・・・・・・・・・・ 113

第五章　人類

18. 自我的開始 ・・・・・・・・・・・・・・・・・・・・・ 120
19. 人類：唯一的例外 ・・・・・・・・・・・・・・・・・・ 125
20. 身體 VS. 頭腦 ・・・・・・・・・・・・・・・・・・・・ 129

第六章　走在相反的方向上

21. 金字塔內的金字塔 ・・・・・・・・・・・・・・・・・・ 137
22. 分裂 ・・・・・・・・・・・・・・・・・・・・・・・・ 139
23. 自由選擇 ・・・・・・・・・・・・・・・・・・・・・・ 142
24. 在不斷進化的願望面前：團結 ・・・・・・・・・・・・・ 145
25. 其他道路 ・・・・・・・・・・・・・・・・・・・・・・ 147

第七章　偉大的融合

26. 猶太人的流放 ・・・・・・・・・・・・・・・・・・・・ 152
27. 中世紀──隱藏的時代 ・・・・・・・・・・・・・・・・ 160
28. 自由大憲章 ・・・・・・・・・・・・・・・・・・・・・ 166

第八章　文藝復興

29. 人類精神的偉大覺醒 · · · · · · · · · · · · · · · · 173
30. 揭開神祕面紗，努力走向公開的開始 · · · · · 177
31. 卡巴拉的繼續發展 · · · · · · · · · · · · · · · · · · 183
32. 連接與溝通 · 186

第九章　同一個世界

33. 無形的連接 · 195
34. 指數倍增效應 · 198
35. 全球性的網路 · 201

第十章　自由選擇的時代

36. 人性的強制性自由選擇 · · · · · · · · · · · · · · 210
37. 《光輝之書》的登場 · · · · · · · · · · · · · · · · 214
38. 瞭解系統的需要 · · · · · · · · · · · · · · · · · · · 219

第十一章　一種全新的做法

39. 互相合作與自我實現 · · · · · · · · · · · · · · · · 227
40. 二者擇一 · 231
41. 將自然的法則做為指引 · · · · · · · · · · · · · · 235
42. 將變化應用到生活中 · · · · · · · · · · · · · · · · 239
43. 培養相互責任 · 243
44. 培育合作性的環境 · · · · · · · · · · · · · · · · · 247

第十二章 突破過去，進入未來

- 45. 顛倒的世界——認知世界的革命 · · · · · · · · · · · · · · · 259
- 46. 你到底是誰，以色列人？ · · · · · · · · · · · · · · · · · 266
- 47.《聖經》到底在告訴我們什麼？ · · · · · · · · · · · · · · 275
- 48. 為什麼我們至今還沒有讀懂《聖經》？——《聖經》語言的祕密——根枝語言　280
- 49.《光輝之書》——世界真正的奇蹟 · · · · · · · · · · · · · 284
- 50. 全球化危機十字路口的生存模式 · · · · · · · · · · · · · 287

附錄

- 有關卡巴拉的基礎知識 · · · · · · · · · · · · · · · · · · · 297
- 其他卡巴拉著作 · 313
- 有關 Bnei Baruch 國際卡巴拉教育和研究中心 · · · · · · · · 335
- 如何聯繫我們 · 341

引言

在這些文字被寫就時，世界才剛剛開始擺脫自第二次世界大戰以來最長的經濟衰退。世界各地的千百萬人失去了他們的工作、他們的健康保險、他們的家園，但最重要的是，他們失去了對未來的希望。

我們的健康似乎並不比我們的財富對我們更有利。現代醫學，西方文明的驕傲，正在掙扎著應付以前認為已經滅絕的疾病。聯合國全球健康理事會（the Global Health Council）發表的一份報告稱，「一度被認為已得到控制的疾病，已重新做為主要的全球性威脅而出現。抗藥性的細菌、病毒和其他寄生蟲菌株的出現，讓人類在控制傳染病方面面臨著新的挑戰。疾病的多重感染為預防和治療感染製造了重重阻礙」。

地球，也不像以前那樣友善了。詹姆斯·洛夫洛克（James Lovelock）的《蓋亞的復仇》（The Revenge of Gaia）、歐文·拉茲洛（Ervin Laszlo）的《混沌點》（The Chaos Point）和艾爾·高爾（Al Gore）的《不願面對的真相》（An Inconvenient Truth），只是眾多有關地球氣候不斷惡化的警告式報導中的三個代表而已。

隨著全球變暖、兩極冰蓋融化、海平面上升等，已經造成了驚人的巨變和悲劇性的災難。斯蒂芬·法里斯（Stephan Faris）發表在《科學人雜誌》（Scientific American）的一份報告列出了已經受到氣候變化影響的一些地方。在蘇丹達佛（Darfur），由於長達10年的乾旱，游牧部落和定居部落之間爆發了衝突，而後發展成為反對蘇丹政府忽視他們的叛亂。隨後，這場危機蔓延到查德中非共和國。此外，在該報告中，太平洋島國基里巴斯已經宣佈其土地不再適宜居住和要求協助疏散人口。在2009年3月24日的一則新聞中，彼得·波法姆（Peter Popham），《獨立》（The Independent）雜誌的撰稿人之一，從另一個角度描述了氣候的困境：「全

球變暖使高山冰川融化迅速，以致於義大利和瑞士政府已經決定重新劃訂它們的國家邊界線，以應對這一新的現實。」

氣候變化導致的一個更加悲慘的結果是饑餓，是由於一些地區長期乾旱而其他地區洪水不斷氾濫造成的。據世界糧食計畫署（World Food Programme）的數據，全世界中有十多億人飽受經常性的饑餓，而且這個數量還在不斷增加。更糟糕的是，每年因饑餓和相關原因而死亡的人數超過九百萬，其中超過一半是兒童。這意味著，在今天這個人類歷史上技術最先進的時代，每6秒鐘就有一個孩子僅僅因為缺乏食物和飲用水而死亡。

而我們的家庭，同樣存在著諸多問題。根據2006年10月由美國社區普查公佈的調查結果，離婚率的上升速度令人咋舌：和已婚夫婦相比，今天的美國有更多的未婚情侶。在人類歷史上，單親家庭第一次成為了常態，而雙親家庭則變成了例外。

許多科學家、政治家、非政府組織和聯合國有關機構警告說，人類正面臨著一個前所未有的、在全球範圍內發生災難的風險。無論是核戰爭、變異禽流感還是任何的一場大地震，都可能吞噬上百萬的人口，並把數十億人推進貧窮。

然而，危機始終貫穿於人類的整個歷史。我們人類並非第一次處於危機之中。14世紀的黑死病大流行以及兩次世界大戰的危機都遠遠超過我們目前的困境。不過和以往危機不同的是，當前的危機以目前的人性的狀態為特徵。我們的社會已經向兩個表面上相互矛盾的極端方向發展——一方面是要求相互依賴的全球化，而另一方面人們卻又變得越來越自戀。而對於這些前所未有的全球性的災難而言，無論是在經濟領域還是在其他更多的領域，都有解決的方案。

今天，全球化關心的問題遠遠不單單是經濟相互依存的問題。我們生活中的每個領域都在全球範圍內連接在一起：我們用來自娛自樂的電腦和電視機來自（主要但不完全）中國大陸、台灣和韓國。我們開的車來自（同樣，僅為主要的）日本、歐洲國家和美國，我們穿的衣服來自印度和中國，我們冰箱中的食品則來自世界各地。

更有甚者，世界上觀看好萊塢電影和學習英語的人數以百萬計。事實上，在全球約14億使用英語的人中，只有4.5億人以英語為母語。《亞洲時報》（Asia Times）作家因陀羅耆特・巴蘇（Indrajit Basu）在2006年9月15日發表了一篇文章，題目是《「以英語做為母語」正在失去它的影響》。

　　2009年3月8日，美聯銀行集團（Wachovia Corp）的經濟學家馬克・維特納（Mark Vitner）介紹了世界全球化的形勢。他在微軟全國有線廣播電視新聞（MSNBC）上淺顯地描述了信貸市場的相互聯繫：「這就像試圖把打散的雞蛋還原，不會那麼容易。我甚至不知道這是否可以做到。」

但是，全球化的相關問題不僅在於它使我們相互聯繫；雖然它使得我們相互依賴，但並非這些相互聯繫使得人類繁榮，而是它導致了持續的拉鋸戰爭。如果世界突然轉向使用風能和太陽能，那石油資源豐富的國家會發生什麼呢？如果中國停止購買美元，那美國會發生什麼呢？日本、印度、美國和韓國，如果沒有用以購買商品的美元，那中國會發生什麼呢？如果西方遊客停止旅遊，那靠西方人的享樂主義而養家糊口的全球數以百萬計的人口又將如何呢？CNN記者法利德・紮卡利亞（Fareed Zakaria）在2009年8月1日《新聞週刊》的一篇題為《走出去的錢包：世界需要美國人花錢》的文章裡，有力地說明了這種尷尬：「如果經濟

之神告訴我，能得到一個有關全球經濟命運的問題的答案……我會問，『美國消費者什麼時候能又重新開始消費？』事實上，我們已經成為一個地球村，我們的生存完全互相依存。」

然而，相互依存只是今天複雜現狀的一部分。就在我們已經越來越全球化的同時，我們也變得越來越以自我為中心，做為心理學家，吉恩·M·特溫吉（Jean M. Twenge）和凱斯·坎貝爾（Keith Campbell）形容它為「越來越自戀」。在他們頗有見地的書《自戀流行病：生活在權利的時代》（The Narcissism Epidemic:Living in the Age of Entitlement）中，特溫吉和坎貝爾稱之為「在我們的文化裡，自戀無情地上漲」，並闡述了它引起的問題。他們解釋說，「美國正在飽受自戀疫情的痛苦。……自戀人格特質和肥胖上升得一樣快……」更糟糕的是，它們還在繼續，「自戀率的上升正在加快，和幾十年前相比，21世紀之初更是如此。到2006年，四分之一的大學生符合自戀特質的大多數衡量標準。今天，正如歌手利特爾·傑姬（Little Jackie）所說的那樣，許多人認為「就是這樣，全世界都應該圍繞著我運行」。在韋伯斯特（Webster）的辭典中，自戀被定義為「自我主義」，坦白地說，這意味著我們已經成為可怕的自私鬼。

因此，我們的問題是雙重的：一方面，我們相互依存；而另一方面，我們正變得越來越自戀和彼此疏遠。我們正在努力創造的生活方式是在兩個根本無法相交的方向上發展：相互依存和相互疏遠。也許這就是為什麼我們可以在網路社交網站花無數個小時和「虛擬朋友」聊天，但對自己家裡的親人卻冷若冰霜的原因。

如果我們只是相互依存，那我們可以團結起來，相互支援，以愉悅身心；如果我們只是自私，那我們會分裂開來，過自己的生活。但是，如果我們同時相互依存而又自私自利，那麼，無論哪種方法都解決不了

問題。

　　而這在本質上正是危機的根源：我們的相互依存關係需要我們一起努力，但是我們的自我中心卻使我們疏遠、欺騙和利用對方。結果，我們如此努力建立的合作系統被瓦解，然後危機爆發了。

　　因此，這本書的目的是雙重的：（1）一方面，即闡明我們相互依存的起因，另一方面，也闡明我們的自我中心的根源是什麼；（2）提出了一個為了我們的自身利益而將這兩個看似相互衝突的特性結合在一起的可行的解決方案。為了實現第一個目標，我將從我所學到的卡巴拉的智慧對自然的結構、創造和宇宙的演變歷史，特別是對人的本性做出解釋。而為了實現第二個目標，我會將20世紀偉大的卡巴拉學家耶胡達·阿斯拉格（Yehuda Ashlag）以及其他偉大的卡巴拉學家的觀點，和當代的科學家和其他學科的學者的建議結合起來。

　　在卡巴拉的智慧中，我發現了一個我認為是解決目前的全球性問題的可行方法，同時我也為我有機會來展示這一方法而心存感激。它是我的希望，請允許我這樣說，透過卡巴拉的概念，我們可以拯救我們自己，也能拯救這個藍色的星球。

第一章

人類對於一的追求

| 第一章　人類對於一的追求

2008年8月，當自1929年大蕭條發生以來最嚴重的金融危機爆發時，許多知名政要和金融家強調團結與合作的必要性。他們呼籲限制主導華爾街的以自我為中心的思想框架的必要性，並且表達了對分裂主義和保護主義的擔憂。如標題是「世界領導人尋求團結抗擊金融危機」的文章（The Economic Times，2008年9月24日），呼籲廣泛的團結和合作，共同應對不明朗的經濟前景。

乍看之下，如果自己沒有被要求的話，那麼這種精神是可以理解的。畢竟，世界的金融家們知道他們的機構是如此緊密地聯繫在一起的，以致於一個機構失敗其他機構也會跟著倒塌，他們是唇亡齒寒的關係；同時政客們被警告，如果他們不站出來拯救自己國家的銀行，那麼自己本國的經濟將會崩潰並帶來多米諾骨牌效應式的連鎖反應，進而拖累整個世界經濟。

然而，在危機面前，人們總是很自然地做著相反的事情：封閉自己，保護那些屬於自己的東西。當然，這和團結那些「外國人」——特別是那些可能被視為引發危機的元凶的外國人，或者至少，對於今天的困境負有責任的外國人——聯合相比，這似乎是一個更安全的方法。

因此，美國，這個被普遍認為是造成金融危機和使其迅速升級的國家，並沒有因為孤立而承受痛苦。因為全球經濟的這種相互聯繫性，迫使諸如中國等經濟體不得不購買美元國債，並進而支撐了美國的經濟。

然而，對於政治家而言，把自己國家的利益放在第一位似乎顯

得再自然不過了，這就如同 19 世紀英國頒佈的《穀物關稅法》和胡佛總統（Hoover）1933 年頒佈的《購買美國產品法案》一樣。雖然，合作和自我利益兩者之間微妙的平衡一直處於搖擺不定的狀態，然而今天，當我們在調查金融危機造成的破壞時，似乎大多數人還是擁護團結而譴責自我保護主義和孤立主義，那麼，為什麼會是這樣呢？

如果我們只是從純粹的經濟或心理學角度來思考這個問題的話，那麼，我們就無法得出一個定性的結論。然而，當我們從卡巴拉科學的角度來探究它時，我們將會看到，在國際關係中所涉及的力量（事實上，在任何關係裡），是一體化的力量，而不是孤立的力量。它們的強大遠遠超過任何理性或非理性的決策過程，而它們在「幕後」決定著我們的行動。

在國際層面上，這些力量決定著全球的貿易、政治、條約、衝突和生態。在國家層面上，它們決定著教育、福利政策、媒體和當地經濟的發展趨勢。在個人層面上，它們決定著我們與家人的關係，而在存在的最深層面，它們則決定著我們以及自然界中的每種其他元素的進化發展。

當我們瞭解了這些力量時，我們就會明白，為什麼拿破崙會貪多地去試圖征服俄羅斯；為什麼希特勒也是同樣如此地貪心（而且是想征服同一個國家）；為什麼伯納德・麥道夫（Bernard Madoff）在他應停下來之時卻不能停止直到被別人停止時。這種「貪得無厭」綜合症是一種人類的典型的陷阱，是一種哪怕是世界上最

| 第一章 人類對於一的追求

偉大的領袖和將要成為未來領導的領導人也無法抗拒的陷阱。事實上，導致我們如此表現的力量，是我們自身和這個世界的一部分，如果對它缺乏瞭解和正確的認知的話，我們將招致無法承受的危險。

為了瞭解這些創造了現實的那些元素和力量，並且在其過程中影響它，我們必須先來瞭解它們的起源和最終歸宿。否則，就會像描述一個汽車內部的工作方式，例如它的發動機，和齒輪的連接，齒輪給軸承傳遞力量的方式等，而不去解釋汽車是一個將人們從A地安全、舒適並快捷的運輸到B地的機器一樣。如果不解釋它的目的，那麼討論汽車的構造又有什麼益處呢？

卡巴拉和其他科學一樣，研究現實的內部運作。科學透過觀察現象而總結得出解釋其最後目標的理論，但對於卡巴拉科學而言，卻是首先看到目標，然後以目標做為出發點解釋結構。正如卡巴拉解釋的，那個目標就是為了使每個人在這個世界上發現創造和支配著全部生命的那個單一的、根本的力量。換句話說，卡巴拉的目標就是讓每個人都認識到自己生命的創造力量並獲取它，然後收穫這一發現所可能帶來的全部好處。

20世紀被稱為巴拉蘇拉姆（Baal HaSulam）（階梯的主人）的偉大的卡巴拉學家耶胡達‧阿斯拉格（Yehuda Ashlag），在他的《光輝之書》（The Book of Zohar）的注解性著作《蘇拉姆》（Sulam）（階梯）中，用如下的方式說明了卡巴拉和生命的目的：

「這種智慧不多不少是一種根源的秩序，這些根源透過一種固有的、預先確定好的規則根據因果關係傳遞下來，交織成一個被稱

為『在這世界向它的創造物揭示其神聖』的單一的、崇高的目標。」

　　我們的生命是用來達到這一目的的工具。因此，卡巴拉學家將我們這個世界中物質的、歷史的和社會的現象視為實現這一最終目標的不同階段；正是從這個角度，本書將討論人類的歷史和當前的狀況以及未來的狀態。

1 那個隱藏著的無所不在的力量

卡巴拉當然不是僅有的研究自然的那些隱藏力量的科學，那些力量在幕後操控著我們的這個世界。根據《大英百科全書》（The Encyclopedia Britannica），「牛頓的機械力學理論，即經典力學，準確地反映了在他的年代裡所有已知條件下的力量的影響。……從那以後該理論已被修正，被量子力學和相對論加以了擴充」。換言之，概括地說，在 20 世紀，科學已經不再滿足於牛頓的理論，因為它不足以解釋所有觀察到的大自然中的現象。

在 20 世紀下半葉，科學家們認識到，這些新的理論也同樣無法全部解釋自然界中的現象。這導致了對一個大統一理論（GUT, Grand Unified Theory）的探求。「（物理）理論家的夢想」，根據《大英百科全書》（The Encyclopedia Britannica）所說，「就是要找到一個完全統一的理論，一種關於所有事物的理論，即 TOE（Theory Of Everything）」。

在一個似乎與 TOE 類似的探求中，許多著名的理論物理學家們開始斷定，在現實的最根本的層面上，我們其實和現實的所有部分是一個單一的整體（ONE）。早期理論物理學家維爾納・海森堡（Werner Heisenberg）說：「把部分從整體中分離出來，把不能原子化的事物原子化在根本上就是一個錯誤，因為是團結和互補構成了現實。」（引用自 Barbara Piechocinska 的《物理學整體性：

動態總體做為物理理論的概念基礎》（Physics from Wholeness: Dynamical Totality as a Conceptual Foundation for Physical Theories）。

和海森堡同時代的量子物理學家歐文・薛定諤（Erwin Schrdinger），在他的論文《神祕的願景》中指出：「我們所看到的複雜性只是一個表象，它並不真實。」即使是偉大的愛因斯坦，在一封日期標注為1950年的信中也宣稱：「人類是被我們稱之為宇宙的整體的一部分……我們將我們自身、我們的思想經驗為和其他部分相分離的東西，這實際上不過是一種意識上的光學式的錯覺。」

然而，證明現實的所有部分都是一個單一整體的物質顯化，或建立一個適用於現實的所有部分的大一統理論TOE，將會需要一個認知模式（Paradigm），一個應該適用於生命的各個層次：身體、心智和情感等各個層面的認知模式。

而這超出了物理學家們的研究領域。即使是那些最頂尖的理論物理學家也無法解釋在大自然中觀察到的所有現象。特別的是，對一種名為「意識」的現象的徹底解釋難住了所有領域的科學家。然而，意識不僅存在，也絕對會影響到科學實驗的結果。在這方面，約翰斯頓・勞倫斯（Johnston Laurance）博士，前國家兒童健康和人類發展研究所前所長，在他發表的名為《客觀的科學：一個內在矛盾修飾法》的網路文章中有以下敘述：「所有的科學觀察，甚至在最基本的層面上，都受到觀察者本身意識的影響。在這方面，當我們說『只有當我相信它我才看見它』時，比通常所說的逆命題情

| 第一章　人類對於一的追求

況『眼見為實』更切合實際。許多研究表明，意識在不同的場合對於觀察結果都有著重大的影響：從細菌的生長到心臟病患者的診斷結果。」不過，勞倫斯博士絕不是這一觀點的先驅。

19世紀的神經學家，被視為現代神經病學創始人的簡・馬丁・夏科（Jean Martin Charcot）也承認：「在最後的分析中，我們看到的只是我們準備好去看的東西，那些我們被教導去看到的東西。我們消除並忽略了那些不屬於我們的預先判斷的一切。」因此，如果科學觀測本身影響、扭曲，甚至消除那些被觀測到的現象的話，那麼科學如何能被認為是百分之百準確的呢？此外，如果至少這個影響觀察結果的關鍵因素——意識不被納入研究和觀察的話，那麼，任何現象又如何能夠得到充分地理解呢？

這便是哲學被加入進來以彌補那些科學不確定的地方。許多偉大的思想家都曾透過「現實的統一性（oneness）」的概念這種方式來做這項工作。西元前四世紀希臘偉大的哲學家，基蒂翁的齊諾（Zeno of Citium）說：「一切事物都是一個單一的被稱為自然的統一系統的部分。」

同樣的，德國哲學家和數學家W.G.萊布尼茨（W.G. Leibniz），在《萊布尼茨的哲學文稿》（The Philosophical Writings of Leibnitz）中表示：「由於所有事物彼此之間的這種互相聯繫，因此，除了在一個單一的來源之處你可以找到現實之外，在其他任何地方都無法找到現實。」

當然，相信這種統一性、團結和相互聯繫的完美景象是一件極

好的事情。但可能和那些雄辯的哲學家們一樣，一個真正的真理尋求者會難以因為它「聽起來」漂亮或是真實而去接受一個思想。在最後，對於一個理論或概念的唯一真正有效的實驗，是一個人自己的親身經驗。

畢竟，對某一個人看似有效和真實的東西，對於另一人而言可能是完全錯誤的。如果你使光線穿過稜鏡，它會分解成構成彩虹的所有顏色的光。但如果你展示的對象是一個全色盲者（完全的色盲），那無論你給他或她所看到的灰色色調命名為什麼，都沒有任何區別。對那個人而言，它們都是灰色的。同樣，做為物理學家和哲學家，在親身觀察統一並且不可分割的現實時，也是如此：要想做為事實接受這個統一性，人們必須親身去體驗它。

雖然體驗現實的統一性對於很多人來說聽起來像是神祕主義者，但是以上的語錄引用證明了這一觀點是有許多支持者的，其中有值得尊敬的科學家以及一些諾貝爾獎獲獎者。事實上，對於一個更完整的和更統一的現實畫卷的需要，並非是隨著量子物理學甚至愛因斯坦的誕生而產生的。早在1879年，英國化學家和物理學家威廉・克魯克斯（William Crookes）就宣稱：「我們實際上已經觸及物質和力量相互合併在一起的邊界地帶……我冒昧地認為，未來最偉大的科學問題會是在這個邊界地帶發現它們的解決方案，甚至超越這個邊界地帶；而這裡，在我看來，是終極的現實存在的地方，微妙、深遠，而又美妙。」

事實上，透過我對科學在總體上的探索，而且特別是對卡巴拉

的研究，我發現克魯克斯（Crookes）的直覺十分正確，因為正如我在上文所闡述的，卡巴拉首先看到那個最終目標，並從那裡出發解釋結構。而且，因為現實本身就是藉助它實現那個目標的工具載體，卡巴拉科學實質上本身就是一種大一統理論，一種 TOE 理論，它讓我們既能理解到現實的全部範圍，又能實際體驗它的這種統一性。

2 來自巴比倫的先驅

在我們鑽研這個稱為卡巴拉的大統一理論之前，首先需要瞭解它的起源，並給予它的「始祖」適當的讚賞。讓我們暫時穿梭時空，回到那個古老的美索不達米亞，那個人類文明的搖籃之地。

大約四千年前，在今天的伊拉克境內，在底格里斯河和幼發拉底河之間肥沃遼闊的土地上，一個名為巴比倫（Babel）的城邦國家孕育了一個繁榮的文明。那裡的人們生生不息，它是整個古代世界的貿易中心。巴別，即我們今天所稱的古巴比倫，是一個充滿活力的文明的中心，它就像一個熔爐，是眾多信仰體系和教義的理想場所。這裡的人們練習占卜、解讀撲克牌、相面和掌紋算命、崇拜神靈，還有其他許多神祕的行為。在巴比倫所有受尊敬的那些人們中間，最受尊敬的人中有一位叫做亞伯拉罕的牧師，是一位當地有名的偶像崇拜的權威，就像他的父親，特蘭（Terah）一樣。

然而，亞伯拉罕有一個非常特殊的品格：他擁有非常敏銳的感知能力，像所有偉大的科學家一樣，對真理的探求充滿激情。12世紀偉大的學者邁蒙尼德（Maimonides）（也被稱為RAMBAM）在他的著作《大能的手》（The Mighty Hand）第一部分「科學之書」中介紹亞伯拉罕發現人生真理的決心和努力：「這位偉人從很小的時候起就開始思考………夜以繼日。他想，如果沒有驅動力，輪子會一直轉下去嗎？如果它不能自我轉動，又是誰在推動它呢？他既沒有老師，也沒有導師。相反，他在烏爾（Ur）的迦勒底（Chaldean）

| 第一章 人類對於一的追求

人中間和那些沒有文化的大眾一樣崇拜偶像,他的母親、父親和所有的人都是如此地崇拜星星,他也跟他們一樣。」

在他的探求中,亞伯拉罕知道了克魯克斯(Crookes)在這麼多世紀之後描述的在那個邊界線之外發生的事情。他發現了海森堡(Heisenberg)、薛定諤(Schrdinger)、愛因斯坦、萊布尼茨以及其他人直覺到的那種團結,那種現實的統一性。用邁蒙尼德(Maimonides)的話說,「他(亞伯拉罕)用自己的正確智慧到達了那條通往真理的道路和對於公正的理解。他知道,存在且只有唯一一個上帝,在這裡領導著這一切……而且祂創造了一切,在所有的存在之中,除祂之外,沒有其他的神」。

為了正確地解釋這些摘錄,我們需要特別注意的是,卡巴拉學家所說的上帝並不意味著宗教意義上對這個詞的解釋,即將上帝做為一個全能的,你必須崇拜、取悅並且請求寬恕的神;而做為回報,那些虔誠的信徒會得到健康、財富、長壽,或以上所有等等。

相反,卡巴拉學家用自然,用整個的自然來定義上帝。有關對「上帝」這個詞的含義最明確的定義來自巴拉蘇拉姆(Baal HaSulam),在他的著作中他解釋說,上帝和自然是同義詞。例如,在他的文章《和平》一文中,他寫道,「為了避免從現在起同時使用兩個術語:自然和上帝,正如我已經表明的那樣,它們兩者之間沒有什麼區別……這對我們是最好的……接受卡巴拉學家的話:HaTeva(自然)是和Elokim(上帝)相同的……那麼,我就能夠將上帝的律法,叫做『自然的規律』,反之亦然,因為它們是同一個而且完全相同的概念,對此,我們不必要在這上面繼續討論它」。

來自巴比倫的先驅

邁蒙尼德（Maimonides）寫道，「在 40 歲時，亞伯拉罕開始瞭解他的創造者」，那個創造了萬物的單一的自然法則。但亞伯拉罕沒有將這一切保留給他自己：「他開始為烏爾的迦勒底（Chaldean）人提供答案，告訴他們正在前行的這條道路，並非一條通向真理的道路。」像在他之後的伽利略，和其他許多歷史上的偉大先驅一樣，亞伯拉罕面臨著過去的成見的挑戰：他的對頭就是當時的巴比倫之王尼姆羅德（Nimrod）。

《米德拉士拉巴》（Midrash Rabbah），一本古老的希伯來聖人於五世紀寫下的著作，對亞伯拉罕和尼姆羅德的對抗爭鋒進行了生動的描述，同時可窺探到亞伯拉罕的熱情。

「特蘭（Terah）（亞伯拉罕的父親）是一個偶像崇拜者（他靠製作和售賣偶像維持生計）。有一次，他到某一個地方，告訴亞伯拉罕坐在那裡等他。這時一名男子走進來，想買一尊雕像。他（亞伯拉罕）問他：『你多大了？』那人回答說：『六十歲了。』亞伯拉罕對他說：『多悲哀啊，一個年近六旬的人非得崇拜一個才一天大的雕像。』結果那個人羞愧地離開了。」

「還有一次，一個女人進到店裡，端著一碗粗粒麵粉。她對他說道：『嗨，在雕像的面前祭祀吧。』亞伯拉罕站了起來，拿起一把錘子，打破了所有的偶像，並把那把錘子放在其中那個最大的雕像的手中。

當他的父親回來時，他的父親就問他：『是誰做的？是誰打碎了它們？』他（亞伯拉罕）回答說：『一個女人來了，給它們帶來

第一章 人類對於一的追求

了一碗粗麵粉,並告訴我要在雕像的面前祭祀。我就照做了,一個雕像說我要先吃。接著另一個也說我要先吃。

　　最後,那個最大的雕像站了起來,拿著錘子,將它們都打破了。』他的父親說:『你在愚弄我嗎?它們一群雕像能知道什麼?』亞伯拉罕回答說:『你的耳朵能聽到你的嘴巴正在說什麼嗎?』」

　　此時,特蘭認為,他再也無法管教他這個固執的兒子了。「他(特蘭)把他(亞伯拉罕)交給尼姆羅德(他不僅是巴比倫之王,也對當地的習俗和信仰非常精通)。他(尼姆羅德)告訴他:『崇拜火。』亞伯拉罕回答說道:『那麼,水能滅火,我更應該崇拜水嘍!?』尼姆羅德回答說:『崇拜水!』亞伯拉罕說:『那麼,我應該崇拜能攜帶水的雲嘍?』尼姆羅德告訴他:『崇拜雲!』亞伯拉罕又回答說:『那麼,我應該崇拜驅散烏雲的風嗎?』尼姆羅德告訴亞伯拉罕:『崇拜風!』亞伯拉罕接著說:『那麼我們應該崇拜能經得起風的人啦?』尼姆羅德回答說:『你講得太多了,我只崇拜火。我要把你扔進火中,讓你崇拜的神來從火中解救你!』」

　　「哈蘭(Haran)(亞伯拉罕的兄弟)站在那裡。他說:『不論情形如何,如果亞伯拉罕贏,我就會說我贊同亞伯拉罕,如果是尼姆羅德贏,我就會說我贊同尼姆羅德。』由於亞伯拉罕被扔到火爐裡卻被拯救了,他們問他:(哈蘭(Haran)『你和誰站在一邊呢?』哈蘭(Haran)告訴他們:『亞伯拉罕。』於是他們把他扔在火爐裡,在他的父親特蘭面前被活活燒死。因此有人說:『哈蘭(Haran)在他父親特蘭的面前死去。』」

因此，儘管亞伯拉罕成功地應對了尼姆羅德的挑戰，但他卻被驅逐出了巴比倫，離開了哈蘭（Haran）（發音 Charan，以區別於特蘭的兒子 Haran）。但是，這位來自巴比倫的先驅在被放逐之後並沒有停止自己探索發現真理的腳步。

邁蒙尼德的詳細描述告訴我們，「他開始向整個世界吶喊，以警示他們：這整個宇宙裡只有一個上帝……他不斷吶喊著，從一個城鎮到另一個城鎮，在一個王國到另一個王國，直到他到達了迦南這片土地上」。

「然後他們（他流浪到的地方的人們）在他周圍聚集，並詢問他所說的一些事情，他教導每一個人……直到他將他們全都帶回到真理的道路上來。最後，他周圍聚集的人數達到了數以萬計，而且他們就是亞伯拉罕聚集在一起的人們，亞伯拉罕在他們的心中播撒真理，編撰著作，並教導他的兒子以撒（Issac）。以撒也是這樣教導、訓誡和告知自己的兒子雅各（Jacob），並為他聘請了一名教師，繼續傳授和傳承……然後先祖雅各教導他所有的兒子，並且把利維（Levi）單獨區分出來，委任他為負責人，並使他坐下來學習上帝之道。」

為了維持這一真理能夠世代相傳，亞伯拉罕吩咐他的兒子和子孫後代要在利維（Levi）的子孫中不斷地指定人，並繼續和傳承這一知識，因此，這個知識就不會被遺忘。這在雅各的孩子們和跟隨他們的人們中間得到繼承和發展。

亞伯拉罕的努力產生了一個驚人的結果，那就是誕生了一個知

| 第一章 人類對於一的追求

曉生命最深奧的法則,知曉任何事物的終極理論的民族:「也就是一個知曉創造者的民族在這個世界上被創造出來了。」而這個民族就是以色列民族。

確實,以色列不僅僅是一個民族的名字。在希伯來文裡,Ysrael(Israel 以色列)是由亞沙爾(Yashar)(直接)和埃爾(El)(上帝)兩個片語組成。以色列表示為一種想要發現生命的法則的願望,也就是創造者(上帝)的思維方式。換句話說,以色列指的不是一個遺傳歸屬,而是表示驅使亞伯拉罕探求到他的發現的那個願望的名稱或方向。

從起源上來說,最早的以色列人大多是巴比倫人,以及加入亞伯拉罕團隊的其他民族的成員。對於古代以色列人而言,這是顯而易見的。正如邁蒙尼德所寫,他們有自己的老師,萊維(Levis),並被教導要遵循這一生命的基本法則。

然而在今天,我們人類所不知道的事實是,「以色列」指的是那個想瞭解生命的基本規律的渴望,也就是想瞭解創造者的願望,而不是指一個遺傳譜系。

自從第二聖殿的毀滅開始,近兩千年來對這個真相的隱藏,把我們引向對這個真理幾近遺忘的境地:卡巴拉,這一教導自然的(上帝的)統一的科學,是為全世界所有人服務的,正如亞伯拉罕當時希望用於所有的巴比倫人一樣,正如邁蒙尼德描述的那樣,「開始向整個世界吶喊」。

幾千年來,只有卡巴拉學家一直傳承著這個真理,保持著

這個真理的鮮活度。包括：摩西·坎洛紮特（Rav Moshe Chaim Lozzatto）、萊姆查爾（Ramchal）、默納罕·孟德爾·阿什克納茲（Rav Menachem MendelAshkenazi）、耶胡達·阿斯拉格（Ashlag）和他的兒子，巴魯克·阿斯拉格（Rav Baruch Ashlag），被稱為拉巴什（Rabash），梅厄·本·加貝（Rav Meir Ben Gabay），以及其他許多偉大的卡巴拉學家們都用樸素的話語表達說：Ysrael means Yashar El 以色列的意思是指直接和上帝連接。

此外，我們將在下面的章節裡描述到，發現這種力量的需要，在今天還是一如既往的中肯並和我們息息相關。

自亞伯拉罕的時代起，沒有任何事物在其性質上發生過變化，這個統一的規律和統一性仍然是那個單一的創造、統治以及維持著生命的力量。

事實上，在今天，對這一點的知曉比以往任何時候都更迫切。因為在亞伯拉罕的時代，人類還有許多可以去探索的道路以及充足的土地來居住。

然而，今天，我們已是一個全球性的一體化社會，而且危機正在全球範圍內蔓延。我們所犯的任何錯誤都會對整個世界造成損害。亞伯拉罕的發現可以幫助我們在尋找危機的根源和制定相應的拯救計畫時添加進對那個控制生命的力量的考量，這使它變成最重要的、挽救生命的資訊。

亞伯拉罕所發現並向他的學生描述的那個力量，就是驅使拿破崙征服了他自己所無法統治過來的地方的力量，同時也是推動著中

國走向國際化而不是孤立的那個力量。

然而，這種力量也是主張保護主義和分離主義的那些聲音背後的力量。在一個全球一體化的世界，貿易保護主義可能意味著我們文明的終結。

我們唯一的希望就是團結，因為團結是那個產生和驅動所有生命的力量驅使我們到達的目標的方向。但要注意的是，團結本身卻不是目標，團結是實現目標的手段。人類，在歷史上因為這一點犯了很多次錯誤，他們錯將團結本身看作了目標，並強迫人們去團結。這造成了人類歷史上多次的浩劫！因此，我們的挑戰，就是要找出目標，並在目標的指引下，學習如何去團結。

這是可能的，也是可行的，但在一個危機的時刻，卻需要認識到那個創造生命的力量，也需要一種與之實現合作和協作的互惠努力，以便遵照這個控制著一切的規律的強制要求生存下去。

| 第二章 |

核心願望

亞伯拉罕的發現的重要性並不在於它的科學性或觀念上的創新，儘管這樣的觀點在他的時代是絕對激進的。確切地說，他的發現的重要性在於它的社會的現實性方面。

的確，亞伯拉罕探求問題的動機最終使他的發現在人類社會的現實性方面和智慧方面一樣重要。他發現自己所在城鎮的人們相互之間變得越來越疏遠。在很長一段時間裡，巴比倫孕育出了一個繁榮的社會，容許多重的信仰系統和教義和諧相處。但是在亞伯拉罕的時代，人們正變得越來越狹隘、自以為是和相互疏遠，亞伯拉罕想知道其中的原因。

亞伯拉罕透過對自然的觀察和研究認識到，透過我們的感官所呈現的這個世界，不過是以一個包裹著複雜且各種力量相互交織在一起的外殼。當這些力量用一種特定的方式相互交織在一起時，它將誘發某種特定類型的物質的或情感的現實出現，比如，誕生、死亡、戰爭或和平，以及其中的各種狀態。這個相互作用不但表現在宏觀的方面，比如國家之間，而且在生命的每個元素上都是如此：從亞原子到星際之間，從每個個人到國際間。在這本書後面的章節裡，我將探究亞伯拉罕的發現的社會含義（本質），但是要想這麼做，我們需要更多地瞭解這些發現本身的一些特性。

亞伯拉罕發現這些力量的思考過程在他的疑問中有明顯的表現，正如尼爾·珀斯德曼（Neil Postman）在《教育的終結》（The End of Education）中所描述的那樣，「人類可用的主要智慧工具」。在邁蒙尼德的書中是這樣描述的，亞伯拉罕問道，「（現實的）車輪如何才能夠在沒有驅動者的情況下一直向前轉動呢？因為它自己

無法轉動它自己,那麼是誰在推動著它的呢?」後來,他的深刻洞見幫助他在辯論中擊敗了尼姆羅德,在尼姆羅德不斷要求他服從於這個或那個元素時,亞伯拉罕不斷告訴他所有的這一切現象都只是某個隱藏的根源的外在分枝(衍生物),並不具備它們自己的真正力量。

因此,經過反覆的琢磨和觀察,亞伯拉罕才認識到真正讓這個世界運轉的是什麼,像所有偉大的真理那樣,它是那麼的簡單明瞭:願望,準確來說是兩種願望。一種是給予的願望,另一種則是接受的願望。這些願望之間的相互作用使得這個世界得以運轉;這即是驅動所有事物運轉的車輪,也是創造了一切現象的那些力量。

用卡巴拉的術語來說,給予的願望被稱為「他(創造者)善待他的創造物的願望」,而接受的願望被描述為「接受愉悅和快樂的願望」。簡單地說,卡巴拉學家把它們稱為「給予的願望」和「接受的願望」。

亞伯拉罕的這一簡單的發現正是他試圖說服他的同胞巴比倫人的東西,而這也正是尼姆羅德試圖阻止他這樣做的原因。為什麼呢?正如我們上面所說的,尼姆羅德不僅是巴比倫之王,而且還精通他那個時代的各種信仰體系。當亞伯拉罕在辯論中擊敗了他,他擔心民眾轉而信仰亞伯拉罕的教義。而且,如果有很多人認識到並不是尼姆羅德在統治世界,而是由某種隱藏著的力量在統治的話,那麼,尼姆羅德將會失去他的權勢。這就是為什麼尼姆羅德想要殺害亞伯拉罕的原因,而當他失敗了以後,他就將亞伯拉罕驅逐了出去。

驅逐亞伯拉罕並沒有恢復巴比倫人之間的相互友愛和團結,並且最終「上帝(創造者,意味著自然)混淆了整個地球的語言,並把他們驅散至地球的各個角落」(《聖經》,＜創世記,11:9＞)。這並不是因為一個報復心切和有權勢的稱為「上帝」的老人在抱怨他們,才使這事發生在巴比倫人身上。事情之所以如此發展,是因為亞伯拉罕發現的那些願望有著特定的進化演變方向和過程。這裡發生的不是所謂的隨機性的相互作用,而是有著一整套規則並且是透過一個嚴格的因果關係展開的。

當亞伯拉罕發現它時,他意識到他的同胞正在向著錯誤的方向前行,而這會導致他們最終的毀滅,所以他竭盡所能地警告他們。正如我們所看到的那樣,這些願望就像萬有引力,或者磁鐵的南極和北極一樣是恆定的並且嚴格的。但是,像重力和磁鐵的兩極一樣,這兩種力量也可以為我們的利益服務。

要想瞭解人類當前的這種危機狀態和古巴比倫時期的那種社會狀態的相似性,進而瞭解亞伯拉罕的發現和當前的全球危機的相關性,我們需要瞭解這兩個願望進化演變的方向。而要實現這一點,我們則需要從頭開始。

3 起源（創世記）

16世紀偉大的卡巴拉學家以撒·盧里亞（Kabbalist Isaac Luria，the Ari），盧蘭尼克（Lurianic）卡巴拉（即今天卡巴拉的主流學派）的創立人，在他的著名的著作《生命之樹》（The Tree of Life，第一章，第2節）中寫道，「看哪！在創造物被創造出來，在發射出的東西被發射出來之前，只有一種更高的、簡單的光充滿著整個現實。

而且，在那裡沒有任何地方是有空隙的，例如空穴和虛無的存在，所有的現實都充滿著那個簡單的無限的光。」

從那以後，只有一位卡巴拉學家探索著寫出了有關這段精深的詩句的解釋，並對《光輝之書》（The Book of Zohar）進行了完整的注解，他就是20世紀最偉大的卡巴拉學家耶胡達·阿斯拉格（Rav Yehuda Ashlag），亦即巴拉蘇拉姆（Baal Ha Sulam）。

在他的有關阿里（the Ari）的六卷注解性著作Talmud Eser Sefirot（《十個Sefirot的研究》）中，巴拉蘇拉姆解釋說，阿里所指的光指的是當接受的願望被快樂充滿時的那個喜悅的感覺。

他同時把「光」定義為「接受的容器（也就是接受的願望）以外的所有一切」。

換句話說，只有兩種「存在形式」存在著：給予的願望，它被阿斯拉格（Ashlag）稱為「光」、「創造者」或「快樂」等；以及

 ‖ 第二章 核心願望

被他稱為「容器」、「創造物」或「創造出來的存在」的接受快樂的願望等，或享受的願望。

　　為了理解所有的現實都僅僅源自這兩種願望，我們需要更深入地瞭解它們之間是如何互相作用的。

四個階段和創造的根源

　　電、萬有引力以及自然的所有其他力量都是永恆的現象（也就是與時間無關）。換句話說，你不能確定它們被創造的某個具體的時間點，因為大自然的這些力量並不是某種特定的事件，它們是涵蓋著整個時空的潛在或磁場（電場、萬有引力場等）。它們在特定的條件下才得到顯化，如果擁有正確的工具，我們可以探測並發現它們的存在。

　　為了證明電的存在，你需要某種形式的電阻，比如，一盞燈或電流計。如果沒有任何電阻阻止電流的流動的話，我們將永遠無法知道電正在流經它，並且我們也永遠無法發現電的存在。同樣，要證明萬有引力的存在，我們需要觀察它對物理性的物質的作用。而要發現光，我們需要一個可以使光發光的物體，也就是說，需要一個使光停止並把它反射回我們的眼睛的物體。

　　正是出於這種完全同樣的方式，卡巴拉學家透過給予的願望和它的阻體，也就是和他們自己的接受的願望的互相反應而發現了那個給予的願望。當他們對他們自身這個接受的願望進行調校使得它們更精密更靈敏的時候，它們便能探測到那個操控這些願望的力量。正是如此，亞伯拉罕發現了驅使他自身願望的那個力量，而現實的其餘部分則是給予的願望。這便是亞伯拉罕傳授給他的兒子和學生們的知識。而且這也一直是卡巴拉學家不斷地透過師徒傳承，並且現在開始向全世界傳播的那個知識。

第二章 核心願望

順便說一下,一個卡巴拉學家和另外一個卡巴拉學家之間的區別(我們會在之後的章節裡詳細地討論),並非在於他們所傳授的知識,而在於他們傳授這個知識時所使用的語言和風格。我之所以在很大程度上參照阿斯拉格(Ashlag)的著作,並非是因為他的著作涉獵的內容更加廣泛,比如說與阿里相比。只是因為他的著作的年代最新,因此,也就是以最現代的風格撰寫出來的。所以,對於一位生活在 21 世紀的缺乏卡巴拉背景知識的人來說,他是最容易被理解的了。著作的年代越久遠,要完全理解其內涵就越困難。

回到之前的討論上來,在阿斯拉格的《十個 Sefirot 的研究》中,他告訴我們,這個給予的願望使接受的願望成為它的一個必要的衍生物以便實現它想要給予的願望。換句話說,因為它是給予的願望,所以創造出了某個想要去接受他要給予的東西的願望。因此,就像如果不理解夜晚是什麼便無法解釋白天是什麼,不知道右邊的概念便無法理解左邊這一概念一樣,如果不認知那個給予的願望也便無法認知這個接受的願望。

為了正確地闡述這些概念,我們得知道當卡巴拉學家們提到創造者的時候,他們實際所說的是那個給予的願望;而當他們講到創造物時,他們所指的是這個接受創造者的給予的願望。同樣,當他們描述創造者和創造物之間的對話時,就像我們在《聖經》裡看到的那樣,其實是在展示一個特定的給予的願望和接受的願望之間的互相作用,並非是一個由蛋白質組成的身體和一個來自上蒼的聲音之間的交流。有關這個內容,在他的《十個 Sefirot 的研究》的最後幾個段落裡,阿斯拉格特別提醒我們:

四個階段和創造的起源

「然而，在從事這種智慧的研究時，有著一個嚴格的條件：不要用任何想像出來的和物質化的形象形態來使事物物質化，這是因為它們如果如此做，將違背『你們無論如何都不能以任何方式為他製造一個偶像或任何其他形式的化身』這個誡命……為了不讓讀者陷於任何的物質化陷阱，我透過編著阿里的《十個 Sefirot 的研究》這本書，在裡面我用盡可能簡單的語言收集整理了阿里的著作裡對十個 Sefirot 的解釋的主要文章。」因此，在存在的最根源處存在的不是物質，而是某些接受的願望的形式，也就是接受的願望透過和它們的創造者，也就是那個給予快樂的願望的互相作用而創造出來的形式。

用熟悉一點的事物來說明，想想閃電，對於古希臘人來說，雷電是宙斯的傳統武器。而對於我們而言，同樣的閃電則僅僅只是「一種可見的電的釋放而已，當某個地區的雲裡聚集了過多的電荷，並足以衝破空氣的阻抗時，閃電便發生了」。同樣，要想真正理解亞伯拉罕故事的真正含義，我們需要一個已經獲得了足夠知識的人來用事實和理性的方式對它做出解釋，也就是一位卡巴拉學家，最好是一位像阿斯拉格這樣對其既有著堅實的理解又有足夠強的教導技巧的卡巴拉學家。

5 階段0和階段1

首先,讓我們對這些階段做一個評述:由於卡巴拉在最近這些年變得越來越流行,它的一些術語出現在各種聯繫中,Sefirot 這一術語通常和創造的起源有關,用 Sefirot 這個術語描述創造的過程而不是用階段這個術語是可能的,但這卻可能使事情變得不必要地複雜。要想瞭解 Sefirot 和四個階段在同一階段的關係,請參看「對卡巴拉智慧的引言」一文。

在卡巴拉式的術語中,一種純粹的不帶有任何接受的願望的給予的願望被稱為「根源階段」或階段0。這個根源階段0馬上導致了一個緊隨其後出現的它的強制的衍生分支——「階段1」——接受的願望的產生,也就是這個接受的願望被那個根源階段的給予的願望(根源)所給予的豐富所充分地充滿的階段。

因而,在創造的階段1並不只是存在一種單一的力量,而是兩種力量的交融,一個是接受,而另一個是給予。

因此,在整個存在中,無論是小到亞原子粒子還是大到宇宙中最龐大的銀河星系,沒有任何元素能夠擺脫這種給予——接受的「兩種力量的互動夥伴關係」(Bipartisanship)。

從形式上看起來,它們可能顯化為熱對冷、乾對濕、小對大、離心對向心、能量對物質、正對反等等……但是所有這些現象都源於這個在給予——接受之間存在的最初的那種對立性。為了描繪這

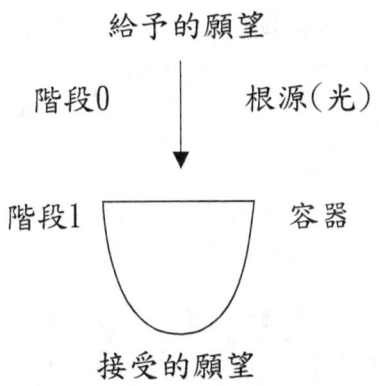

圖1：緊跟著根源階段 0 的強制性階段是「階段 1」，這時，這個接受的願望被那個給予的願望所給予的豐富所充滿。 根源即「光」， 這個接受的願望即「容器」。

種相互作用，我用一個向下的箭頭表示這個給予的願望，而用一個容器狀物或是貯藏器（通常稱為「容器」）的形狀來表示這一接受的願望（如圖 1 所示）。

但是，在階段 1 裡兩種願望之間並沒有真實的「關係」，因為它們都是遵從著它們自身的本性的自動自發的動作：給予或是接受。但是，在這兩種願望之中卻有著一種真正完整的滿足，因為沒有任何東西在限制這個接受的願望去無限制地接受，也沒有任何東西在限制那個給予的願望無限制地去給予。理解這兩種願望的相互作用的一個好方法就是審視我們自己的願望。

比如，在劇烈運動之後我感到燥熱和口渴，這時候喝一口水會

很享受。但是，快感（解渴的感覺）也只會發生在仍然口渴的時候。水喝得越多，你就會漸漸變得不渴，也漸漸變得不再享受解渴的快感而不再想喝水。最終，之前還很美味的水在你喝夠之後變得相當無味。

　　水自身並沒有也不會有任何的改變，僅僅是你接受它的願望發生了改變。用卡巴拉式的話來說，給予的願望把水「給予」於我，但是最終決定我是否享受喝水的快樂以及享受的程度有多大，還是我自身的接受的願望的狀態。做為給予的願望的衍生分支出現的接受的願望僅僅是最終創造我們所知道的這個世界的一系列強制性事件中的第一個事件，此後，這個世界不斷演化，直到我們可以實在地體驗我們各自的根源為止。

　　這也是為什麼巴拉蘇拉姆（Baal HaSulam）在《卡巴拉智慧的本質》（The Essence of the Wisdom of Kabbalah）一文中把這種相互作用定義為一種：「一系列的根源，透過因果的方式，按照一種固定的、預先決定好的規則向下傳遞下來，交織成一個單一的崇高的可被描述為『在這個世界上向他的創造物揭示創造者的神聖的目標』。」

　　換句話說，我們都是那個給予的願望和這個接受的願望相互作用衍生出的分支產物，而且一直在不斷進化演變，直到變成我們今天的這個樣子——人類。我們生命的目標，根據阿斯拉格的說法，唯一能夠使我們感到永恆的幸福和滿足的事情就是發現我們自身內在的這些願望，並學會如何利用它們來為我們自己謀求利益。

階段 2

在階段 1 裡面那兩種願望之間交織的結果即是階段 2，這是那兩種願望之間的相互作用真正開始的地方。為了理解階段 1 和階段 2 之間的轉變，可以想想孩子對他的父母的崇拜。因為孩子，尤其是在童年的早期，把他們的父母視為偶像，他們努力模仿他們。他們密切地觀察著父母的一舉一動（通常男孩觀察爸爸，而女孩觀察媽媽），「研究」父母的行為，並嘗試照樣去做。

而當代的研究同樣也證實：孩子對於父母的指引是多麼地敏感和關注。在《對模仿的觀測：從神經科學到社會科學》（Perspectives on Imitation: From Neuroscience to Social Science）中，安德魯・邁爾特佐夫（Andrew Meltzoff）博士和英國劍橋大學的沃爾夫岡・普倫茲（Wolfgang Prinz）教授寫道：「父母早在言語指導成為可能之前就為孩子們如何在他們的特定文化中扮演角色提供了一種學徒關係。很多種類的行為，從工具的使用到社會習俗等等，都是透過這種模仿學習而世代相傳的。」

同樣，班傑明・斯波克（Benjamin Spock）的《嬰兒和兒童關愛》（Baby and Child Care）也許是孩子養育方面的最長久的暢銷書（最早於 1946 年出版，現在每過一段時間仍然會推出修訂本），它提供了這一過程的詳盡描述，我感到不得不把它完整地引用在這裡：「比起僅僅扮演角色而言，身分認同要遠遠重要得多。性格正是這麼被形成的。它更多的取決於兒童在父母身上所感知到並進行

相應的模仿,而不是依靠父母的口頭教導。這也是兒童有關工作、人際關係、自身的觀念和態度形成的過程的基礎,儘管在日後他們日漸成熟和明晰事理之後會有所調整。這是他們在二十年後將要變得像他們的父母一樣的方式,你可以從他們對洋娃娃的喜愛或討厭中辨別出來。」

「性別意識」正是在這個年齡開始的女孩們漸漸意識到自己的女性身分,並意識到長大以後會變成女人,所以她特別仔細地關注母親並用母親的形象來塑造自己:母親對待丈夫和一般男性、對待其他女性、女孩和男孩,以及對待工作和家務的態度。小女孩當然以後不會和母親一模一樣,但是她肯定會在多個方面受到影響。

「而這個年齡的男孩意識到自己正在漸漸變成男人,所以他總是根據父親的樣子來塑造自己:自己父親對待妻子和一般女性、對待其他男性、他的男孩和女孩、對待外部的工作和家務的態度。」

而且就像孩子希望長大以後像自己的父母一樣,第二階段的願望的演化便是這個接受的願望想變得像他的父母,也就是那個給予的願望(根源)一樣的渴望(階段1)的表達。之所以這麼發生是因為做為一種接受的願望(給予的願望的「衍生分支」),階段1意識到了那個根源的優越性,從而希望變得和它的創造者一樣。又因為階段1從那個根源那裡所得到的唯一榜樣就是一種給予的東西,在階段2裡這個接受的願望開始同樣變得想要去給予。

之前我們說過,在存在的基礎處有著各種各樣的接受的願望的形式,它們是由這個接受的願望和它們的創造者——那個給予的願望之間的相互作用而被創造出來的。這樣,透過兩種自然的、「自

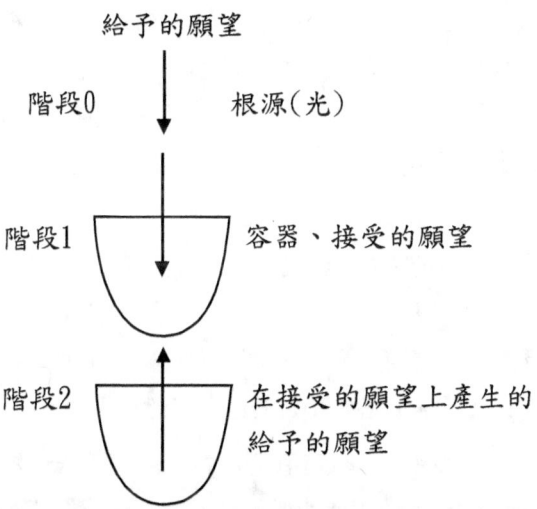

圖 2：階段 2 裡的這個給予的願望的根源處有著接受的願望。因此最好將階段 2 描繪為一個希望去給予的容器（也就是希望去給予的接受的願望），或「給予的容器」。

動」的對這個給予的反應，兩種相反的願望便產生了：給予和接受。這兩種願望的不同組合，構成了我們這個世界上的任何一個物體、任何一個事件和任何一次進化演化的基礎，包括我們、我們的身體、我們的思想和我們的行動。

很顯然，在階段 2 中的給予的願望的根源處有著一個想要接受其父母更優越的身分、力量、知識的願望，就像孩子們希望變得像做為他們的人生榜樣的父母那樣。但是，儘管有著接受這樣一種父母身分的接受的願望的存在，但無論如何它還不能算作是一種真正

的給予的願望。因此，我們最好將階段 2 描繪為一個希望透過去給予而接受快樂的願望（容器，接受的願望），或者是「想要去給予的接受的願望」。因此，圖中的箭頭表示這種願望朝向外面，指向創造者（如圖 2 所示）。

但階段 2 遠遠不只是一種新的願望。因為這種想給予的意願，階段 2 進入到一種存在的全新狀態：因為它不再希望去接受，而是去給予，但是，要去給予，它必須有給予的對象（正如外向的箭頭所示）。因此，要想變得像它的創造者一樣，也就是變成一個給予者，階段 2 的行為方向必須是對於他人積極有益的。

因此，在階段 2 中，儘管我們的接受的願望依舊是我們的一切願望的基礎，但是這個驅使我們去給予的力量正是那個使生命成為可能的力量。沒有它，父母們將不會養育孩子（他們可以成為他們給予的對象）或是在孩子出世以後照顧他們，沒有這個願望，生命將無法存在和延續。

為了理解階段 2 的重要性以及為何這些願望之間的相互作用是所有存在的根源，我們最好參照一下母親和孩子之間的關係。母親對於孩子的愛便是階段 2 的最好例證。

如果我們考慮到母親在撫養她們的孩子時所付出的無盡的愛、關懷和努力，我們會產生這樣的一種敬畏和欽佩：這樣的付出怎麼會可能！當你看到母親哺育孩子、換尿布和為孩子洗澡時的表情，你會發現她容光煥發。為什麼會這樣呢？是什麼給予了母親如此的力量，不但忍受了如此的疲勞，而且還希望如此、自得其樂呢？

答案很簡單，每個母親都本能地知道：在給予她們的孩子的同時，她們體會到了極大的愉悅。這便是把一個新生命帶進這個世界的背後的接受到做為母親的地位（或父親的地位）帶來的快樂的願望。沒有它，人們將不會生養孩子，除非出了錯；而這對於孩子而言將是不幸的。

現在我們知道了為什麼自然的初始啟動的力量是那個給予的願望，而不是這個接受的願望。對這個概念的本質有著精確把握的是巴拉蘇拉姆（Baal HaSulam）有關利他主義的卡巴拉式的定義。1940 年，他出版了一份名為《民族》的報紙。在其中，他寫道，「利他的力量（給予的願望）就像向外蕩漾的波浪一樣：一種目標外向的力量……它由內向外流出」。而韋伯斯特字典則換了一種方式，它把利他主義定義為「有關或致力於他人福祉的無私的關懷」。

顯然，沒有這種給予的願望，這種關懷是不可能存在的。因此，儘管兩種定義有明顯的區別，它們卻互相補充：阿斯拉格解釋說這個給予的願望便是創造生命的力量，而韋伯斯特則將那個力量定義為利他主義。

7 階段 3

正如阿斯拉格所說，這個透過因果次序降落下來的願望的進化演變，是強制性的，它是遵循著固定和已預先決定好的規則的。接下來的下一個強制性步驟是針對階段 2 開始的給予，因為這是它所希望去做的。

但是階段 2 需要解決一個兩難的抉擇：它希望去給予，但是除了它本身以外唯一存在的便是創造了它的那個給予的願望。

因此，在階段 2 中它唯一能給予它的創造者的是它自身的自覺自願地接受。換句話說，就像階段 1 一樣，它將去接受，但是卻是帶著一種給予其根源（也就是創造者）以快樂的意圖去接受。

這種「反轉」的方式，也就是這種其行動是接受但其意圖卻是給予的方式是一個全新的概念，因此，值得一個新的名稱——「階段 3」。

這也是為什麼偉大的卡巴拉學家維爾納・高恩（Vilna Gaon）（GRA）在他的《完美和正義的衡量》（Even Shlemah）一書中的建議：如果有一個有著謀殺傾向的傢伙，就把他變成一名屠夫，否則他自己會變成一名屠殺人類的劊子手。

拉巴什（Rabash）（Rav Baruch Shalom Ashlag，耶胡達・阿斯拉格（Yehuda Ashlag）的長子），給了我們一個更加現代的例子。他指出，確實有一些人用刀刺傷了別人，做為懲罰他們被判了刑並

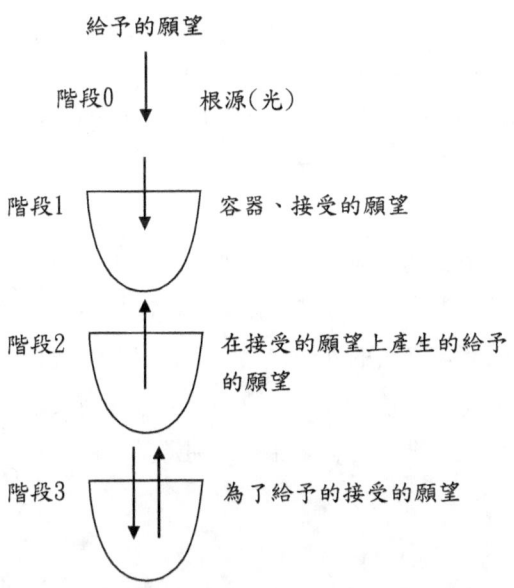

圖 3：在階段 3 中，接受的願望選擇去接受並非因為這樣它能夠享受，而是因為這樣做可以使它的根源，也就是給予的願望得到快樂。

受到譴責；同時還有一種人，他們是外科醫生，同樣也是用刀子去劃傷別人，卻受到讚揚，還為此得到不錯的薪水。

這聽起來可能有一些彆扭，讓我們把這種模式的行為應用於我們的日常關係處理中來看一看。想一想，一位年輕人在搬到另一座城市後很久都沒有看到自己的母親，當他的母親來看望他的時候，一般都會為她的寶貝兒子準備一些飯菜。

但是如果兒子並不是很餓呢？他會不吃嗎？通常兒子都會吃，

並讚揚飯菜的美味,為什麼會這樣呢?他之所以這樣做僅僅是因為只要這樣做就會讓他的母親高興。

在這個例子中,兒子關注的並非是他自己的快樂,而是自己的媽媽在看他自己的兒子吃東西時感到的快樂。在《卡巴拉智慧的序言》中(五篇對於自己的《光輝之書》的注解的介紹之一),巴拉蘇拉姆把這種模式的行為稱為接受的願望的部分使用,只是用於接受快樂所必需的最小量,而將注意的焦點保持在給予者感覺到的看到接受者在接受時帶來的那個快樂上。在我們有關食物的例子裡,兒子必須得有某些食慾,否則他將不可能吃任何東西,但是他的胃口還沒有大到足以把他的意圖從使他媽媽獲得快樂身上轉移到使自己快樂身上。

8 階段 4

　　當這個兒子的胃口節制（也就是還不是很餓）到足夠讓自己服從於他為了使母親高興的願望時，他的注意力可以聚焦在自己使母親高興的意圖上而非自己的胃口上。但是如果他確實很餓，一天都沒有吃過東西，這會怎樣呢？這時候他還會忽視自己餓得咕咕直叫的胃，還會只關心母親是否高興，並且吃飯只是為了讓她母親高興嗎？當階段 3 開始去接受是因為它希望（意圖）讓根源高興，他意識到自己接受得越多，就能使得它的創造者越高興。因此，他開始希望接受越來越多、越來越多。最後，它希望接受所有的東西，就像階段 1 一樣。這樣一來，它重新喚醒自己全部的接受的願望，而這種由自我意識激發（Self-evoked）出來的完整的接受的願望被稱為「階段 4」（如圖 4 所示）。

　　但是，階段 1 和階段 4 之間有一個根本的不同：與給予者的關係——對給予者的意識。階段 1 沒有意識到給予者，僅僅意識到那個創造者給予的豐富。一旦它開始感覺到有一個創造者（給予者）存在的覺知，它就開始希望變得像給予者一樣，於是階段 2 開始了。階段 4 不僅意識到了這個給予者的存在，同時還覺知到了它的至善本性和它的崇高地位，因為它才是那個啟動了整個創造過程的給予的願望。做為一個完全的接受的願望，階段 4 希望接受的不單單是階段 1 裡所接受到的創造者給予的豐富，還想接受到根源的（創造者的）崇高的地位。也就是想變成創造者。

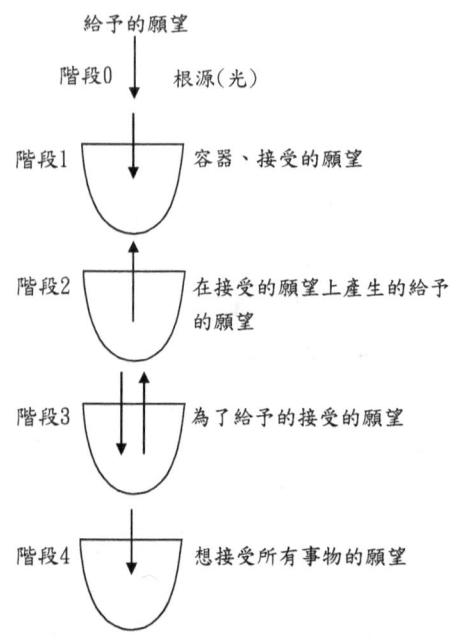

圖4：做為一個完整的接受的願望，階段4希望接受的不單是階段1裡曾接受到創造者給予的豐富，還想接受到根源（創造者）的崇高的地位。

但是，要想接受到這樣一種狀態，階段4必須像一位創造者，或至少和創造者相似，但是它還不是。不僅如此，它還是一種有意識地想要接受所有東西的願望：想變得全能、全知，甚至獲得創造者的本性。

只要少了任何一個便不夠完整，因為缺一的話，它將無法變得和創造者一模一樣。這也正是阿斯拉格在自己的《卡巴拉智慧的序

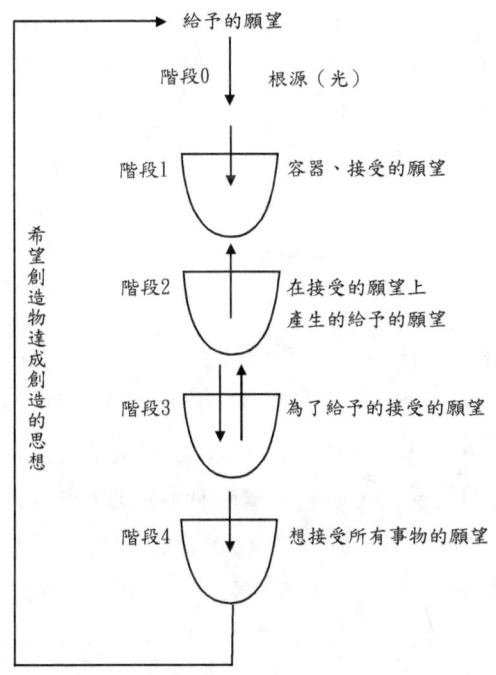

圖5：「階段4」希望達成創造的思想。

言》中所指出的：階段4希望創造物達成（徹底理解）創造的思想（如圖5所示）。

在另一篇文章《Torah的授與》(The Giving of the Torah [Light])中，阿斯拉格為我們精彩地描述了在創造開始時發生的創造者 —— 創造物之間的關係的特性：「這個事情就像是一位富人從市場帶回一位窮人，每天給他提供吃的，並且供給他金銀以及所有

他想得到的任何東西。而且每天這富人所給出的東西都要比前一天更多。最後，這位富人問道：『請告訴我，你所有的願望都被滿足了嗎？』那個窮人回答說：『沒有，如果，你所給我的所有這些東西都是出於我自己勞動的回報的話，就像你給我的那樣，那將會是多好多愉快啊，而且我也不再願意得到您出於慈善的施捨了。』這時這個富人回答說：『如果是這樣的話，就永遠沒有人能夠滿足你的願望了。』」

這種對於關於由於給予行為（包括慈善行為）產生的怨恨在一項由密西根州立大學的阿曼尼‧厄爾阿萊里（Amani El-Alayli）和勞倫斯‧A‧梅塞（Lawrence A. Messe）指導的研究中有著詳細的觀察研究。他們的成果出版在《實驗社會心理學期刊》（Journal of Experimental Social Psychology）上，即當人們在接受到意想不到的好處時，人們通常會經歷兩種截然相反的情緒反應：一種是回報這個好處的願望，它被研究人員精確地稱為「人情債」，另一種是怨恨的感覺，也就是他們稱作為「心理反抗」（Psychology Reactance）。

更進一步，他們寫道，「參與者（受贈者）對贈送人（恩人）的評估表明人們對某些人對他們的好意破壞了（或超越了）正常的期望值或社會的常規習俗規則時會產生混合的印象」。這項研究明顯地證實，當接受到某種意料之外的恩惠時，人類有一種感到羞愧和尷尬的天生特性。卡巴拉解釋說，產生這種情感的直接的根源也源自於階段4面對無限的給予卻沒有機會成為一個給予者時所經驗的那個差恥的體驗。而這種差恥感正是我們人類區別於所有其他創

造物的羞恥感的精神根源。

因此，當階段 4 認識到自己無法獲得根源的那個崇高地位時，它認識到它不能接受所有東西，而且也認識到它自己在本質上就劣於它的創造者。這種認知在階段 4 導致的無法忍受的羞恥感覺立刻澆滅了在階段 4 中存在的任何快樂的感覺。而且儘管那個根源給予的豐富是無限的，階段 4 剩下的是一種空虛的感覺，因為它最大的願望沒有得到實現。在卡巴拉，當階段 4 想要變得和它的創造者一樣的願望勝過了所有其他的快樂時，這種狀態被稱為「限制」，因為這個想要變得和創造者一樣的願望遠遠超過了所有其他的願望，這一最大的願望實際上阻止了其他的快樂被體會。

從這一刻開始，進化將圍繞著一個單一的目的展開：重新獲得那個根源想要給予的豐富，而這只有透過給予的意圖才能獲得。

對創造的思想的探求

我們可以把之前所敘述的整個過程分為三個類別，前兩個類別可以比喻為是一輛車和用於車子引擎的燃料，第三個類別則是汽車駕駛員。

在第一個類別裡，僅僅包含階段0，也就是根源，只包含著一個給予的願望而沒有任何接受的願望的階段稱為「根源階段」或「階段0」。只有給予的願望，這就是能量，也就是創造並維持著這輛叫作「創造」的車的運轉燃料。

第二個類別，階段1和階段2，為進化演化搭建了一個「平台」。這便是車子本身。一定程度上來說，它們搭建的這個平台和理查・多金（Richard Dawkins）在《自私的基因》（The Selfish Gene）中所描述的「最原始的湯」（The primeval soup）很相似：「那種原始的生命進化動力，那個包含有四十多億年之前孕育了生命開始的營養成分的海洋的基層。」

第三個類別，階段3和階段4（包括那個限制），就是駕駛員。它的角色便是啟動這個進化演化的引擎：也就是啟動這些願望之間的相互作用，並把它帶向正確的方向，即朝著發現創造的思想的方向前進。

因此，因為我們人類是創造的一部分，我們都有義務必須去發現創造物這個創造的思想，自願或是非自願地。而如果這聽起來是命運決定論的話，這可能是因為我們沒有意識到在我們通向目標的

路上的那些自由選擇。同樣地，在很多時候，當我們告訴孩子們他們將長大成人時，不管他們喜歡與否，我們實際上是在告訴他們這種長大成人就是事先註定的。雖然這對於孩子們將來會成長為哪種人來說沒有關聯，因為成長為什麼樣的人完全取決於他們自己的選擇。

同樣，我們將發現那個創造的思想這件事也是事先被給予的願望的本性所註定的，因為它希望給予所有東西：它的力量，它的控制權，甚至它的本性。然而，何時以及如何我們將獲得這個所有擁有中最美好的東西，卻完全取決於我們自己的選擇。

第三章

人類共同的起源

在之前的章節裡，我們講述了階段 1 中的這個接受的願望的出現，以及階段 2 中的給予的願望的產生。它們都只是從根源裡那個原始的給予的願望中產生的強制性衍生分支而已。我們同樣講述了如何因為它想去給予，在階段 3 中那個接受的願望是如何只是在最小的程度上被重新啟動了，並且在階段 4 中這個接受的願望才達到最大。

接受的願望的最大化使得它不單單只希望享受，而是實實在在地想變得和它的創造者一樣：也就是和根源階段變得一樣，甚至獲得根源階段的崇高地位。再接下來它意識到這並不現實，於是在階段 4 中引發產生了一種內在天生的劣等感覺，從而在這個階段中產生了強烈的羞恥感進而導致了那個限制的產生：而這也熄滅了對於任何快樂（光）的感覺。

同樣，由於階段 4 的真實的願望是對根源的首要地位的渴望，它不能滿足於在階段 1 中那種只接受到給予者給予的無限豐富所帶來的快樂。而是，它希望獲得根源的天性、創造的思想，以及根源的崇高地位。因此，在階段 4，快樂感的消失既不是它無法接受產生的結果，也不是根源無法給予產生的結果。那個根源一直在不斷地給予，但是這個接受的願望卻並不想接受一些像被施捨一樣得來的不體面的東西（像 Ashlag 在《Torah 的給予》一文中描述的那樣）。

因此，因為階段 4 希望達成（徹底理解）給予者的思想並變得和創造者一樣，所以，它的限制（對接受的快樂的限制）是一種自願的行為，是它做出的除非為著一種給予的意圖否則就不會去接受的決定的衍生行動，因為這樣做是對創造者的給予的願望的報答。

我們無論如何都不會誇大這個限制的重要性，因為它是創造物，也就是階段 4 第一次表現出的獨立的行為。儘管它是一種否定的行為，但它卻是創造物向變得和創造者一樣的方向跨出的第一步。這種限制決定了它將不會有任何的接受，也就是不會體會到任何種類的快樂，除非是它變得像創造者（也就是成為一個給予者）一樣時體會到的快樂。

階段 4 採取的下一步便是建立一個類似階段 3 的機制，用來檢查光（快樂）並且只接受一個和給予的意圖相匹配的量。這種接受和那個最初的階段 3 中的接受的不同點在於，在最初的階段，它是一種接受的願望的自動行為表現，而在這裡的這個接受是創造物內部經過預先思考後做出的一種主動行為，它不再是創造者的所為，而是創造物自己的行為。

類似地，當一個孩子開始意識到他是一個獨立於其父母的存在時，他開始想要單獨行事，來證明其自我。這正是孩子手裡拿著湯勺，自己來喝湯卻弄得一團糟的時候。這對於父母來說可能比較煩惱（其實也同樣可愛），但這是孩子成長的一個必經階段，需要正確地加以對待。

注意，一個孩子並不會拒絕父母提供的食物，但是卻希望他自己來吃。同樣地，階段 4 希望接受根源供給的無限的豐富，但是要用它自己的工具：給予的意圖。

這樣，創造物就變得像創造者（給予者）一樣，這並非意味著我們不再接受快樂而僅僅是給予。恰恰相反，它意味著就像孩子長

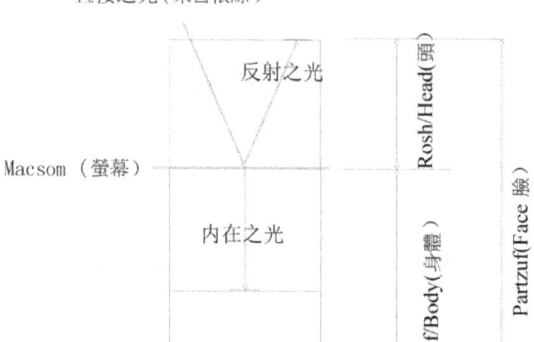

The Partzuf (Face 臉)

圖6：被稱作 Partzuf（臉）的機制：Rosh（頭）決定接受的願望想接受豐富（光）的接受量；Guf（身體）是接受的願望本身；在 Rosh（頭）和 Guf（身體）之間存在的是「看門人」Masach（螢幕），它只允許經過 Rosh 同意的那些可以被接受的光進入到 Guf 當中。

大成人後，就像成人接受食物、權勢、知識以及他們的父母的地位一樣。階段4希望接受到它的創造者的快樂，以及它的地位、知識和力量。

　　為了實現這個目標，階段4構建了一個可以劃分為三部分的機制——一種被稱作 Partzuf（臉）的機制，用於決定是否接受光，以及要接受多少光（圖6）。Partzuf 的頂部稱為羅什（Rosh，即頭）。它的任務是決定這個接受的願望想接受無限的豐富（光）的接受量。

這個接受的願望本身組成了這個 Partzuf 的下面部分，它被稱為顧夫（Guf，即身體）。

在羅什和顧夫之間存在的是 Masach（螢幕），它就像一層選擇性滲透膜一樣，只允許特定的分子滲過。Masach 對光進行篩選：只允許那些經過 Rosh 決定的和給予的意圖像匹配的那些光透過並進入到 Guf 當中，而將剩餘的光反射回去。這樣，Masach 的功用就像一名守衛一樣，維持著任何退化在限制面前重新出現之前立即就會被感知到。

從某種程度上來說，可以把這個 Partzuf 比作一個大公司，Masach（螢幕）就像這個公司裡的人力資源部門。如果公司管理層 Rosh（頭）希望提高產量（也就是更多的給予，類似於創造者的程度），它就需要雇用更多的人（願望）以便接受更多的光／快樂（因而給予那個給予者快樂）。一旦雇傭了新的員工，他們便被允許進入公司 Guf（身體）之內並進行生產：為了給予而去接受快樂。

當 Rosh 決定了是行動的時候，人力資源部門 Masach 開始篩選那些應聘者（願望）並只選擇那些合適的人選。新的員工（願望）必須既不能是不合格（願望太小）的人，因為這無法給創造者帶來快樂（因為你在願望很小時無法體驗到很多的快樂），又不能是資歷過高的人（接受的願望過於強烈，以致於在意圖是給予時無法被使用），因為這樣可能會重新喚醒過多的接受的願望，從而造成創造物在進化上的退化。

但是，在我們可以稱為「創造物」的 Partzuf 和它的世俗的「相

第三章 人類共同的起源

似功能」的公司裡，還有一個需要解決的問題：那些未被雇用的願望（人）怎麼辦呢（也就是在 Partzuf 的 Guf 裡還沒有被啟動為了給予而工作（去接受）的願望（人們）呢？難道他們註定要永遠失業（被拒絕）嗎？如果是這樣的話，這將意味著將永遠存在著創造者意欲給予卻沒有被接受到的光（快樂）的情況，而這並非創造的目的。就好像父母都希望孩子能夠完全長大成人，能夠享受生活中提供的各種快樂一樣，給予的願望也同樣希望自己的後代（接受的願望）能夠接受到全部的光，並變得和他的父母一樣（也就是和創造者一樣）。任何想要給予少於這個的願望都不能被稱作為一種完全的給予的願望，這就像不希望自己孩子充分實現他們自己的潛質的父母，算不上是體貼的好父母一樣。

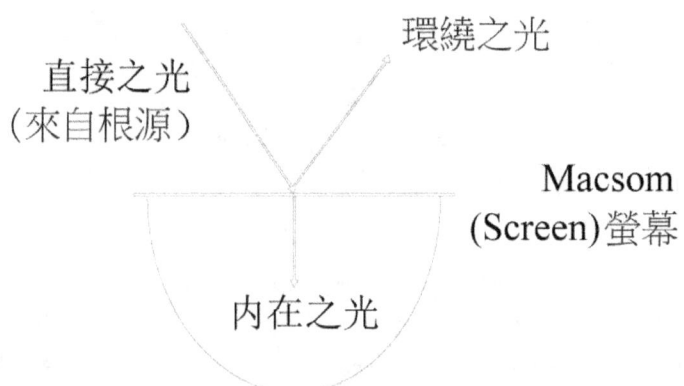

圖 7：當 Partzuf 無法接受全部的光時，被反射的光一定會保留在 Partzuf 的外部，它們被稱為「環繞之光」。

對於這個問題的答案是，最終所有的願望都會被「聘用」來做工，並且所有的光都將會被接受。但是，為了避免系統有超載以及大崩潰的危險，有些願望需要被暫時擱置起來。在那些願望中應該被接受的這些光因而被反射回來，並且被保留做為「環繞之光」存在著（圖7）。

那些暫時不能被雇用的願望和光給Partzuf持續施加著壓力：環繞之光一直在提醒，如果想接收創造者意欲給予的所有東西的話，仍然還有很多可以接受的快樂還沒有被接受。在我們的通俗的公司比喻裡，這個環繞之光便是一個市場行銷部門：不斷向公司報告新的可以擴張的潛在市場，而且這會給公司提供可觀的利潤。這會給產品生產部門施加壓力，使他們要求增加更多的勞動力（願望），以便生產出更多適合新市場的新產品。

10 願望是如何變為世界的

繼續前一節有關 Partzuf 的比喻，我們可以稱作「創造物」的那個公司，意識到還有很多可以投入生產並提高產量（對光的接受）的願望（人員）時，那些人被列進了等候名單裡，一旦創造物（公司）可以雇用他們時，他們便會進入公司工作。

接下來，創造物開始整理列在「未被雇傭的」等候名單中的那些願望，並把最脆弱和最容易把握的願望放在列表的頂端，而那些最強烈、最難以約束的願望則放在末端。創造物把這些願望分成四個類別，和願望的進化演化的四個階段相類似。它把每個種類稱為一個 Olam（世界）——從希伯來詞彙哈拉瑪（Haalama）（隱藏）演化而來，因為這些願望必須和光保持某種隔離（隱藏），直到它們可以和給予的意圖相匹配被正確地使用時為止。

這樣，那些特性和階段 1 最為相似的願望被稱為「阿茲魯特（Atzilut）的世界」，和階段 2 相似的那些願望變成為了「貝里亞（Beria）的世界」，和階段 3 最為相近的那些願望變成了「耶茲拉（Yetzira）的世界」，和階段 4 最為相近的那些願望則成為了「阿希亞（Assiya）的世界」（圖 8）。

當卡巴拉學家形容精神領域——也就是願望帶著給予的意圖去工作——的時候，他們通常把它劃分成世界，並且描述在其中具體發生了什麼（願望實際上是如何去接受的）。

願望是如何變為世界的

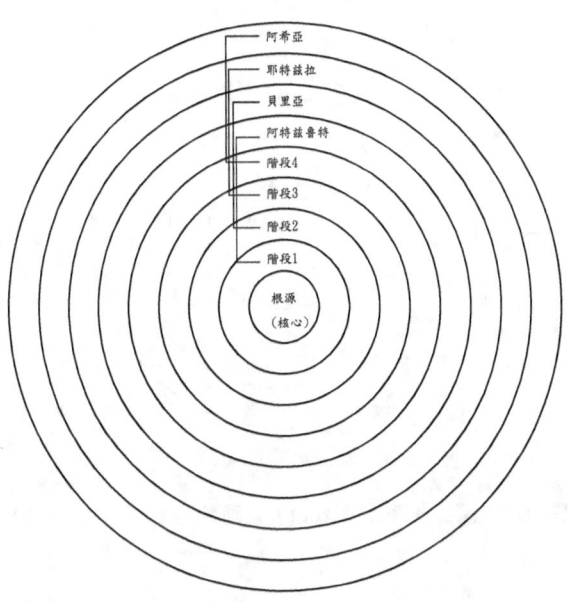

圖8：創造物把剩餘的願望劃分成四個種類，和願望進化演化的四個階段類似。每個種類被稱為一個奧蘭（Olam）（世界），從希伯來詞彙哈拉瑪（Haalama）（隱藏）衍生而來。

因此，卡巴拉學家把任何先於這四個世界（簡稱為ABYA）的所有東西也同樣稱為一個世界，並將它稱作為「AK的世界」（Adam Kadmon——the primordial man，原人亞當）。因此，以某種方式，在願望的演化中，AK的世界與根源階段或者階段0平行。

洋蔥皮結構

圖9：AK 是根源，阿茲魯特（Atzilut）到阿希亞（Assiya）分別和階段 1 到 4 相對應。

請注意，我們的這個世界沒有和這些世界一併被提及。這是因為我們的這個世界是基於自我利己主義的接受願望上的，而卡巴拉中描述的那些世界則反映了給予的願望的程度，因而，我們的這個世界並沒有被看作是精神（帶有給予的意圖）世界系統的一部分。

在《卡巴拉智慧的實質》（The Essence of the Wisdom of Kabbalah）一文中，阿斯拉格認為創造物是「一系列的根源，透過固定的預先決定好的規則，按照因果關係的順序降落下來」形成的。為了直接地表現這個過程，卡巴拉學家通常把創造物用一層層包裹的洋蔥來形容（圖9），如上所敘，AK 便是根源，阿茲魯特（Atzilut）

到阿希亞（Assiya）分別和階段1到4相對應。

這個精神系統透過它的力量之間的相互作用永不停歇地向前進化著，逐漸地使得它越來越多的願望可以變得為了給予而去接受，下一階段都是建立在上一階段的結束以及在前面的階段中表現出的行動之上。

所有這些層次和世界都在創造中永不停歇地運動著，引導並支撐著創造向前發展的整個過程。與此類似，當一個嬰兒出生之後，他所能做的無非也就是動動手腳，吃喝拉撒。當他慢慢成長時，他的身體開始發育，感知能力開始發展，但是他們都是基於在早期觀察並獲得的能力的基礎上。如果沒有這些早期階段的觀察和累積，孩子是無法長大成人的。當然，我們沒有也不需要在我們處理日常事務時，有意識地把這些早期生命的觀察放在我們的意識中，因為它們都是自然發生的，雖然在我們成人的生活中要經常用到它們。

對於孩子，我們幫助他們獲得新的技能和資料，同時也得注意不讓他們接觸得太早。同樣地，為了完成創造物的「成熟」變得像創造者一樣，這需要瞭解那些可以用於工作（為了給予而接受）的願望是什麼以及如何做，並且知道哪些願望還不能被使用，因為它會重新喚醒那個次等和羞恥的感覺。

因此，在每個世界裡，創造物都仔細地檢查著光（快樂）：確定它們是給予的願望希望被給予的。在阿茲魯特中，創造物可以接受所有的光，因為阿茲魯特和階段1中的願望相對應：也就是接受所有的光而不需要獨立地啟動接受的願望。由於這個原因，阿茲魯

特中的願望——快樂的組合被稱為「靜止的」或「無生命的」，因為這個願望是被動的，靜止的。

在貝里亞裡，創造物接受較阿茲魯特世界較少的光。這是因為貝里亞和階段2相對應：階段2是一個更加進化發展的接受的願望的階段，一種像創造者一樣的給予的願望。因為它是與光產生反應的第一個願望，它便被賦予了一個代表第一層面的生命形式的名字——「植物的」。

在耶茲拉裡，和貝里亞相比接受的光更少，因為耶茲拉是和階段3中接受的願望相對應的：它只需要一點點光來開始（回看第二章「四個階段和創造物的根源」部分）。不過，它仍然是接受的願望的進化發展過程中一個更進步的階段，展示出了一定程度的自主性。因此，它獲得了一個在進化階段中展示一定自主能力的名字——「動物的」。

在阿希亞裡，創造物接受到的光是如此地少，以致於它甚至根本都感受不到快樂，僅僅為了維持生存而已。阿希亞和階段4中的接受的願望相對應，正如同在階段4中經驗的那種限制一樣，阿希亞的世界被禁止經驗光，從而無法體驗到光。但因為它和那個最新的、最進化發展的以及最複雜的願望的階段相對應，它接受到了一個和自己在這個物質世界上相對應的名字——「人類的」或「說話的」。

11 平行的名字——我們的這個世界

在《卡巴拉智慧的本質》一文中，巴拉蘇拉姆解釋說世界ABYA相互之間都非常相似。

卡巴拉學家們發現這分別叫做Atzilut，Beria，Yetzria，和Assiya的四個世界的形式，從第一個叫做Atzilut的最高的世界開始，直到這個叫做Assiya的物質的可見的世界為止，實際上都是完全相同的。這意味著在第一個世界發生的所有事情也都會被完整不變地發現在下一個更低的世界裡，就這樣在所有接下來的世界中都是這樣，直至這個可見的物質世界。

它們之間除了在程度上，在每一個世界的現實的元素的實質上感知到的不同之外，沒有其他任何區別。越高的世界，與所有那些更低的世界相比，都更純潔（更多的給予）。在第二個世界裡的現實的元素的實質比起第一個世界的現實的元素的實質更粗糙（更多的接受），但比下一個程度的世界要純潔一些。

這種相似性一直延續到我們面前的這個物質世界，這個世界裡的現實的元素的實質比起前面的幾個世界的都要粗糙和黑暗（即具有最多的接受的特性，一直到利己主義的狀態）。然而，現實的形狀和元素以及它們的發生和發展卻是沒有任何變化，而且在每一個世界中都是相同的，包括在數量和品質兩方面。

因此，雖然卡巴拉談論的是願望，而非具體的物質對象，因為

圖 10：向日葵的花盤總是朝著太陽。

所有世界都是在同樣的規則下構建起來的，實際上都是相等的，所以卡巴拉學家通常用來自這個物質世界中的物體或過程的名字來解釋那些在願望層次出現的精神狀態或過程，這個物質世界的例子可以更加清楚和容易理解。我們之前討論過的 Partzuf（臉）便是這樣一個例子。一個「更時髦」的例子便是 Zivug de Hakaa（透過撞擊而耦合），它其實是描述先對光進行排斥（撞擊）、然後只接受（耦合）那些以給予為目的一定量的光的這樣一個完整的過程。

相應地，在他的《光輝之書的序言》中，阿斯拉格解釋說，之所以用「靜止」一詞來命名阿茲魯特（Atzilut）世界，是因為它包含了階段 1 中的那種完全被動的接受的願望：之所以這樣接受是因為它就是這樣被創造的，而不是用它自身的接受的願望來抵制這個接受。

在物質世界裡，和阿茲魯特世界相對應的物質是無機礦物。所有的無機物都努力（希望）保持它們的形狀，它們沒有讓自身發生變化的任何願望；但如果你嘗試改變它們，你便需要使用一些能量和手段：因為它們會抗拒這些改變。用阿斯拉格的話來說，「第一層次的接受的願望被稱為『靜止的，無生命的』……是接受的願望在這個物質世界裡的最初的顯化，但在它的特定的物質中還沒有任何運動。而且因為只有一個很小的接受的願望存在……它作用於單個物體上（無機物）的力量是分辨不出來的」。

貝里亞被稱為「植物的」是因為它是一種獨立的願望的開端。顯然，這種願望的物質顯化形式是植物。植物生長，開花，凋謝，興衰，與形成無機物的分子的那種聚集體不一樣，每株植物都是一個獨特的可分辨的個體。然而，植物在它們的運動上仍沒有自由選擇，仍然無法自由移動。當同一種類的植物種植在一起時，它們的行為都表現的完全一致。例如，向日葵的花盤總是朝向太陽（圖10），而豐收時節的小麥秸都會同時變黃。

耶茲拉被稱為「動物的」，和接受的願望進化發展的階段3相對應。和原來的階段3一樣，在耶茲拉裡，創造物享受著充足的「自由和個體獨立性……每個生命都有各自的生活」。阿斯拉格在之前提到的那篇介紹中寫道。但是，在耶茲拉裡，他解釋說：「這種願望仍然缺乏對其他人／物的感知，這也就意味著它們還沒有參與到任何其他人／物的『痛苦或歡樂』中。」

阿希亞被稱為「語言的」或「人類的」，因為它反映了一種最為完整和最複雜形式的接受的願望。在人類的層面上，「這個接受

的願望包括著對其他人或物的感覺」（《光輝之書的序言》，第 38 條），而這正是人類層面和動物層面間最根本的區別。

　　阿斯拉格接著說到「在動物層面中的接受的願望缺乏對其他人／物的感覺，僅僅只能產生與其自身內部天生註定的程度相對應的需要和願望。但是人類，卻可以透過感覺到他人，變得同樣渴望獲得他人所擁有的所有東西，因此，變得充滿了羨慕和嫉妒，渴望獲得他人所擁有的一切」。因為這個原因，「當一個人擁有一百時，他想要得到二百，擁有二百時，他想要四百，他的需求就是這樣不斷加倍地膨脹著，直到他想要吞噬並擁有全世界的所有事物」。

　　要想真正理解人類的層次的這種願望和其他所有層次的那些願望之間的區別，有一個例子可供試驗：將一部新款智慧型手機和最美味的狗糧擺在一隻狗的面前，觀察牠會選擇哪一個。然後，如果您願意為了這一顯而易見的事實而賠上一個智慧型手機的話，請將狗糧換為人類的食品，並同時保留智慧型手機做為選擇，對人類再做一次同樣的實驗。

12 亞當的誕生與墮落

到目前為止，我們討論了創造的起源。我們解釋了創造物如何接受那些意圖以給予為目的的快樂，以及它如何盡可能地讓自己建造得和它的創造者一樣。

但是，即使所有這些世界在 Partzuf（公司）中已經被建造好了之後，以及所有那些為了給予的目的而可以被接受到的光也都在 Partzuf 中被接受到了之後，在這個 Partzuf 裡仍然有一種願望無法被用來工作：這種願望就是那個想變得和創造者一樣的願望。

這便是阿斯拉格在其主人／客人的比喻故事裡想表達的那個願望，對此他說：「如果是這種情況的話，那麼，就沒有任何一個人可以滿足你的願望的了。」這是一種最強烈的願望，也就是階段4中的願望的核心，而且同時它也是完全無法實現的。

所以，一旦所有這些願望都被開發到了它們的最大的潛能，這個創造物（公司）的市場行銷部門（環繞之光）便會提醒公司的管理層——也就是創造物的 Rosh（頭）——在外面還有很多可以被接受的光存在著。在這個提醒中並沒有任何新的東西，因為這是市場行銷部門一直從事的工作。

現在它變成了 Rosh 的職責去檢查這個新的願望，並且決定它是否能夠在給予的意圖下來接受這些光。

因此，Rosh 召開了一個特別的董事會議，討論這個最後還未被

使用的願望。在這次會議中，對使不使用這個願望的爭論得出的結論在於它太強烈以致於太難以駕馭。

事實上，一個人如何能控制自己的這個想要和父母變得一樣的願望呢？如果這個Partzuf真的接受了在那種願望中它所希望接受到的東西的話，這就會如同一個孩子一夜間長大成了一個成人，卻不具備那些隨著不斷的成長過程才能累積出的知識和經驗一樣。顯然，這是一種太難以應對以及過於複雜和太危險的願望。

「另一方面，」其他的董事爭辯說，「如果我們考慮到這種願望的本性，我們便會意識到其中應該沒有任何危險」。他們聲稱，「事實上，它是一種不會失敗具有自動安全裝置的願望」。

「為什麼會這樣呢？」反對者問道。「它之所以是一種不會失敗的安全的願望，是因為這個願望自身的本性是想變得和創造者（給予者）一樣。這會有什麼危險？」「想要成為一個給予者，如果一種願望想著的僅僅是去給予，又會產生什麼傷害呢？」

就這樣，贊成者說服了反對者，於是這個創造物便決定雇用這個最大的願望，也就是意欲變得和創造者一樣的願望。為此，創造物構建了一個特別的Partzuf，叫做亞當哈里肖（Adam ha Rishon 亞當第一人），並且指派他來承擔操作這個所有願望中最後的也是最大的願望的責任。

然而，嘗試去接受這個所有快樂中最後也是最大的願望的決定被證明是一個致命的錯誤。創造物所不知道的是伴隨著這個最大的願望一同而來的那個最亮的光還附帶著一個禮物。當你變得和創造

者一樣的時候，你並不只是在你的給予的願望上變得一樣，而是你要變得和這個詞所表達的那樣完全一致，它不僅僅在你給予的願望上，同時也要在你能夠給予——去創造——的能力上，你要變成全能者和全知者。這是一個創造物用那個給予的意圖無法接受的一種快樂。

可是一旦亞當，這個特別設計的 Partzuf，開始接受這個光，它便意識到了這個光裡所附帶的那個禮物，這些禮物是如此地炫目、如此地誘人，以致於亞當完全忘記了那個給予的意圖的存在，也就是忘記了希望成為一名給予者的願望，或者甚至根本忘記了給予的意圖的必要性。

一旦亞當開始這麼想，他便開始嘗試這麼做：試著成為一個創造者。但是，當亞當真的想去創造時，就需要一個給予的願望，而這時亞當已沒有了這個願望。

這種情況重新喚醒了存在於階段 4 中但被起初的那個 Masach 遮擋住的那個次等和羞恥的感覺，這個強烈的羞恥感使得那個光（快樂感）消失了，就像在前面那個限制過程中發生過的那樣。

但是，亞當的願望已經不能再被逆轉；他看到了等在前方的那些和創造者變得一樣時的快樂，並且無法忘記它。

因此正是這個原因使得亞當無法被建造成為了給予而去工作，因為他知道只要他能找到一種能夠變得和創造者一樣的方法，他便能成為這個宇宙，成為這個現實的唯一的統治者。

因此，亞當變得從骨子裡都成了一個利己主義者，構成亞當的

Partzuf 的每一部分都想變得同創造者一樣。這樣，那些利己主義的部分被分裂成了無數的小碎片，每一個小碎片都各自包含著它自己的那個想變得和創造者一樣自私的小願望。

這個亞當的 Partzuf 的分裂被稱為「亞當共同靈魂的破碎」，或簡稱為「靈魂的破碎」。

在亞當的靈魂破裂之後，一種新的實體在現實中出現了，一種完全的利己主義的存在，他們的願望是完全為了給予它們自身，而非給予創造者，而它們的終極願望是為了能夠變得全能和全知，而非為了完整的給予。

在卡巴拉裡，巴拉蘇拉姆在《卡巴拉智慧的序言》中解釋說：「精神世界和物質世界之間的區別就在於：在精神領域，沒有 Masach 就不會有接受的願望存在，而在物質領域，卻是沒有 Masach 也只會有接受的願望存在。」

因此，我們的這個宇宙是存在的唯一的物質世界，而所有那些存在於這個宇宙裡的東西，都是那個亞當破碎靈魂的衍生物。

我們之所以把自己的這個世界稱為一個「世界」，就像給精神世界所取的名稱那樣，是因為世界（來自希伯來語的「隱藏」一詞）代表著對光的隱藏的程度。

我們的這個物質世界和那些精神世界之間的唯一區別在於：在精神世界裡，甚至在沒有任何光存在的時候，比如在阿希亞的世界，依然會意識到創造者的給予的品格，並有著真摯地希望得到它的願望。然而，在我們的這個物質世界裡，我們卻處在一種對光的完全

的隱蔽的狀態（也就是創造者完全向我們隱藏著），以致於我們甚至連「創造者」這個詞的含義都已經不知道，而把它想像成了一個在等待我們的祈禱，並認為會以慈悲回報給我們的一個實體（如果不是把創造者想像成一個人的話）。

在希伯來語中，人類被稱為 Bnei Adam（亞當的孩子）。我們都是亞當的錯誤產生的後代，因而也只有我們能夠糾正他所犯下的錯誤。做為唯一可以在生命的旅程中做出發展道路選擇的創造物，也只有人類可以決定這個地球上的生命的命運——讓它變得更好或者讓它變得更糟。

就像我們將在下面的章節中看到的那樣，雖然我們是那個唯一能夠有選擇權的創造物，但是自然也同樣關懷著其他的創造物。就像在接下來的章節裡我們將瞭解到的那樣，除了人類之外，所有其他的創造物都遵從著那些精神世界的法則。

而另一方面，我們，人類，卻只能透過我們自身的努力去學會做到那樣。透過渴求得到比那個附帶的禮物（全知和全能）更大的一種給予的意圖，我們能夠糾正亞當犯下的這個錯誤。

而在我們選擇這個給予的意圖時，那個禮物依然還是會附帶在其上，我們還是會變得全知和全能。

即使我們透過選擇那個給予的意圖，而不顧附帶著的那個禮物，這一切仍將只會有利於我們。這樣做，無論如何我們還是能夠接受到這些禮物，而不會像開始那一次那樣發生破碎。而這將是對全人類的人性改正結束的結果，並且是對那個創造的思想的達成，就像

在創造的思想中想要實現的那樣。

在下一章中,我們將探討在亞當的靈魂破碎以後,生命是如何在這個物質宇宙世界裡進化演變的:創造的哪些部分已經被改正,而哪些部分仍然在等待著我們的改正——選擇去給予而非接受。

第四章

宇宙和地球上的生命

在前一章的最後我們說過，那個亞當破碎的靈魂是無名這個宇宙所有存在物共同的起源。做為一種 Partzuf，亞當自身的結構是他的父輩（改正的）Partzuf 的完美複製品。在破碎的過程中，亞當將在那些精神世界（給予）的結構一直延展到了其最低點——終極的接受。

因此，所有那些存在於那些精神世界的東西也同樣存在於我們這個物質世界。出於這個原因，願望藉以進化發展的相同的那個四階段發展模式，也就是那個在精神世界的進化發展過程中被遵從的那個四階段的演化模式，同樣也適用於我們的這個物質世界的進化演變。當我們探索我們這個世界是如何進化演變的時侯，我們應該將那些激發了並一直引導著它的那些願望牢記在心。

13 大爆炸（The Big Bang）

時間，正如我們對它的所知一樣，大約開始於一百四十億年前。但是，從卡巴拉的觀點來看，從精神的角度來看，「大爆炸」就是亞當的靈魂的破碎。我們之所以把它看作是一場物質的事件，是因為我們是透過物質的肉眼（以自我為中心的）來觀察這個世界的。

如果我們能夠從引發了這次被稱為「大爆炸」的大規模爆炸的那個力量的角度來看的話，我們就會把它看作是一種亞當嘗試用那個最後也是最偉大的願望去接受的嘗試的結果，就像在之前章節中所描述的那樣。

簡要重述一下，當亞當嘗試去使用那個意圖還沒有改正為為了給予創造者的願望去接受快樂時，這造成亞當的每個部分（在亞當的 Partzuf 中的每個願望）和所有其他部分的分離，並開始努力去僅僅為了自己而去接受。由於亞當被變得像創造者一樣時所帶來的那個炫目的獎賞遮住了眼睛，亞當的各個部分（願望）變得忘記了創造者本身的存在，並由此放棄了那個去給予的意圖。

在這樣做了之後，亞當變成了一個完全的利己主義接受者，就像階段 4 開始時那樣。而這又重新喚起了那個導致限制產生的羞恥感，但由於亞當已不能逆轉自己的這個意圖，他變得完全忘記了給予（創造者）的品格，由此，亞當的願望變得完全以自我為中心。

這樣一種完全的和瞬間的分離的結果使得 Partzuf 中的每一個

願望都和其他所有的願望相互疏遠，尤其是和創造者疏遠。這樣，在大爆炸中，亞當的 Partzuf 的各個部分被彼此炸散開來。

　　為了完成創造的目的並接受到那個大禮物，所有的願望都必須變得和那個給予的力量完全一致並重新和它建立起正確的聯繫。

　　因此，從這一點開始，亞當的願望，也就是創造中唯一的、還沒有被糾正的那些願望，將會逐漸被迫著和他們所「逃離」的那個力量，也就是那個給予的力量達成協定。

　　當他們這麼做時，所有的願望將會和創造者這個創造生命的給予力量達到完全等同，並由此，創造將實現其目標。

14 物質的四個進化發展階段

隨著這些原始的願望在不同的階段進化發展，它們在我們這個物質世界平行相對應的事物相繼出現並得到糾正，從最簡單的那個到最難的那個。隨著每個願望在我們的這個物質宇宙中顯化它們自己，自然（在第一章中，我們講到自然和創造者是同義詞）必須「教會」它們以一種有助於整個宇宙的可持續性發展和福祉的運作方式來工作。

為了實現這個目標，自然使用了一種和達爾文的自然選擇原理非常類似的方式。事實上，今天，許多著名學者都承認，在地球上出現生命之前，也存在著自然選擇的過程。諾貝爾化學獎獲得者，阿達・約納特（Ada Yonat）教授，在慶祝達爾文的《物種起源》出版一百五十週年的國際大會上表示：「在前生物（Pre-biotic）世界裡，適者生存和自然選擇都扮演了重要角色，儘管這些特性主要涉及到物種的進化。」

正如達爾文的自然選擇法則所表達的，在自然中的任何新的發展的價值都是由對其受益者在其發展的可持續性方面所做的貢獻來判斷的。達爾文的原則和卡巴拉的原理之間的區別在於受益者的不同。在達爾文的經典理論中，受益者是各個物種；而在卡巴拉中，受益者是自然，是自然這個整體，也就是受益者是創造者。

如果這種說法聽起來有些難以理解，那麼不妨把一個物種看作

IV 第四章 宇宙和地球上的生命

是它賴以生存的生態系統的一部分。在現代生物學裡，從一個物種和它周圍環境的關係來看待這個物種已成為一種主流，而非忽略它的周圍環境來孤立地研究它。而且，因為我們知道所有的生態系統都是相連的，這樣我們很容易理解，在一個系統裡的某個干擾可能也將會對星球上其他的系統造成負面的影響。

也許，迄今為止讓我感到令人欣喜並驚訝的是，對自然是如何將它的組成元素從一種從環境裡接受索取的狀態轉變到一種給予環境的狀態的描述，是由進化生物學家伊莉莎貝特・莎托里斯（Elisabet Sahtouris）提出的。

在2005年東京的一次會議上，莎托里斯博士說道：「在你們的身體裡，每個分子、每個細胞、每個器官和整個身體，都有著其自身的利益。當每一個層面都表現出它自身的利益時，這會強迫在各個層面之間的談判協商。這是自然的祕密。在你的身體內的每一刻，這些協商都在時時刻刻地進行著，從而使你的整個身體系統趨向和諧。」

明顯地，在人類的身體當中，它的所有系統的平衡和幸福對於整個身體的生存都是絕對必要的。但做為結果，身體內的每一個系統的生存和身體的生存同樣是絕對必要的。

今天，把自然看作是一個系統而非一系列獨立元素的總和的觀點，得到了主流研究者的支持，並導致了諸如以下科學領域的誕生：生態學、控制論、系統理論和複雜性理論。

物質的四個進化發展階段

如同我們已經看到的，卡巴拉總是把整個自然看作是一個單一的整體來對待。這種整體性不僅適用於地球和生存在它上面的所有生命，還適用於整個宇宙、它的物質部分，同時也包括它的精神部分。

因此，那些適用於精神世界（利他主義的世界）的規則同時也適用於我們的這個物質世界（利己主義的世界）。

我們的這個物質世界和精神世界的區別在於，精神的願望是全部有關給予的，而我們都是亞當靈魂的碎片的後代，因此本質上我們都是以自我為中心的利己主義者：有時我們甚至連這個事實都遺忘了。

而且由於我們是如此地自我吸收，以致於我們根本意識不到這樣一個事實：在自然的最深的層面上，自然是由利他主義的法則統治著的。

卡巴拉的目的便是去揭開將這些規則隱藏著的那些面紗，把那些自然的生命法則揭示出來，把它們介紹給大家做為一種認知瞭解我們這個世界的工具，以便在這一種新的意識的層面上管理它。

因此，之後我所要討論的任何東西，從宇宙的形成到人類關係的修復，都將基於我們迄今為止所解釋過的那些願望的進化發展的概念。

15 靜止無生命層面

伴隨著亞當靈魂的破碎，這個接受的願望的每一碎片都開始感覺好像自己就是一個獨立存在的自我，與它的環境相分離並希望從中吸收。這種想吸收的願望，這種牽引力或重力（萬有引力）（接受的願望在我們這個物質世界的對應物），導致了宇宙中最早的簇群（clusters）的形成，而這些後來成為了構成宇宙中最原始的星系的基礎。

這樣，隨著空間和重力場的誕生，更加結構化的吸收的願望的形式被創造了出來，也就是去接受的願望的形式——粒子繼而出現了。這個吸收的過程繼續著，進而星系產生出來，其中的一些（至少某些）還伴隨著圍繞著它們的行星，因此，做為自然中最微小的力量的萬有引力，創造出了整個宇宙的結構基礎，就像階段1中那個最微弱的接受的願望，為四個階段和隨之而展開的精神世界的演化奠定了基礎結構一樣。

就像在階段1中一樣，在這個物質世界的無生命層面裡的接受的願望，主要是由一種穩固其自身的生存的願望所構成。它和其他事物的唯一聯繫在於它抵制任何破碎、分解或者想要改變它的企圖。

然而，做為在靜止無生命層面上保護其自身的生存的渴望的一種結果，一些微粒「發現」：如果它們能和其他元素合作的話，它們將更加安全。

與達爾文的進化論不同的是，卡巴拉斷言，這裡不存在任何巧合和偶然。粒子並不是真正地「發現」或碰巧去合作，並且隨後受益於這樣去做的結果。因為如果是這樣的話，將意味著自然是毫無目的、盲目隨機的，也就是在該過程的結束處沒有一個預先設定的目標。

相反，巴拉蘇拉姆在《卡巴拉智慧的序言》、《十個 Sefirot 的研究》和其他地方解釋說：由於我們這個世界是一系列因果關係事件的最後一個，在我們的這個世界裡出現的那些願望之內已經包含著（儘管是無意識地）那些以前的狀態的記憶，因為它們（指我們這個世界裡的願望）不過是它們（那些精神世界裡的相對應的願望）衍生出來的分支。

因此，在這個世界上的接受的願望已經有著那個四個階段，那個 Partzuf 以及所有那些精神世界的記憶。因此，這個世界只不過是用來發現在這個世界存在的所有層次的願望中，都預先存在著的那個相互合作的利益的準備階段。這就是讓它們「奇蹟般地」發現那些從「談判至和諧」帶來的好處的原因，莎托里斯如是形容。

大多數物理學家都同意，粒子們並不需要太多的時間來「發現」合作帶來的那些好處。根據麻省理工學院（MIT）的一個研究中心 Haystack 天文觀測台發表的一篇論文，在「大爆炸」發生三分鐘後，這個宇宙已經冷卻到足以使質子和中子形成原子核。

但是，為了進一步發展，它們還不得不努力添加更多的合作內容，這表現在電子的形成上：它平衡了原子核中的正電荷。這便說

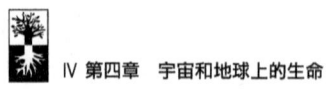 IV 第四章　宇宙和地球上的生命

明了第一個原子是如何出現的。

對於那些粒子來說，身為一個原子的部分，它們在維持原子的利益面前所表現出屈服自己的利益的做法，就是它們所需要進行的所有改正。

為了維持它們所生存的那個系統的利益，而非為了它們自身的利益，它們停止了它們自私自利的行為，並變得是以這些原子的系統利益為導向，產生了它們的環境的意識，並且知道它們如何能夠為之做出貢獻。透過這樣做，它們便成了「利他主義者」，儘管其目的還是出於一種自私的目的：為了確保它們自身的存在。

粒子透過這麼做而獲得的「獎賞」，是透過這種它們對環境的給予創造出了一個強有力的賴以生存的環境，意味著更穩定的原子，而這反過來可以維持它們這些粒子更好的生存。

此外，由於原子也需要組成它的所有那些粒子都維持著它們自己的生存狀態，這些原子本身也保護了位於其中的那些粒子。因此，透過將自己的利益服從於它們的原子的利益，粒子能在維持其自身利益的同時使整個系統獲益。

這種「交易」被證明是如此成功，美國國家無線電天文台（National Radio Astronomy Observatory）公佈的觀察結果顯示，以致於僅在大爆炸後的幾分鐘裡，那些最初的原子（氫和氦）的形成便得以完成。因此，最初的無機物質便出現了。

也許這種使一個人的自我利益讓位於其賴以生存的系統的利益妥協方法的最生動例子，便是我們自己的身體。在人體內，就像在

靜止無生命層面

其它任何有機體裡一樣，每個細胞都扮演著一個特殊的角色。為有機體的存在，每個細胞都必須盡其所能行使其功能，並且將維持其自身生存的目標讓位於維持其賴以生存的整個有機體的生存的更大的目標。如果一個細胞開始違背這一原則，它的利益將很快與身體的整體利益形成衝突，這時身體的防禦機制將會發現它，並且消滅它。否則，它很可能會分裂並產生為了自身利益而極力消耗其他身體資源的不服從全局的腫瘤細胞。當這種情況發生時，我們診斷其為「癌症」。

如果癌症贏了，身體將死亡，而腫瘤也將隨著身體一同死亡。如果身體取勝，而癌症死亡，身體將和其他那些沒有變成惡性癌細胞的細胞一道繼續生存下去。這就是自然用以確保以自我為中心的系統將無法生存的那種安全保障機制。

在這裡，實際上也沒有什麼神奇之處，它其實很簡單，就是以自我為中心的機制總是不可避免地導致其自我的滅亡，因為它們總是以消耗它們自己的身體的食品供應部門（也就是它賴以生存的環境）而終結自己。

因此，消滅腫瘤是為了身體內的所有細胞的利益。換句話說，為了維持一個系統中所有元素的生存，在該系統中的元素必須在先維持整個系統的利益的前提下來保全它自身的利益。做為回報，該系統將滿足它們的福祉和各種需要。

剛才解釋的原則，不僅對粒子和原子或生物有機體有效，而是對一切生命存在形式都有效。透過它的應用，在自然界中的所有元

素都學會了在無私的自然面前抑制它們以自我為中心的天性，在考慮自身利益之前，首先考慮其賴以生存的集體的利益。

因此，回到我們對早期宇宙的觀察的話題，一旦粒子聯合起來共同創造出原子，原子便開始黏合，從而創造出了最早的分子。這些都遵守了那個同樣的規則，而且那些由於其原子高度緊密結合而生存下來的分子就和那些原子一樣，在考慮自身利益之前，首先考慮它們賴以生存的集體的利益——也就是分子的利益。

在這整個過程中，沒有選擇的自由。一個原子或分子無法選擇是否被創造，因為為了更好地保護自己的利益，構成它們的元素發現形成它符合它們自己的最大利益，並且形成它也是為了最好地保護它們自身的利益。

然而，透過創造分子，原子實現了遠遠比保護它們自身和創建了它們的那些粒子更加重要的東西。和粒子一樣，它們建立了一個可以在其面前抑制自身的願望的系統，這樣一來，它們從以自我利益為導向的存在轉變成了以系統利益為導向的存在，也就是它們從利己主義者變成了利他主義者。

透過這種方式，另一個非生命層面的接受的願望得到了改正。雖然在這個改正過程中沒有選擇的自由，它的利他主義的妥協手法是所有被認為改正好了的無機物所需要的。由於階段1在其他的進化演變中沒有任何自由的選擇，因此，無生命層面在它的進化過程中沒有任何自由的選擇，只是為了盡可能最好地確保其生存而做出的簡單行動。

有趣的是，達爾文的理論在其自然選擇的法則方面，表現出了一種幾乎相同的模式。卡巴拉和達爾文之間（或至少其中之一）的區別在於：達爾文主義定義為穩定的分子 vs. 不穩定的分子，而卡巴拉定義為平衡的分子 vs 不平衡的分子。平衡的分子支持著構成它們的那些原子，而原子也同等程度地支持著它們的分子。

理查・道金斯（Richard Dawkins），達爾文理論當代最熱衷的支持者之一，在其《自私的基因》（The Selfish Gene）中描寫了分子的進化過程：「自然選擇的最早形式只是對穩定形式的選擇和對不穩定形式的拋棄。這裡沒有什麼神祕可言，而且是不容置疑的，它根據定義必須如此。」

道金斯的意見與卡巴拉學家的意見是一致的，因為根據卡巴拉必然產生的那個定義是：在穩定的分子裡，原子已經變得「利他」，利他的含義在於它們（原子）將它們自身的利益屈服於它們賴以生存的分子的利益，而在不穩定的分子中，至少有一個原子仍然只看重著自己的利益。

分子，遵照了粒子和原子的相同的產生手法，開始聚集並創造出這種被生物學家稱為「分子間的相互作用」或「黏合」的東西，就像那些分子的形成過程一樣，為了這種黏合的強度與繁榮，那些獻身其中的分子存活了下來，而那些沒有完全支持它們的黏合的分子則被分解了。

在自然界中，有很多這種分子間相互作用的形式存在著，但在不超過四十億年前，有一個特定的相互反應，象徵著地球上無生命

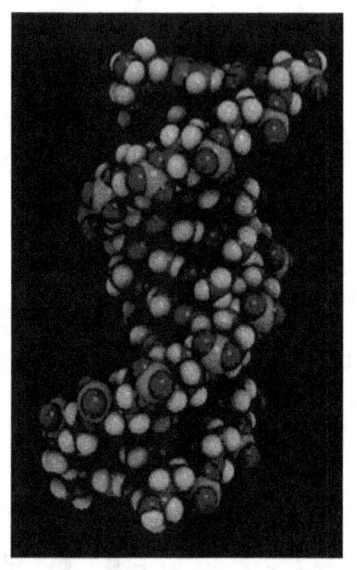

圖 11：去氧核糖核酸（DNA）

階段和植物階段之間的過渡開始了。這種特殊的聚合分子被命名為「去氧核糖核酸」（DNA）（圖 11）。

在原子裡，每種粒子都承擔著不同的角色。例如，一些構成原子核，一些構成其外殼。在分子裡，原子也承擔著不同的角色，而且必須遵守嚴格的形式進行連接。最後，在分子間的相互作用中，每個分子都扮演不同的角色。

但是，隨著 DNA 的出現，事情開始發生變化。DNA 並非僅僅是由不同的分子形成的另一種結構。這是一種可以與其他結構相互作用的結構，並且其中每個結構都被分配了一個功能，當它們聯合時，

便會服務於這個新的結構的利益。在生物學上，這種結構被稱為「細胞」或「單細胞有機體」，它們構成了最原始的生命形式。

你可以爭辯，可能也有很好的理由，即從本質上講，這些生物運作起來的方式和之前介紹過的那些原子、分子或分子結構是相同的。但圍繞著DNA創造出的獨特的結構使得兩個並無先例的功能得以實現：（1）DNA是自然中已知的第一個可以自我複製的結構，同時其分子的結構可以支持它；（2）細胞是最早與環境系統性地相互作用的結構。

它們從它們的環境中吸收養分，加工它們以提取生命所需的能量，並且排出廢物。此外，細胞可以多次準確地重複這個過程，以致於它們可以改變它們的環境。

生命有很多種定義。為了安全、準確起見，我會選擇大英百科全書（Encyclopedia Britannica）的版本：「生命是指有著反應、生長、新陳代謝、能量轉換和繁殖（生產）等特定屬性的物質。」最早的細胞被命名為「原核生物」，有著那些全部的屬性，並且是一種分子相互作用而產生的直接演化產物。

因此，根據同樣的規則，透過把它們賴以生存的宿生系統的利益放在它們自身的利益之前，使得所有系統實現了平衡和可持續發展，反過來做為系統對於它們的關懷，正如我們所知道的，這促使了生命的起源。

16 植物層面

　　正如我們上面所說，第一個活的生物體是原始細胞，我們稱之為原核生物。和無生命階段的無機物相比，原核生物變得更加複雜。

　　生命進化中的植物性階段對應於願望的進化發展的階段 2。兩個階段之間的區別在於，階段 1 是被動的，只接受大自然給予它的東西，而階段 2 則對自然有著相應的回應，希望回報自然。同樣地，植物回應它們的環境並和環境相互作用。它們的產品——氧氣，是植被帶給我們的這個世界的禮物。它是一個生命中至關重要的元素，沒有它，我們所知的生命的演化將無法實現。

　　在《光輝之書的序言》中，阿斯拉格解釋說，植物性階段的接受的願望，像植物那樣，表現出一種更強烈的接受的願望。這就是為什麼它們創建的結構更為複雜，並對它們的環境有更明顯的影響。

　　此外，與無機物不同，植物是個體的物種，有著它們自己的繁殖、覓食，甚至有遷移機制。然而，像無機物一樣，所有的植物行為都相似，同樣嚴格地遵從在其內部設定好的程式。

　　它們每天早晚定時打開和關閉花瓣（如果有的話），同一種類的植物幾乎完全遵循著與它們相同的那些物種的程式。

　　因此，遵從著在整體利益面前屈服自我利益的同樣的法則，細胞得以繼續進化發展，不斷產生出越來越複雜也越來越精細的結構。

　　起初，它們是聚集在一起的大量的單細胞。然後，漸漸地，它

們開始意識到，將不同的功能賦予不同的細胞群可能會使它們更加受益。這樣有些細胞變成了「獵人」，為整個集群提供食品，某些細胞變成護衛，某些細胞甚至變為清潔工，每個細胞都為它們的社區做著最好的貢獻。

正如我們上述關於粒子間合作的例子一樣，不同器官間的合作也不是巧合的。它依賴於存在於精神世界的和它對應的利他主義的相似結構。對於精神（利他主義）世界，我們在第二章和第三章進行了一個很粗線條的概括描述。在《十個 Sefirot 的研究》中，巴拉蘇拉姆對我們之前所討論的 Partzuf 的內部結構進行了詳細的研究，並將它們和消化系統、生殖器官、手、腿等系統進行了比喻性的解釋。

然而，巴拉蘇拉姆把所有的那些元素都描述成一種給予的願望和接受的願望之間的相互作用。這些都絕不是任何種類的物質世界中的物體，雖然它們的行為方式是在我們這個世界裡能看到的相似系統的「原型和樣板」。在卡巴拉裡，原型被稱作「根」，而它的所有衍生物被稱為「分枝」。

回到進化的主題，相對單細胞生物而言，除了在尺寸規模上的明顯優勢之外，集群的細胞還有另外一個優勢：它們可以專注於完成一個單一的任務，從而使其表現更完美，提高它們對集群的貢獻，並需要依賴群體中的其他夥伴細胞來滿足它們自己的其他需要。而單細胞不得不完全依賴自己做到自給自足。

這種提高的效率意味著依賴群體生產相同數量的食物、熱量、

保護以及任何其他必需品時花費的時間和能量更低。因此，為了它們的自身利益，細胞開始分化變異。

　　隨著細胞分化的進一步發展，更大、更強以及更多種類的植物出現了。透過使一些細胞專注於從土地中吸收水分，而其他細胞進行光合作用，植物群體開始按部門分工以專注於特定的任務，而不只是按特定細胞分工，這導致了各種器官的出現，如根、莖、稈、葉等，從而使得向更高層次的植物層面進化成為可能。和以前一樣，決定一個新的進化階段成敗的關鍵性因素依然是：在一個相互依存的系統裡，細胞或器官「同意」將整個系統的集體利益優先於它們自身的利益。而在這個例子裡，便是一棵植物。

17 動物層面

約在二十億年前，植物還是這個地球的統治者。

但是那個破碎了的亞當的 Partzuf 的接受的願望中還有更多需要改正的方面。也就是讓它們都學會如何做為一個系統而通力合作，將自身的利益讓步於它們賴以生存的系統的利益。隨著願望的繼續湧現，和願望進化發展四個階段中的階段 3 相關聯的願望開始顯化出來。而這創造出了更加複雜的生命形式。

由於其較高水準的願望，阿斯拉格在《光輝之書的介紹》中解釋道，屬於階段 3 的每個物種的個體，有一種更加強烈的自我決定意識和更大的自治的願望。相應地，雖然個體繼續認識到自己是做為物種的一部分，但它們也開始發展個體的身分。比如說珊瑚，大約在五百萬年前開始進化，它是最早出現的動物。其中的一些珊瑚擁有發達（一種原始的形式）的使動物得以運動的肌肉，並因此能夠相對自由地走動。此外，與植物利用光合作用提供養料不同，珊瑚必須透過捕食其他有機物以維持生存，並且通常含有能夠進行光合作用的藻類細胞來為它們提供碳水化合物（醣類）（圖 12）。

但珊瑚具有另一種動物才具有的纖維組織特徵的形式：神經。一個神經系統的出現，尤其是中樞神經系統（CNS）的出現，使得個體能夠更好地控制有機體的功能，而這都加速促成了在今天還存在的不同的動物群的演化。

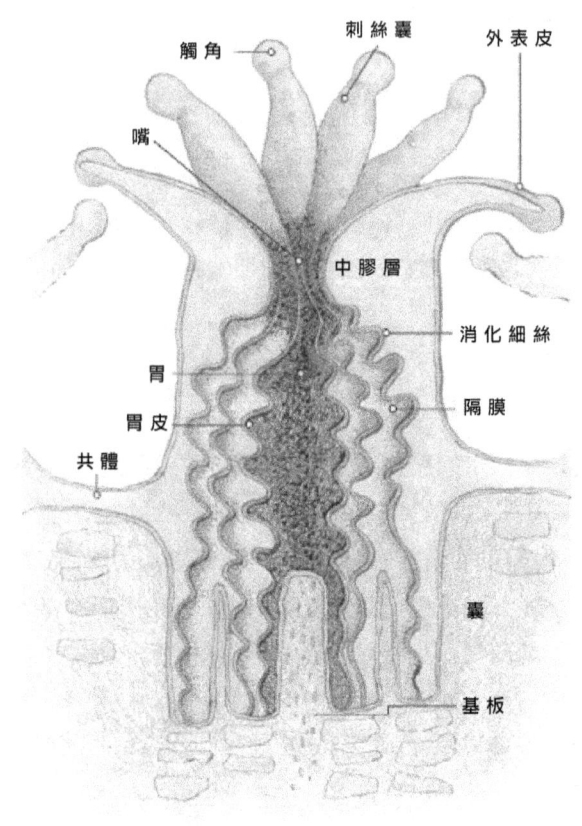

圖12：與植物自身透過光合作用供給營養不同，珊瑚靠捕食其他微生物為生。

以下（圖13）是一個三十八億年歷史地球生命出現的大概的時間表線，說明了願望是如何透過進化不斷顯化出來的過程：

地球生命的歷史	
距今38億年，簡單細胞出現（原核細胞）	靜止無生命層面階段1
距今30億年，光合作用出現	植物層面
距今20億年，複雜細胞出現（真核細胞）	
距今10億年，多細胞生命出現	階段2
距今6億年，簡單動物出現	
距今5.7億年，昆蟲出現	
距今5.5億年，複雜動物出現	
距今5億年，魚類出現	
距今4.75億年，陸生植物出現	動物層面
距今4億年，種子出現	
距今3億年，爬行動物出現	階段3
距今2億年，哺乳動物出現	
距今1.5億年，鳥類出現	
距今1.3億年，花朵出現	
距今6500萬年，非鳥類恐龍滅絕	
距今250萬年，人類出現	人類（語言層面）
距今20萬年，智人出現	階段4

圖13：生命進化時間表

正如上表所列出的那樣，物種的進化和願望的發展階段對應得很好。接下來的章節將專門討論地球上對應階段4的這個接受的願望的出現和演化：也就是語言層面的出現和演化，即我們人類。

| 第五章 |

人類

 V 第五章 人類

　　正如階段 4 是那個接受的願望的自然的進化發展的一個階段一樣，它在我們這個物質世界的平行對應物——人類，同樣地也經過了之前章節所解釋的那個相同的原則所主導的進化發展過程。

　　人屬（類人猿）最早出現在大約兩百五十萬年前，和所有其他的物種一樣，也是自然選擇的結果。和動物一樣，原始人類也是那些更健康更強壯的存活了下來，而那些較弱的則被淘汰了。

　　然而，原始人類，特別是最後進化的物種——智人，在社會關係上投入了比其他任何物種都還要多得多的精力和時間。雖然許多物種，如海豚、黑猩猩和狼，同樣也有著複雜的社會關係，但是人類社會中的結構是充滿活力的，而且是透過自然一直在進化演變的。

　　就這一方面，巴拉蘇拉姆在其《光輝之書的介紹》一文中寫道，與動物不同的是，人類可以同情他人的痛苦並且體驗他人的歡樂，而動物卻不能。

　　然而，在這一點中，巴拉蘇拉姆指的並非是常常在動物身上表現出的那種移情現象：在母親和其後代（甚至是無關物種的後代）之間。相反，他在這裡講的是一種全新的接受的願望的進化方式：透過羨慕和嫉妒而產生的進化。

　　在那篇介紹的第 38 節中，阿斯拉格解釋了人類的願望和動物的願望之間的區別，以及羨慕和嫉妒是如何增強並提高我們的願望的：「動物中接受的意願，缺乏對他人的感覺，只能產生在這個物種本身天生固有的需求的範圍之內。」

換而言之,如果一種動物知道吃是一種享受,那麼,牠可能同樣想要幫助其他同類動物去獲取食物。「但是人,」阿斯拉格繼續說,「不但可以感受到別人,而且還變得同樣想要其他人所擁有的一切,因而充滿了羨慕和嫉妒,渴望擁有其他人擁有的所有東西。」

因此,即使我們有自己那份足夠的食品、住所和所有其他必需品,我們的羨慕和嫉妒也會不斷迫使我們希望擁有更多:更大的房子,更強壯/更健康/更可愛的孩子(最好以上都有),更多的土地,而這份清單還會隨著願望的增長而不斷增加。

在這方面,阿斯拉格引用了有一千五百年歷史的米德拉西的老話,「『一個擁有一百的人,想要擁有兩百。』因此,需求永遠在不斷地倍增直到一個人想吞噬整個世界的所有一切。」

事實上,智人的出現,象徵一種在進化方向上的轉變的開始。智人,表面上看起來並沒有專注於發展出一個更強大、更適應和更靈活的身體,而是專注於他們的大腦的智力的發展,而且更加令人驚奇的是,在自我表現(Self-expression)方面的發展,今天,正如特溫吉(Twenge)和坎貝爾(Campbell)在《自戀流行病》(The Narcissism Epidemic)中所提出的那樣,變成了一種自戀流行病。

因此,我們看到了智人正是那個接受的願望發展的階段4在地球上的物質表現,也就是那個想要變得全知全能的願望。

18 自我的開始

　　阿斯拉格以上所講述的，不僅象徵著人類進化歷史上的一個轉折點，也是整個宇宙進化歷史上的一個轉捩點。這種（人類獨有的）由羨慕別人所引發的進化已經改變了人類進化的方向。直到人類的自我出現之前，生物進化的成功都是依賴於生物內部各個器官間相互合作的成功，都遵循著為了系統的利益而犧牲自身的個體利益的原則，並且讓其賴以生存的系統來關照他們自己的福祉。

　　然而，需要我們特別注意的是，為了系統的利益而犧牲自身的利益不僅適用於一個生物內的器官，也適用於一個生物組織。生物體不是存在於真空中，它們只是位於精神世界裡的根源的衍生分枝，是結果，正如我們在前一章所描述的那樣，其根源在精神領域。基於這個原因，它們也遵循著精神系統的同樣的運行法則：為了其作為一部分的賴以生存的系統的利益而犧牲自身的利益，簡單來說，就是利他主義的行為。他們賴以生存的宿主系統，也就是生物體生存在其中的那個生態系統，同樣遵守著這個相同的規則，因為，正如我們所說，沒有其他規則能夠使生命延續。

　　由於這個原因，我們在全書一直提到的這種為了整體利益而犧牲自我利益的生命存在法則，一直嚴格地適用於生物在其環境中的功能表現。因此，如果一個生物的體格看起來完美地適應一定的環境條件的話，一旦這些條件突然發生變化，那麼這種動物的體格就會變得不足夠適應新的變化，甚至不如那些雖然沒有相對穩定的內

部結構但卻更適應環境的動物。

這正是恐龍滅絕的時候發生的情況。一億六千五百萬年前，恐龍統治著地球。但是，大約六千五百萬年前，牠們在一個（相對）很短的時間內消失了。有關牠們滅絕的原因的理論有很多，但並沒有找到確鑿的答案。

一個似是而非的答案是有關隕石的理論。據美國地質調查局（USGS）的說法，「現在有廣泛的證據表明，隕石撞擊，至少是恐龍滅絕的部分原因。」不過，雖然有關隕石撞擊的這個原因並沒有在科學界達成共識，但是人們確實已經認識到，正如美國加州大學古生物博物館所公佈的那樣，「全球性氣候變化在全球範圍內的發生：從中生代（恐龍時代）的溫暖的氣候，轉變為新生代（哺乳動物時代）更加寒冷和多樣化的氣候。」因此，無論是隕石還是其他什麼東西改變了氣候，在環境上都確實是發生了一個突然的變化，而恐龍（約佔當時地球上生物種類的百分之五十）對此無法適應，因此最終滅絕。

因此，為了生存，恐龍和幾乎所有其他的動物，跟牠們的內部器官一樣，必須遵守這個同樣的生存法則：為了系統的利益而犧牲自身的利益，做為回報，系統會反過來關照牠們。當在整個生態系統內該規則被違反時，即使那並非是動物的有意所為，而只是因為牠們沒有足夠快地適應這些變化，巨大規模的滅絕也會發生。

這裡有動物適應變化了的環境的一個更近並且也更加成功的例子。美國加利福尼亞大學的斯宛尼戈登（Swanne Gordon）有一篇題

V 第五章 人類

圖14：特立尼達虹鱂，達米爾（Damier）河流實驗所使用的種類（圖：羅利圖片庫）

為《在不到十年之內可能發生的進化》的文章，發表在2009年6月15日的《科學日報》（Science Daily）上。「小淡水魚生物學家戈登和她的同事對虹鱂有著長期的研究（圖14）。他們將虹鱂魚引入到附近的達米爾河，在這一部分的水域之上有瀑布做為屏障，隔絕了所有天敵。而在這下面的河流裡，同樣也有虹鱂和牠們的後代，而且這一部分河流裡還生存著牠們的天敵。八年後……研究人員發現，在較少天敵的環境下，虹鱂魚已經適應了牠們的新環境，透過每次在繁殖循環生產更大並且更少的後代。而生存在那些天敵較多的環境中的虹鱂魚卻沒有做出這種變化。其他部分並沒有這種對環境的適應……『高掠食區域的雌性在目前的繁殖上投入更多資源，因為天敵的存在造成的高死亡率，意味著這些雌性可能不會再有繁衍的機會了』，戈登解釋說。『另一方面，低天敵環境的雌性生產

圖 15：澳大利亞的歐洲兔（圖：羅利圖片庫）

較大的胚胎，因為較大的幼魚在資源有限並天敵較少的環境下更具競爭性。此外，低天敵環境區域的雌性產卵較少，不僅因為牠們有更大的魚卵，而且也因為牠們在當前的繁衍方面無須投入過多。』」

　　在某些情況下，如果需要的話，為了提高牠們的生存機會，生物體（儘管這種情況類似病毒）甚至會「退化」自己。這就是黏液瘤病毒和澳大利亞歐洲兔（圖片15）的例子。大約一百五十年以前，為了有足夠的打獵對象，在澳洲大陸放生了二十四隻兔子。但是，在僅僅幾十年裡，兔子不斷地繁殖，甚至達到了構成破壞整個澳洲大陸的野生動植物平衡的危險程度。在 2009 年 4 月 8 日，美國廣播公司科學欄目的溫蒂・祖克曼（Wendy Zukerman）對這一事件進行

V 第五章 人類

了描述。在她的報告中,她寫道:「到了 20 世紀 20 年代,澳大利亞兔子的數量已增長到了一百億隻之多。」

為了抑制兔子的數目,澳大利亞當局做出了各種積極的努力,但是直到 1950 年他們才最終獲得成功。在這一年,祖克曼寫道:「生物控制劑,黏液瘤病毒,被引進到澳洲大陸。」結果,「多發黏液瘤病(由病毒引起的疾病)致使兔子的數量銳減。在一些地區,約有 99% 的兔子都被消滅了。」

但是,澳大利亞的歐洲兔並沒有滅絕,牠們的數量逐漸穩定了下來,甚至在某些地區的數量還出現了一些反彈。顯然,這種病毒已經變得不那麼有效。當研究人員尋找病毒效果下降的原因時,他們發現,它已蛻變成了一種很溫和的形式,僅僅會導致 40% 被感染的兔子死亡。

因此,研究人員得出結論,由於病毒的唯一宿主是兔子,所以它蛻變成了一個較溫和的類型。這維持了兔子的存活率,因此該病毒也得以繼續存在。

透過削弱其本身,病毒看起來背離了自己的利益,給兔子的免疫系統爭取了抗擊的更好機會。但其自我產生的弱化的實際結果是:維持它將會有一個宿主在即將到來的世世代代裡可以居住其中。

的確,到這一天為止,多發性黏液瘤確實發揮了削減兔子的數量的作用,但卻不足以使其滅絕。這看起來好像在兔子和病毒之間取得了平衡並因而可以共存。

19 人類：唯一的例外

在上一節中，我們看到了為了賴以生存的系統的利益而犧牲自身的利益以尋求系統的照料的規則，它不僅適用於所有的生物，而且也適應於生物在棲息環境中（生態系統）的功能的發揮。然而，這個規則有一個例外的情況：人類。

要理解人和其他動物的區別，我們就需要對四個階段進行深入的思考。階段1到階段3反映的是從一個給予者那裡獲得快樂的接受的願望——無論是透過直接接受來自它的快樂，還是透過返回給給予者獲得的快樂。但階段4卻有著本質的不同：它反映了一種成為給予者的願望。換句話說，階段4要達到一個從定義上來看不可能實現的目標。正如一個兒子不能成為他的父親，階段4也不能成為階段0。但是，正如一個兒子能像他的父親一樣，階段4也可以變得和階段0相似。

做為一個接受的願望，並且知道變得和階段0一樣，也就是和根源一樣，是可能獲得的最高回報，這就是階段4所渴望的。因此，做為它的物質化身的我們，一直在努力希望實現這個相同的目標。在潛意識中，我們對名利、權力、財富、學識和不朽的渴望，實際上是想真正變得和上帝一樣的願望。沒有人能逃脫這些願望，因為我們都是階段4的一部分——我們都隨同亞當在其靈魂破碎時一起破碎了。這些願望在人類中的區別僅僅在於這些願望的強度和比例，而不在於它們的構成。

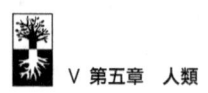 V 第五章 人類

顯然，有些人對於名利、財富和學識的願望都非常小，他們就是那些滿足於自己的居所、家庭和最基本的物質需求的普通大眾。在這樣的人群中，屬於階段 4 的願望並不佔主導地位，因此這樣的人很少有雄心勃勃的目標。

但是，即使在那些最安靜的人心中也都會有一個「魔鬼」，希望自己的錢能多一些，或者至少多過自己的鄰居。這些就是階段 4 的願望，也就是特溫吉和坎貝爾所描寫的那種高人一等的優越感（sense of entitlement），而且它們幾乎是人類所獨有的一種願望。

這些願望同樣也是那些使我們成為直到智人的出現之前，一直統治著進化演化規則的例外情形的願望。因為人類具有一種天生變得像創造者一樣的渴望，所以，我們往往會用更積極的方法去迎接挑戰，而不是像其他動物一樣，只是被動地適應環境。

因此，我們不是竭盡全力使我們的身體能夠像其他的動物一樣適應環境的變化或威脅，我們是在試著改變環境或者消除那些可能的威脅。

這種努力之一就是改變我們的「私人小氣候」，也就是改變我們最直接的環境，來應對我們周圍的環境，比如，透過披上比我們自己更好的「皮膚」——動物的皮毛，來更好地保護我們自己以避免環境對我們的侵害。而且，並非依賴於我們的（顯然是不夠的）身體來為我們自己提供足夠的食物，我們不斷開發出越來越精密複雜的工具幫助我們狩獵，也幫助保護我們自己免受肉食性動物的捕食……等等。

人類：唯一的例外

圖 16：來自肯特（Kent）（英國）的手斧，在舊石器時代打造，距今兩百五十萬～二十萬年前。

今天，當然也有明確的證據表明，靈長類動物、一些哺乳動物、鳥類，甚至會使用諸如岩石、樹枝和工具來幫助自己覓食和爭鬥。但系統的工具和武器的生產，例如把石頭和骨頭雕刻成長矛，卻是人類獨有的（圖 16）。

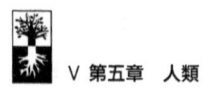 第五章 人類

　　另一個非常重要的發現是：早期人類（直立人）的成果是火的使用。火使人類的棲息地保持溫暖，防範獵食動物，甚至可以做飯。發現和使用火的各種方法，象徵著進化過程中發生的巨大轉變。人現在變成了一種可以改變自己環境的動物，而不是為了適應環境去改變自己。

　　美國地質調查局（U.S. Geological Survey）發佈的一份題為「偉大的冰河時期」的文件中寫道，「冰河時代出現在一百多萬年以前」。廣大冰原的出現使人類可從非洲遷移出去，並逐漸蔓延到全世界。有了火和衣服，他們就可以使自己適應那些氣候不宜居住的地方，從而成為世界上適應性最強和無處不在的哺乳動物。

20 身體 vs. 頭腦

在人類進化中,一個更深層和更重要的演變是:不像動物發展牠們的身體那樣,人類發展的是自己的頭腦。為了應付危險或獲取食物,動物要不是逃離危險,就是擊退牠們的攻擊者或撲食者。

相反,人類則是製造武器應對危險。為了抵禦寒冷,動物長出了厚厚的毛皮和皮下脂肪。人類則是生火。利用智力而非身體以獲得對自己的願望的滿足,這也使得人類還可以提前計畫。

一些動物儲存過冬的食物,然而只有人類會開墾土地,種植作物。根據大多數研究人員的論點,農業起源於一萬年到一萬五千年之前的肥沃的新月地帶(雖然羅賓・阿【Robin Allaby】博士率領的英國華威大學研究小組收集的資料發現,新的證據表明,早在兩萬三千年前,敘利亞便開始種植作物)。

雖然在今天看來,提高食物產量只是小事一件,但是當人類第一次開始開墾土地,他們在某種意義上就成為了創造者;他們開始改變自己的環境。這是一個壯舉,只有階段 4 的願望才能想出這些來。然而,隨著進步帶來了問題。

所有的動物,除了人,都必須遵從其生態系統的存在法則,否則便會滅亡。

人是唯一可以按照自己的意志規劃和改變其環境的有機體。當這種情況發生時,人們必須瞭解生態系統可以正常運轉的規則,否

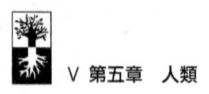
V 第五章 人類

則不遵守自然規律造成的變化可能給整個生態系統帶來災難,並且因此,包括他自己在內的居民都將受到衝擊。

在第四章中,我們說,在人體內,就像在任何有機體中,每個細胞都扮演著一個特殊的角色。

另外,我們說,「對於生命體的存在,每個細胞都必須履行其職責……為了其賴以生存的宿生系統的目標而犧牲自身的目標。如果一個細胞開始違背這一原則,那麼它的利益將很快與身體發生衝突,而身體的防禦機制將……摧毀它。」

同樣,當人類強大到足以改變他賴以生存的生態系統時,他就必須學會如何像一個有機體的細胞那樣的行為——克制自己而不危及整個系統的可持續性,避免危及整個系統的生存能力,否則系統將不得不排除自身的危險。無論是完全消滅人類還是其自身毀滅,都會在這個過程中殺死人類,就像癌症表現的那樣。

今天,我相信,稍微有點頭腦的人們就會承認自然已經正在採取補救性的措施以平衡人類對自然造成的危害。

但是,大約一萬年前,相對於現在,情況有著很大的不同。智人剛剛開始享受知識和技術帶來的好處,而且也沒有人會認為人類的所作所為正在危害著他們的棲息家園。農業的發展使得人們的生活由遊獵或採集轉向一種相對穩定的定居的方式。這是科技加速發展的一個結果。

另一個重要的問題是,當時人們的思維(現在有許多仍然是)具有宗教性質。《槍,細菌和鋼鐵:人類社會的命運》(Guns,

身體 VS. 頭腦

Germs, and Steel:The Fates of Human Societies）的作者賈德戴蒙（Jared Diamond）教授在南加州大學的一場講座裡說道，大約一萬五千年前，宗教改變了它的職能。他解釋說，宗教已經開始扮演起一個解釋的角色。宗教開始解釋所有的未知和不熟悉的事物，並因而給人們提供心理慰藉和信心。

　　但是，有關宗教方面在那個時間點值得注意的問題不在於它發展的方向，而在於它已經發展了這個事實本身。一個有制度、有組織的提供答案的實體存在，意味著人們開始詢問一些深層的問題──有關生命的目的以及操控它的規律等等的深奧問題，這在晚些時候促使了卡巴拉的誕生：正如我們在第一章中看到的那樣，它誕生於同一個地區，即那個肥沃的新月地帶（美索不達米亞）。

　　除了宗教的進化演變以外，正如我們剛才提到的那樣，因為農業的進步，鼓勵著人們放棄了游牧的生活方式，逐步走向定居，肥沃的新月地區的人口也開始增長。當技術得以發展之後，如車輪的發明，鼓勵著人類的進一步發展和城市化，更多有組織的政府和宗教形式接踵而至得以產生。因此，美索不達米亞，逐漸成為我們現在所謂的「文明的搖籃」。

第六章

走在相反的方向上

第六章　走在相反的方向上

正如我們在第一章中所說的，美索不達米亞是人類文明的搖籃，也是卡巴拉的先驅亞伯拉罕的誕生地。亞伯拉罕和巴比倫的統治者尼姆羅德之間的衝突，不僅是一個統治者和一個大膽的挑戰者之間的衝突。可以肯定的是，與其說這是一個概念的衝突，不如說它更是一種認知的衝突。

對尼姆羅德而言，現實是一個由各種力量組成的「聯邦」，他必須透過祭祀來取悅、服務和安撫這些力量。而對於亞伯拉罕，則只有一個力量，而對之崇拜本身就意味著遵守它的規則：也就是給予的法則，就是這麼簡單明瞭。因為觀點恰恰相反，難怪尼姆羅德（Nimrod）不得不消滅或是驅逐亞伯拉罕。

但亞伯拉罕從巴比倫的離開並沒有使得這座城邦變得安靜下來。促使亞伯拉罕探究生命祕密的那些趨勢還在繼續不斷加強，並擴散到這個繁華的城市，而這些趨勢是由到目前為止推動了進化的那些同樣的力量造成的。但是，在巴比倫，他們開始表現出一種人類獨有的方式：利己主義。

耶胡達・阿斯拉格解釋說，利己主義是人類的一種天然的特性。他宣稱，它是人類的天性，而且，卡巴拉提供了一種能使它變害為利的方法。在《世界的和平》一文中，他寫道，「……用簡單的話我們應該說，在這個世界剝削利用所有他人為自己謀利，這是每個人也是所有人的天性。而且他做出的所有的給予行為也僅僅是出於必須；而且即使是那時，其中甚至也還有一種對他人的剝削，只是它完成得很巧妙而已，以致於他的朋友不會注意到它，並且心甘情願地讓步。」

但是，在我們討論卡巴拉提供給人類的這個解決利己主義的方案之前，我們需要瞭解最初由給予的願望（創造者）創造出來的接受的願望是如何變成利己主義的。

「它形成的理由，」阿斯拉格繼續說，「是因為人類的靈魂（願望）是從創造者那兒衍生出來的，而創造者本身是唯一而獨特的。因此，人類也感覺在這個世界上所有的人都應該在他的管治之下」，就像整個自然都是由那個給予的法則（創造者）管轄著一樣。

此外，與自然界的其他一切元素都不同，它們和環境的和諧都是被動的，而人類則有能力改變環境。這給予了我們某種其他創造物所沒有的東西：自由選擇。換句話說，人類或者可以選擇變得像創造者（給予）一樣，並且獲得那個力量和隨之而來的管轄權，或者是選擇停留在我們天生的那個狀態：自我為中心和受限制的狀態。

當那些願望的不同階段從那個給予的願望，逐漸降落下來時，這個接受的願望隨著每個新階段的到來都會一同演化。同樣，在這

圖 17：願望進化的金字塔。金字塔的頂部同樣也是統治著它的部分，因此那個部分能自由選擇如何處理的方式，同時也承擔著正確處理的責任。

個物質世界中，這些不斷進化演變的願望也表現在不同階段之中（圖17）：在金字塔的底部是無機物和無生命的物質層面，對應於階段1。在那之上就是植物層面，和階段2相對應，在其上是動物層面（階段3），而在最上面的是人類（語言層面），即階段4。

考慮到所有的存在都是那個給予的願望，以及它的衍生分支——接受的願望，那麼，這個語言層面的人類（我們）不僅是整個創造的不可分割的一部分，更是創造的頂峰和整個創造的管理者，就是顯而易見的。

而且，正如是大腦支配著整個身體，但也完全依賴於身體才能使其自身得以生存一樣，我們必須學會如何管理和培育整個創造的金字塔——如果我們自己想要生存下去的話。

我們（人類）有兩種選擇：成長並且面對生命的事實，也就是生命的目標是變得像創造者一樣，或面對後果，即任何因為不遵守這個生命的規則而導致生命停止存在的後果。

在巴比倫，我們不想這樣做。人類文明那時正在其青年期，而且剛剛開始認識人類成為地球統治者的可能性。像所有的年輕人一樣，我們想享受我們新發現的這些力量。我們不想考慮後果。這就是為什麼出現了那個自然而然的結果：大多數人選擇了跟隨尼姆羅德而走上了巴比倫的毀滅之路，而不是跟隨亞伯拉罕。

21 金字塔內的金字塔

　　之所以亞伯拉罕是唯一一個發現了這個創造了生命力量的人，而不是任何他的同時代的人，是因為他是亞當的靈魂（Partzuf）中在當時已準備好啟示創造了生命的力量的那個碎片。但是，創造的目的不是為了只使一個人達到和創造者一樣的狀態，而是要使全人類都能達到這種狀態。因此，亞伯拉罕的發現不是一次性的東西，而只是人類的精神進化的一個新階段的開始。

　　透過在第一章中引述的他與亞伯拉罕的辯論來看，尼姆羅德相信他正在捍衛和拯救那條為他的人民帶來財富和文化繁榮的生命的道路。

　　然而，尼姆羅德沒有意識到的是這個願望的金字塔的存在，更不用說它在現實中的每一個單個元素中都存在的了。如在第四章「靜止層面」部分所揭示的那樣，並且他也同樣適用於人類的精神的進化演變：從利己主義向利他主義的演變。

　　亞伯拉罕確實意識到生命就是一個金字塔，它的頂峰是創造者的給予的品格。他還意識到人類的願望只會不斷增強，就像它們自創造開始以來就一直在增強著一樣。最後，亞伯拉罕知道，對這個規律的覺知意識，和卡巴拉提供的糾正方法結合在一起，是避免這整個系統不會由於自我利己主義的加劇而崩塌的唯一方法。但是，因為缺少有形可見的證據，所以只有少數人跟隨亞伯拉罕，團

VI 第六章　走在相反的方向上

結在達成創造者的目標下。當那些追隨他的人不斷發展壯大，直到成為一個民族時，他們便被賦予了同他們追求的目標一樣的名字：Ysrael（以色列），來自於希伯來詞彙 Yashar（直接）El（上帝），即直接和上帝連接。

　　從歷史上看，巴比倫（Babel）沒有立即崩潰，甚至在亞伯拉罕離去後不久，它還在繼續起伏地存在著，在他離開以後的千年裡保持著優勢和顯赫的地位，這其中還包括其第一聖殿的毀滅之後，由於他們的流放而把希伯來人重新安置在巴比倫。但是，從精神即卡巴拉的角度來說，尼姆羅德在巴比倫的勝利也註定了它的滅亡。因為它延續了利己主義的規則，而不是利他主義。

22 分裂

　　事實上，亞伯拉罕的方法很簡單：在面對不斷增長的利己主義時，去團結並發現創造者——給予的品格。正如我們在這本書中已經展示的那樣，自然界中的每個元素都是以這種方式行動的。接受的願望的初始水準只需要非常有限的組織而形成小系統，其中每個元素都使自己致力於自己賴以生存的宿主系統的生存。我們把這些基本的系統稱為「原子」。而將這些原子放置在其系統內的更進化的願望層次，我們稱之為「分子」。

　　隨著願望進一步演變，這些系統被組織為更大的組織系統——「細胞」，這些細胞後來組合成多細胞生物，最後導致植物、動物和人類的相繼出現。

　　在這所有一切當中，都只存在著一個原則：在所有元素裡存在著的接受的願望都希望接受，而在一個系統裡創造平衡和可持續發展的唯一方法是在一個更高層次的系統下團結起來。這就是亞伯拉罕的方法的精髓：尋求有意識地去效仿。

　　正如我們所解釋的，由於我們對於我們自己獨特唯一性的感覺，人類的這種接受的願望轉變成了利己主義。

　　因此，解決利己主義和自然採用的方法實際上是完全相同的同一個方法：也就是構建一個系統，在其中所有的部分都對整個系統做出貢獻，而抑制他們自己的利益，而做為回報，系統將保證其所

VI 第六章 走在相反的方向上

有組成元素的福祉以及可持續的發展。而且，正如今天的科學家們希望透過在小規模範圍內去重新創造去發現那些早期宇宙的情況和條件，比如瑞士 CERN 的強子對撞機，透過模擬自然的「自然的」行為，我們將會發現它的給予的法則。這個操作手法其實很簡單：如果你想變得和給予者一樣，並且在行動上表現得像一個給予者，那我們就必須至少考慮在你的本性中，你就有著一定數量的給予的特性的可能性。

但是，自然沒有提供給我們人類天生具有效仿它的本能，雖然這種本能卻被自然天生地賦予了其他層面的存在。因為，我們命中註定將成為自然的統治者，我們的任務就是要自己來研究這些規則，並隨後執行它們。這就是為什麼當尼姆羅德驅逐亞伯拉罕時，將這名可以教導巴比倫人這個規則的男子驅逐出去時，也同時擯棄了使他的人民實現統一的方法，擯棄了這個唯一可以解決那個日益增長的利己主義和在他的人民之間產生的隔閡的方法。

隨著亞伯拉罕的離去，巴比倫繼續頌揚著自我中心的放肆。但是，儘管快樂和享受並不違反創造的目的，正如我們從階段1和3中知道的那樣，在那裡獲得了創造者的快樂——而獲得快樂既不是終極的目標，也不是最大的喜悅。最大的喜悅，以及終極的目標都是成為像創造者一樣的人，巴比倫人對這個目標的否定也註定了他們最終的失敗。

比如第一章中所介紹的那樣，就在以色列正在形成一個民族和國家的同時，隨著其人民的利己主義開始增強到肆無忌憚的地步，

巴比倫經歷了劇烈的動盪，並最終在西元前4世紀崩潰解體，這正是一個漫長但卻不可避免的過程的證明。

然而，巴比倫只是處於建造這個願望的金字塔的最高層次的第一個階段：語言層面的水準。正如創造中所有其他的元素都具有的一樣，這個金字塔的這一最後階段也是由一個根源和四個演化階段的願望組成的。

亞伯拉罕被認為是這個最後發展階段的根源階段，也就是階段0，因此他的綽號，亞伯拉罕・阿維努（Avraham Avinu，「亞伯拉罕我們的先祖」）的意思指的就是他做為這個努力達成創造者的民族的始祖。後來，我們知道，他被認為是三種「亞伯拉罕式信仰」的祖先，也就是猶太教、基督教和伊斯蘭教這三種一神論信仰之父。

隨著願望在人類中的不斷進化，在這個金字塔裡，一個新水準的願望在根源層面之上浮現出來了，這大約是在埃及最鼎盛的時期。這一層面相當於這個最後發展階段的願望的四個發展階段的階段1。正如根源階段有自己的先驅亞伯拉罕一樣，這個階段1也有自己的先驅：摩西（Moses）。而且，正如亞伯拉罕是被尼姆羅德驅逐出了巴比倫一樣，摩西也不得不逃離埃及和法老。

如《摩西五經》（Pentateuch）中所述的，「但是摩西逃離了法老，並且居住在米甸之地」（＜出埃及記＞第2章：第15節）。但是，要理解摩西的使命的重要性，我們首先需要瞭解一個乍看起來似乎與之毫無關聯的概念：自由選擇的概念，如卡巴拉所解釋的那樣。

2.3 自由選擇

正如我們已經說過的那樣，人類的進化對應著願望的進化發展的階段4。在這個階段，這個接受的願望意識到，在所發生的這一切背後肯定有著一個思想，一個目的，在支配著這一系列的變化。在我們的生活中，它表現在孩子不但模仿他的父母的動作，同時還有著希望知道父母所知道的東西的衝動。

要想獲得那個創造者的思想，階段4就需要有自由的思想和自由的意志，這樣它可以獨立發展它的認知。同樣，如果你教一個孩子以一個很窄的視角去思考和看待這個世界，那麼他將成為一個非常忠誠的戰士，但卻不可能成為一個非常有想像力的戰略家或將軍。這也就是為什麼孩子，尤其是在兒童期的早期，在我們使他們習慣於懶惰之前，他們希望自己自主地做事情，而不是讓他們的父母為他們做事情。

因此，對自由選擇的這種需求需要我們對這一規律的不知道——即透過為了其賴以生存的宿主的整體利益而犧牲自身利益的方式，所有的創造物都是藉此實現平衡和可持續發展的法則——以便我們可以自己獨立自主地探索並發現它。如果我們事先就知道這是一個一直有效的法則，並且知道它是和萬有引力定律一樣精準的話，那我們將不敢違抗它。而且我們會知道我們除了遵從它，沒有別的選擇的話，我們最多可以成為一個聽話的乖孩子，並會永遠停留在一個孩子的狀態上，也就是永遠處於劣於創造了那個法則的給

予的願望的狀態上。

因此，為了變得和創造者相等同，我們必須學會如何由我們自己「建造」這個創造的過程，包括其中的每個元素，它存在的原因，它如何以及何時出現，它是否以及何時會消亡等等。為了學習它，進化已經為我們的學習創造了一個完美的基礎設施：它已構建了一個其中的所有元素都在把系統的利益放在自身利益之前的宇宙。此外，進化沒有事先給予我們對這個規則的知識，反而賦予了我們一個與它背道而馳的力量，或者給了讓我們根據我們自己的選擇不違抗它的自由。而且最重要的是，進化沒有在我們面前透露遵守這個規則可得到的獎勵。

在人體中的細胞同情它們賴以生存的宿主生物體的生命，而不是它們自己。如果它們不是這樣的話，那麼它們將無法按照對身體有利的方向工作，並會成為惡性細胞甚至阻止整個生命的存續。這種同情是如此地徹底，以致於細胞甚至願意在被稱為「細胞死亡」或程式預先設定性細胞死亡（Programmed Cell Death）（PCD）的過程中終止自己的生命，以促進整個身體的成長。例如胚胎，胎兒的腳的形狀是由細胞凋亡最終確定的：手指和腳趾的分化是在宿主系統對細胞的死亡有意的控制下實現的。

為了回報細胞的同情，它們得到了相應的「獎勵」：對它們的宿主生物體的感知，而不是感知到它們自己。也就是說，細胞的行為表現得就好像它們先天便有一種感知，即它們是組成整個生物體的一部分。如果它們無法用這種方式運作，那麼它們會本能地為鄰近的細胞盡力爭取營養和氧氣供應，這一點和單細胞生物一樣。當

VI 第六章 走在相反的方向上

這樣的功能故障發生在生物體內的細胞裡，就可能發展成癌症。

如果我們，像一個生命有機體的細胞一樣，可以同情我們賴以生存的宿主系統——地球的話，甚至不僅如此，還能同情瞭解建造和維持著這個地球的那些力量的話，那麼我們將獲得最廣泛的可能的認知，從而超越：我們瞭解的時間、空間、生命和死亡這些概念的界限。我們的感知將揭示我們是一個比我們周圍的環境更廣闊的系統的一部分，就像細胞是整個生命體的一部分一樣。在那種狀態下，我們將能夠和創造者（給予的願望）一樣思考和行動。因此，我們也將實現創造的目的：變得和創造者一樣。

然而，如果我們能夠看到，透過抑制或犧牲自我為中心的利益，最後我們能夠獲得變得和創造者一樣的那個回報，那麼我們會這麼做，但這將只是出於為了獲得樂趣，卻不具備給予的意圖，而沒有了給予的意圖和目的，我們將還是以自我為中心的利己主義者，還是不同於創造者。為了實現和創造者相等的那個狀態，我們必須能夠自由地選擇，而不應受到以任何方式出現的朝向利他主義的誘惑。因為，正如我們對願望的四個階段的解釋一樣，這個給予的意圖就是使我們變得和創造者一樣的東西，接受的願望必須不能覺得在給予中有快樂或利益存在，這樣他才不會產生自私的動機。

當我們理解到這一點時，我們就會明白階段 4 的那個對願望的限制對我們的重要性。如果階段 4 不排斥它（快樂），那麼，我們就會屈服於快樂，就像一個嬰兒享受給予他生命的父母的力量和善行一樣，我們將無法變得像創造者那樣。相反，我們就會像飛蛾在一個漆黑的夜裡被燈光引誘一樣，被快樂所俘獲。

在不斷進化的願望面前：團結

早些時候我們說過，當願望在自然當中進化時，它會創造變得越來越複雜的結構。每一個新的水準都是透過在系統裡將一個更高層次的創造物馴服納入系統中，去調節控制一個更高層次的接受的願望，從而為它們提供可持續發展並且遵守自然的給予的法則。當這發生在人類身上時，我們也從那個最小的結構開始，並沿著這個道路不斷向上。唯一不同的是，我們必須依靠自己去實現這件事。

因此，第一個創造了這樣一個系統並且使他的成員透過共同獻身於這個系統而團結在一起的團隊就是亞伯拉罕家族。根據邁蒙尼德的敘述（第一章），這個初始的系統逐漸發展成為了一個團隊。然而，只有在埃及時，當其數量足夠多時，他們才成長為一個民族。當摩西率領以色列人出埃及時，當時進入埃及的七十個家族成員已經達到了數百萬（至於離開埃及時的具體人數不詳，觀點也很多，但通用的數字是二至六百萬男人、婦女和兒童，不包括那些混合的大眾）。顯然，摩西的工作遠比亞伯拉罕的更具挑戰性。他不能在他的帳篷裡聚集整個民族，就像亞伯拉罕當年召集他的家人和幾個弟子一樣，去教他們有關生命的法則。而是，他給了他們我們所說的《摩西五經》，希伯來人叫作《托拉》（Torah），其意思即是（給予）「法則」又是「光」。在他的五卷書中，摩西描述了一個人在變得和創造者一樣的道路上，一個人可能體驗到的所有狀態。

變得和創造者一樣的道路的第一部分便是離開埃及，冒險進

VI 第六章 走在相反的方向上

入西奈的曠野,並站在西奈山腳下。按照《塔木德》(Midrash Rabba, Shemot 2:4)這樣的經書,「西奈」這個名字來自希伯來文 Sinaa(仇恨)。換句話說,摩西把眾人聚集在西奈山腳下,也就是仇恨之山的腳下。為了解釋仇恨之山這個比喻,摩西的教義顯示出:他們相互之間是如此地彼此憎恨,也就是,他們離那個愛和給予的品格是如此的遙遠。要想糾正這一點,並且和那個給予的法則也就是創造者重新連接,他們就必須團結起來,如 11 世紀的注釋家和卡巴拉學家賴希(Rashi)所描寫的那樣,「所有以色列人團結的就像只有一顆心的一個人一樣。」

巴拉蘇拉姆在他的文章 The Arvut(Mutual Guarantee)相互保障,相互關懷中詳細闡述了這個過程。他解釋說,為了回應他們彼此「相互關懷」Arvut 的誓言,他們被給予了 Torah——意思即達成了給予的法則並且得到了那光,也就是獲得了創造者的利他主義的本性。用他的話說,「只有當整個民族都一致同意,並說,『我們應該做並且我們應該聽』……只有那時他們才變得值得接受到 Torah,而不是之前」。現在,我們可以看到摩西的使命是多麼地重要,以及為什麼自由選擇是完成它的先決條件。亞伯拉罕的團隊的領導人都是家人,並且自然地團結在一起。但摩西必須團結的是一個民族。為了實現這一目標,整個民族都必須選擇同一條道路。透過做出一個去團結在一起的自由選擇,不管利己主義有多明顯(用站在西奈山腳下做為比喻),有史以來,一個民族第一次獲准進入到那個給予的法則。這是人類歷史上第一次人類以集體的形式獲得了創造者的品格。而且從那一點開始,面對日益增長的利己主義,選擇團結就成為了達成創造者的唯一方法。

25 其他道路

《塔木德》中的先哲曾經這樣寫道（Talmud, Kohelet Rabba，第1章：第32節），「一個有一百的人，希望擁有兩百」。自從卡巴拉出現以來，它的實踐者說我們的願望在不斷地進化發展著。這些願望在強度和品質上都在增長，這就意味著不僅是我們想要多少，還包括我們想要什麼。最終，這些願望會進化演變成為那個終極的願望——想要變得和創造者一樣。然而，卡巴拉學家還闡明了，我們在如何實現這個終極的願望，並為我們產生最大的快樂方面有自由的選擇。他們說有兩條道路可以實現這一目標。

1. 我們以摩西（Moses）為榜樣，團結起來。我們透過研究自然是如何在其最根本的層面上被建立起來的，我們又是怎樣被建造的，以及我們試圖仿效大自然的運作方式（團結），就像孩子模仿他的父母一樣來實行這條道路。

2. 我們忽略那些可以獲得的資訊，並且嘗試著自己盲目地去發現那個通往長久幸福生活的奧祕。這就好比是一個小孩，手裡握著方向盤想試著獨自駕駛。不言而喻，這將導致不斷發生意外並伴隨所有的災難性後果。

卡巴拉學家稱第一條道路為光明之路，稱作「光的道路」，而將第二條曲折的道路稱為「痛苦之路」。

願望的進化演變的發生不以我們的意志而改變。當它沒有伴隨一種精心計算過的努力去團結時，也就是沒有選擇那條光的道路，

以便發現那個給予的法則時，就將沒有任何事物可以控制那個不斷增長的願望，將它引導到一個建設性的方向上。其結果就是不斷增強的、不受控制的利己主義。這通常會伴隨著「意外或災難」：失敗和毀滅，就像在巴比倫，也和在埃及所發生的那樣。事實上，以色列民族的歷史，就是這段話的最好的例證。只要他們遵循亞伯拉罕的教導，他們就成功。一旦他們沒有，他們就被打敗，並遭到流放。

　　約一千九百年前，一個新的水準的願望浮現出來了。這需要一種更新的努力，而且需要一個更新的選擇去團結。然而，以色列人民還沒有準備好為此做出努力，並因而由此陷落到了仇恨和利己主義之中。寫於西元5世紀左右的巴比倫《塔木德》（Talmud）解釋說，以色列的失敗以及聖殿毀滅的唯一原因就是那些毫無根據的仇恨（Talmud，Yoma9B）。自從那次毀滅以後，全世界就變得只有一條道路可走：痛苦的道路。而那條光的道路則在每一代人中只有極少數人知道，而且每隔幾十年就會有少數人試圖小心翼翼地揭示它。但是看到人們還沒有準備好去思考這個包含著有關現實的終極的真理時，他們只對他們自己以及極少數不妥協的、不惜一切代價尋求真理的學生保留著。然而，正如我們將在下一章中所看到的，那些將它「遺忘」的歲月並沒有白費。它們已經給了我們很多把自然做為一個整體來看待的無數次觀察的努力得來的知識，特別是對人性的本質的探求。如果沒有它們，那麼，我們重新對卡巴拉提供的知識的接受將是不可能實現的。

第七章

偉大的融合

VII 第七章　偉大的融合

在歐洲和中近東（東南歐、非洲東北為「近東」，西亞附近為「中東」，兩者合稱為「中近東」）歷史上，西元後的前幾個世紀是一個喧囂的時代。

羅馬人征服了歐洲、北美和近東（其中包含了現在被認為是中東的地區）的大部分地區。此外，猶太國（Judea）也被征服了，隨後那裡發生了叛亂，接著淪陷，然後猶太人遭到了放逐。基督教開始嶄露頭角，同時，台比流·克勞迪亞斯（Tiberius Claudius）皇帝征服了英國。正如我們在本章中所看到的，猶太人的這次被放逐和他們在整個歐洲的擴散與願望的進化演變之間有著密切的關係。

在最初的那幾個世紀中，一個全新的、完全不同的世界正在逐漸形成中。在被流放之後，猶太人散佈到了近東和歐洲的各地，同時基督教也逐漸成為了主流宗教。當康斯坦丁（Constantine）皇帝在西元4世紀接納它為國教的時候，基督教已經成為了羅馬帝國的正式宗教。在西元7世紀，當伊斯蘭教開始傳播的時候，已經形成了這樣一種局面：在歐洲和中近東的大部分人們都是亞伯拉罕式（Abrahamic）的三種信仰之一的追隨者。在今天看來，這種情況似乎並不顯得不尋常。但在那個年代裡，這種信仰的更替就是一種革命，這是由願望進化演變至下一個階段——也就是階段2而引發的。

在階段2，在接受的願望內部出現了給予的願望，它促成了兩條道路的交叉——也就是以色列的道路和其他所有民族的道路的交叉。自從亞伯拉罕離開巴比倫，並形成目的為 Yashar El，即直接和上帝連接的團隊，而這最終發展為以色列民族之後，亞伯拉罕的訓誡——愛鄰如己——才第一次被大眾聽到。由於階段2——給予

的願望——當時正開始顯化，這一有關給予和同情的資訊才能夠被聽到，可是，雖然很清晰，但它卻並沒有像被教導的那樣被徹底地執行。

在本章中，我將會分析在西元 2 世紀撰寫的《光輝之書》與在 16 世紀撰寫的《生命之樹》之間的那段時間發生的事件表面下的過程。這段時間的起始大致分別對應著羅馬人征服猶太國以及文藝復興的開始。由於要貫串於整本書的其他部分，所以我的目的並不是關注某些特別的個體事件，而是試著去提供一種對歷史的「鳥瞰」的觀點，同時闡明這些過程與願望的進化發展的相對應程度。就剛才提及的時間框架而言，我認為我們最好從羅馬人對以色列的征服和第二聖殿的毀滅開始。

26 猶太人的流放

　　猶太人反抗羅馬人的起義（西元66年至73年）的失敗導致的結果就是第二聖殿的毀滅（第一聖殿，即著名的所羅門聖殿，建於西元前10世紀，被巴比倫人在西元前586年損毀）以及對猶太人的放逐。這次放逐有著比一個民族征服另一個民族更加重要的意義。它反映出了以色列民族在精神上衰落的程度。希伯來語單詞 Yehudi（猶太人）來源於單詞 Yechudi（「團結」的和「唯一」的意思），代表的是以色列民族當時所處的"團結如一"的狀態：感知到（並且遵從）那個掌控著所有的生命的唯一的給予的力量。

　　然而，如同我們在先前章節中所說明的那樣，這個接受的願望是一種時時刻刻都在不斷進化發展的力量，而且這種力量需要進行不斷的適應。要想實現帶著給予的目的（意圖）去馴服這個新出現的願望，使其和諧一致地發揮作用，並且堅持遵從在其宿主系統的利益面前犧牲其自我的利益的那個法則，需要持續不斷的努力。並且，由於這個願望還在不斷發展當中，所以這種馴服它的方法也必須不斷地更新。

　　如同我們在先前章節中所說明的那樣，與動物不同，人類必須不斷地瞭解他們在自然中所處的位置，並且去選擇成為自然中具有建設性的一部分。然而，如果我們反其道而行之，消極的作用卻並不會馬上顯現出來。這一點為我們留出了機動和算計的時間。同樣，如果我們選擇遵循自然的那個法則去行動，那麼，我們也不會立即

得到積極的結果。這樣，因為獎勵和懲罰並不能夠被立即分辨出來，所以如果我們無論如何還是選擇這樣去做的話，那麼唯一的原因就是我們想要發現那個自然的法則（也就是那個有關團結統一和給予的法則），而不是因為我們期盼著一種即刻的獎勵。在這種方式中，我們的行為是出於我們想要成為給予者的意圖而不是出於那個內在於我們的接受的願望。

但在西元 1 世紀時，這個接受的願望的進化激發了一種具有全新水準的願望的出現。在這種願望到來之前，從巴比倫的放逐中──在第一聖殿被毀滅之後──那些返回家園的猶太人還保持著他們的團結，而且他們還有著對這個內在的生命凝聚力的法則的感知。

但由於利己主義在以色列人中也在不斷地增長著，而且絕大多數的以色列人都無法抵禦他們內心中的這個利己主義的驅動，所以事實上，十二個部落中只有二個部落從巴比倫的放逐中返回了故里。正如我們先前說明過的那樣，這些利己的驅使將他們從那個依靠團結的力量而生存的以色列民族的人們，而不是由在遺傳上和以色列相關聯的人們分離出來。

但當這個願望的進化發展的階段 2 在以色列人中開始顯現時，即使是那些從巴比倫的流放中回歸故里的猶太人，也不能將他們的利他主義維持下去，他們也被他們的以自我為中心的利己主義願望所俘獲。

如同我們在先前章節中所提及的那樣，巴比倫塔木德將以色列的失敗和第二聖殿的毀滅的唯一原因解釋為沒有理由的憎恨。在缺乏團結的情況下，同時也由於很多猶太人希望仿效甚至加入羅馬文

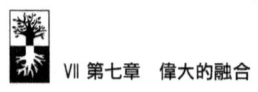 VII 第七章　偉大的融合

化的情況下，猶太人的起義從一開始就註定了要失敗。

雖然如此，即便是在起義失敗之後，以色列民族的很多人仍然維持著他們對現實的這種內在的感知。例如，在塔木德被稱為「先哲之首」的阿齊瓦，就是在這次毀滅之後仍然堅持講授卡巴拉的先哲。按照巴比倫塔木德（Yevamot 62B）的紀錄，阿齊瓦當時擁有兩萬四千名學生，但由於他們並沒有團結起來，所以最後也因此消亡殆盡（根據塔木德的說法）了。

這兩萬四千名學生當中，只有四名學生倖存了下來，其中兩名成為他們那一代人，也可能是所有時代中最偉大的先哲。第一個是被稱為耶胡達哈納斯（意為「主席」）的拉比耶胡達，他成為了Sanhedrin（古猶太人每個城市中由二十三個大法官組成的參議院）的主席以及做為《塔木德》兩大部分共同的編纂基礎的《密西那》經文的主要編輯和修訂人員。另一位學生就是西蒙・巴約海（Rashbi），他以做為卡巴拉智慧最主要的著作——《光輝之書》的作者而聞名於世，《光輝之書》被所有的卡巴拉學家研究至今，他們都從中獲得了他們自己的智慧。

幾個世紀以來，一直都有著使這種智慧充滿活力並向前發展的先哲出現。這些先哲瞭解這個接受的願望的特性，同時也寫了詮釋《光輝之書》以及其他卡巴拉著作的教科書。然而，對這些著作中的大部分，由於這些著作是以根據對現實的利他主義的卡巴拉的視角所撰寫的，所以當卡巴拉學家之外的所有人從利己主義的反向角度去閱讀它們時，這些著作就被曲解了。而正是這一點阻礙了讀者們領會這些著作的真正內涵。用更加形象的方式來說，一個先天失

明的人是不會理解視覺的含義,更不用提會感受到欣賞美麗的風景或者是目睹海邊驚濤拍岸的迷人的力量所帶來的那種歡樂了。

圖 18:1558 年義大利曼圖亞版的《光輝之書》的扉頁。 開頭的文字是:「聖經舊約之首五卷中的光輝之書,出自神聖的先哲,西蒙・巴約海⋯⋯」

這樣,由於以色列人在精神的(利他主義的)感知上的退化,亞伯拉罕向整個世界教導那個單一的生命存在的法則的夢想也不得不被推遲,直到人們再次為此做好準備時為止。《光輝之書》在它完成後不久就被隱藏了起來,並且一直塵封了一千多年。卡巴拉學家們也故意將這個智慧用神祕和誤解的外衣將它隱藏起來,並聲稱

VII 第七章 偉大的融合

只有那些滿足某些苛刻條件的人才能被允許去研究它。因為卡巴拉學家們清楚地知道，絕大部分的人距離能夠正確地領會卡巴拉的精神概念有著太大的差距，所以他們故意用符咒和神奇故事來分散人們的注意力，並且設置了諸如年齡、性別以及婚姻狀況等等門檻。

事實上，人們對卡巴拉的錯誤觀念是如此地根深蒂固，以致於《光輝之書》（圖18）在13世紀的西班牙重新出現之後，在摩西·德·萊昂（Moshe de Len）擁有了它之後，這部著作仍然常常被曲解和誤認為是深奧的神祕著作。這種情況直到像維爾納·家翁（Vilna Gaon）、以撒·薩弗蘭（Isaac Safrin）以及其他像他們一樣偉大的卡巴拉學家出現之後，才開始提供更為明確和清晰的解釋。即便如此，也一直到了20世紀40年代，偉大的耶胡達·阿斯拉格在完成了他對《光輝之書》的完整的《階梯》（Sulam）注釋，同時還有四部解釋性介紹時，這一深奧的著作才能被人們正確地研究和理解。

但是在第二聖殿被毀滅後的最初幾年中，這個世界正在沿著一條非常不同的道路前進著。羅馬人是地中海、近東以及歐洲的帝國，同時他們（本質上是希臘文化）的文化和哲學也處於統治的地位。希臘式的世界觀並不贊成那些來自以色列的反叛者的世界觀。而且，大部分的猶太人自身都並不贊成他們祖先的原則，他們甚至拋棄了它們，轉而贊同以自我為中心的希臘和羅馬文化。

有幾名文藝復興時期的著名學者認為，希臘式的世界觀的確是至少吸收了一部分卡巴拉智慧的觀念。例如，偉大的人道主義者和當時的總理政治顧問約翰尼斯·羅樹林（Johannes Reuchlin）就在他的《卡巴拉的藝術》（De Arte Cabbalistica）中寫到：「我的

老師，哲學之父畢德哥拉斯，的確不是從希臘人那裡，而是從猶太人那裡獲得了那些觀念。因此他必須被稱為一個卡巴拉學家同時，他自己也是第一個將卡巴拉這一希臘人不知道的名字轉換為希臘名字「哲學」（Philosophy）的人。」羅樹林的一位前輩，若望・皮科・德拉・米蘭朵拉（Giovanni Pico della Mirandola）（1463～1494年）在他所著的《人性尊嚴的宣言》（De Hominis Dignitate Oratio）中寫到，「這種對規律的正確解讀，以神聖的方式啟示給摩西的思想，它被稱之為『卡巴拉』。」

但是，這沒有被希臘人採納接受的原則卻是所有原則中最重要的一條：用以系統利益為中心的意圖取代以自我為中心的意圖便變得像創造者一樣。這句話的後半部分，"為了變得像創造者一樣"，也就是人們應該為此轉變其聚焦點的原因，就是卡巴拉智慧最初產生出來的原因。如果希臘人當時採納了這種觀念的話，人類歷史的發展就會完全不同。

然而，希臘人沒有採納這種觀念的這一做法卻不是他們的錯。因為在希臘人中並沒有卡巴拉學家，並且因此也沒有人對他們進行正確的卡巴拉教育，所以希臘人並不瞭解卡巴拉。而且，在他們自身的利己主義不斷增強之後，猶太人本身也開始接受這種自我為中心的希臘和羅馬方式，同時，那些沒有接受這種方式的猶太人，都是羅馬人在猶太地的最強悍的敵人。這樣，就沒有人會告訴他們正在錯失的是對他們來講彌足珍貴的東西。因此，直到康斯坦丁大帝在西元4世紀接納了基督教為止，羅馬人都在追求希臘式的文化。

猶太人對希臘式文化的接受並不是偶然的。第一聖殿的建成象

VII 第七章 偉大的融合

徵著以色列民族歷史上達成的精神的最高點（即對那個給予法則的感知的最高點）。從那時開始，一個逐漸退化（也就是對精神感知的喪失）的過程就開始了。

這些願望的進化發展對猶太人的影響就像它們對所有其他民族的人的影響一樣。

結果，很多的猶太人就不能保持住他們的精神的、對那個生命的統一力量的利他主義感知。做為替代，他們轉而投向其他符合他們利己主義自我需求的，更加以自我為中心的文化。

這樣，在第一聖殿被毀滅的時期，希伯來人被巴比倫人征服和隨後被放逐僅僅只是希伯來人當時所處的精神狀態的顯現。同時由於希伯來人在被巴比倫人奴役期間精神狀態的下降，十二個被放逐的部落中僅有兩個部落，猶大（Judah）和班傑明（Benjamin）部落，返回了故里。其餘十個被放逐的部落由於與當地人徹底地融為了一體，以致於完全忘記了他們自己的教義和原則，同時他們的蹤跡迄今為止也還處於失落狀態。

然而，這些願望的進化發展卻沒有止步於此。猶大和班傑明部落也逐漸地衰落退化，而且猶太人的徹底分散只是一個時間問題。

確實，猶太人的精神的感知的喪失是一個時間跨越幾個世紀的長期過程，但是它的路徑卻是事先確定好的。

當羅馬人最終征服了以色列並且摧毀了第二聖殿時，以色列已經成為了一個其主體的國民不再想保持其精神的理念（也就是卡巴拉的理念），而是希望用希臘式的概念取而代之的民族。這導致的

猶太人的流放

結果就是，他們也被流放和分散。

同時，雖然很多猶太人在羅馬人征服以色列後仍然滯留在以色列的土地上，並且甚至編纂了十分重要的猶太教法典文集，但猶太人做為一個民族卻已經遍佈在了羅馬帝國之內，並且隨後遍佈了整個歐洲。

約瑟夫斯・弗拉菲烏斯（Josephus Flavius）在他所著、威廉・威斯頓（William Whiston）所譯的《猶太人的戰爭》一書第一章裡描述了羅馬人對猶太人的驅逐，「他記得第十二軍團在賽斯提古斯（Cestius）將軍的率領下向猶太人進軍。由於猶太人已經正式向霍姆斯高盧軍團投降，所以，賽斯提古斯將軍把他們驅逐出了整個的敘利亞，將他們送到了亞美尼亞和卡帕多西亞（Cappadocia）境內，幼發拉底河附近的一個名叫美雷庭（Meletine）的地方。」

在這本書的第三章中，弗拉菲烏斯進一步精確描述著：「做為一個子民廣佈於適宜居住的地區的猶太民族，由於是近鄰的緣故，它與敘利亞完全地融為一體，同時由於安提俄克（Antioch）城市規模的巨大，這個民族也在安提俄克擁有眾多的人口。

在安提俄克王朝之後，這裡的國王為猶太居民們提供了最不受干擾的安寧的生活環境。」這樣，猶太人就逐漸地遷移到了歐洲各地以及今天的近東的大部分地區。這樣導致的結果就是，猶太人的歷史與歐洲的歷史變得緊密地相互關聯在一起。

27 中世紀──隱藏的時代

中世紀時代是歷史上一個非常獨特的時期。研究者由於專業領域的不同，對其起止年代分別持有從西元 2～5 世紀到西元 15～18 世紀不等的觀點。有些研究者將西羅馬帝國的衰落做為其起點，而將東羅馬帝國的衰落做為其終點。其他的學者則將中世紀的開始定義為康斯坦丁國王在西元 325 年召開第一次尼西亞（Nicaea）大公會的時間，而將中世紀的結束定義為馬丁・路德（Martin Luther）被逐出教會（1521）和新教教派的成立的時間。

卡巴拉並沒有定義任何「中間」的時期，但它的確認為在《光輝之書》的撰寫與《生命之樹》的撰寫之間的這一時期是人類的進化發展過程當中一個非常鮮明的時期。從某種意義上講，由於這個時代幾乎是一個卡巴拉學家主動隱藏他們的知識，並且使卡巴拉的教學成為一個僅有少數人瞭解的神祕的教義的時代，所以使用「黑暗時代」（The Dark Ages）這個名詞可能會更適合用來描述歷史上的這個時期。

在這個時期內，而且，如果從「鳥瞰」的視角來審視本章的話，我會更願意將在這兩本偉大著作的撰寫之間發生的過程與這個時期相聯繫，而不是將其他的任何特定的事件與這個時期相聯繫。我認為這樣做，將會使我們更容易地看清楚在人類層面上的願望，更多地表現為雄心勃勃的野心，是如何在人類歷史的形成上來左右這些過程的。

從卡巴拉智慧來看，在撰寫《光輝之書》與《生命之樹》這兩本著作之間的這個時期有著一種特別關鍵的角色。如果沒有它，那麼，創造的目的就不能得到實現。換句話重申一下，創造的目的就是使每個人都瞭解創造者並且變得和創造者一樣。亞伯拉罕的團隊是最先做到了這一點的團隊。然而，亞伯拉罕的目標卻不僅僅只是使他的團隊做到了這一點，而是要使世界上的每一個人都能做到這一點。摩西透過將一個實現這一目標的團隊擴大為實現這一目標的一個完整民族來幫助亞伯拉罕實現他的目標。

雖然摩西的成就的確非常卓越，但為了達到最終要完成的目標，卻仍然還有很長的一段路要走。為了使得整個人類都達成和創造者一樣的目標，也就是達成那個給予的法則，他們必須全部都想要這一切發生才行。而且，為了這個，所有人都必須意識到：

（1）利己主義的道路是行不通的，也是不可持續的，而且

（2）存在著另一條道路——去探求發現自然中原先沒有被發現的那個隱藏的生命法則，並且學會去實施它。

在願望的進化發展的階段2期間，這種方式以一種吸引人的形式展現出來。一方面，以色列從利他主義的狀態中跌落到了利己主義的狀態中。另一方面，其他的民族卻發現了這個給予的法則——「愛鄰如己」——成為了所有亞伯拉罕式信仰體系的原則。雖然沒有一種宗教實際上真的在遵從並履行這種原則，但基本的事實是這些宗教已經將這一原則作為他們的宗教的核心，意味著人們已經意識到它的重要性。這樣，人們實際上已經將亞伯拉罕關愛他人的思

VII 第七章　偉大的融合

想當做是一種治癒人性的疾病的方法。從這一點開始，以色列的命運和世界上所有民族的命運就永遠地交織在一起了。同時，如同我們先前所說明的那樣，精神根源發生的過程在其物質分支會有表現，就這樣在這個物質世界中以色列的人們變得遍佈於這些民族之中，並且與這些民族的人們交織融合在一起。

這種融合並不意味著猶太人當時正在向他們的新鄰居傳播亞伯拉罕的那個關愛和團結的信條。猶太人既沒有選擇被放逐——這樣，他們能夠傳播亞伯拉罕的方法體系，也不是那些將他們接納進他們的民族想聆聽這些信條，更別提採納這些信條了。然而，由於以色列與這些民族之間的願望對等性已經在精神層面上開始進行了，所以，這一過程也在我們這個有形的物質世界中同步地發生著。

這樣，到了中世紀的末期，這些願望的融合已經達到了這樣一個階段，以致於在這個物質世界的層面上，它已顯現在三大宗教的存在，它們的信徒們雖然並不主張成為利他主義者，但卻將「愛人如己」這一根本的利他主義法則做為它們宗教的原則之一。而且，這三大宗教——基督教、伊斯蘭教和猶太教——並不僅僅將利他主義法則做為它們的原則，還同時宣稱亞伯拉罕是它們的精神祖先，因此，它們的名稱就是「亞伯拉罕式的宗教信仰」。

在第四章中，我們提及了進化生物學家伊莉莎貝特‧莎托里斯在東京關於自我利益以及合作的演講：「在您的身體裡，每個分子、每個細胞、每個器官和整個身體，都存在著各自的自我利益。當在每個層面上……展現出其各自的自我利益時，它都會在各個層面之間強迫進行談判協商……而這種協商將使您的身體系統趨向和諧。」

即使我們都忘記了那個存在的最終目標，但在潛意識中，我們都能感覺到，只有和諧和相互關懷才是創造可持續的人類的唯一方式。由於我們所有人最終都是那個願望的四個進化階段的衍生物，所以我們每個人之內也都包含著這個願望的進化的所有的四個階段。

因此，由於階段2——在中世紀時處於願望的主導階段——支配著世界，所有三大亞伯拉罕式宗教體系都將「愛鄰如己」這一訓條做為一個原則接受了下來。這樣，雖然在中世紀的時候，在人們和國家之間進行的「協商」（借用莎托里斯描述關聯的術語）與我們所認為的和諧相距還甚遠，但從其基本原則為利他主義（至少宣稱如此）的宗教的角度來看，其最終結果卻是得到了一個相當統一的歐洲。即使它們的現實行動不是那麼無私的，但也遵守了那個放棄利己主義的法則。

我們已經瞭解，願望的進化發展中的階段2象徵著，在接受的願望中第一次出現了給予的願望。實際上，這條要像關愛自己一樣關愛他人的戒律與第二階段是完美地相符的。然而，我們的這個宇宙是當亞當的靈魂破裂時才得以被創造出來的，那時，它的「各個器官」都已經變得以自我為中心。結果，關愛他人的法則就做為一種人們必須努力去遵循的戒律而出現在我們的這個世界中。如果我們的本性真正是給予性的話，那麼我們就會很自然地如同目前喜歡去接受一樣會去喜愛給予，那樣的話我們也就根本不需要這種法則。

然而，如果我們的本性真的就是一種給予性的話，那麼我們將永遠也不能變得和創造者同等。我們最多能達到的也就是和創造者在願望上的相似性，而我們將得不到任何我們和我們的願望做鬥爭

VII 第七章　偉大的融合

而應獲得的一切。這種奮鬥可能會十分艱難，但它卻同時賦予了我們獨特的知識和經驗。透過將我們的本性與宇宙的普遍本性相對比，我們瞭解到了在給予和接受之間存在的那個區別，瞭解到可以在接受的同時給予的知識，以及瞭解到伴隨著能夠去愛而帶來的喜悅和滿足感——一種只有人們在經歷過一種不能夠去愛的狀態之後才能產生出的情感。

但是，超越所有這些禮物之外，還有一種最偉大的、只有人類才能專享的禮物：選擇的自由。我們這個世界中的小孩與一個成熟的成年人之間的差別就在於，成年人可以自主，有能力以及有著做出自己的選擇的自由。在精神領域中，只有人類才擁有這種能力。因為只有人類才同時擁有這兩種本性——接受和給予，當然，後者是在人們已經透過遵循犧牲自己的自私的利益的法則後而獲得了那種本性。

一旦我們獲得了這種給予的品格，我們就瞭解了這兩種本性同時存在於我們之內的必要；也會理解為什麼我們必須首先以接受的本性開始，再獲得給予的品格；並且也會理解為什麼我們必須出自我們自身的自由選擇將後者置於前者之上。只有這樣做，我們才能真正地在所有方面領悟有關自然的創造的精妙之處。而且，只有當我們領悟到所有這些內容的時候，也因為我們已經獲得了有關創造的思想，我們才能夠有意識地遵照那個為了自然的利益而犧牲我們的利己主義的利益的利他主義法則來生活。當我們獲得了這種思想時，我們就會真正地變得像創造者一樣。

亞伯拉罕式宗教體系的建立，在數百萬天性是以自我為中心的

人們與這個給予的法則之間首次創造了一個嫁接的橋梁。人們第一次感受到，給予能夠為他們產生出利益。雖然這是一種利己主義形式的利他主義，但在那一時間點上，在接受的願望進化發展的那一個階段，這就是人們能夠達到的最接近利他主義的程度。

這樣，儘管各個宗教間的光輝事蹟和先知有所不同，但其最終結果是，以上三種亞伯拉罕式的宗教信仰體系都指出了以色列及其重要性，因為每一個被亞伯拉罕式的原則——「愛鄰如己」觸及到其靈魂深處的人們，都會因為這一原則是真正地處於精神層面而下意識地去爭取達到這種狀態。

現在，我想要添加的一條旁註是：當今，這種融合已經延伸得非常廣泛，以致於對這種精神性的渴求，實際上存在於世界上的每一個人的心中。這一點正如阿斯拉格在他的《單一法則》（One Law）一文中所表達的那樣，就是創造的思想的結果，「所有的民族都應當流向它（萬國的民都將湧向這山）」（《以賽亞書》第二章第二節），這意味著所有人都將會獲得這個生命的創造性力量。並且，為了實現這個，所有的民族、這個世界上所有形式的願望，都必須與那個給予的願望相結合。

28 自由大憲章

由於接受的願望是一種不斷進化發展著的力量，那麼，亞伯拉罕式的宗教就不是唯一在中世紀中獲得進化發展的事物。尤其是在中世紀末期，越來越多的人開始爭取個人解放以及個人表現——在藝術、學術以及經濟獨立上的表現。

1088年，歐洲第一所大學在義大利的博洛尼亞（Bologna）建成。隨後，在1150～1229年間，在巴黎、牛津、劍橋、薩拉曼卡（Salamanca）、蒙彼利埃（Salamanca）、帕多瓦（Padua）、那不勒斯以及圖盧茲（Toulouse）也出現了大學。

同時，在民法中，重大轉變的萌芽也即將改變歐洲社會的面貌。於1215年頒佈的《自由大憲章》以及隨後的《人身保護法》，無疑是一種絕無僅有的人身保護法，儘管是一種受束縛的保護（最初是一種受限制的保護），但它仍然是當時第一次從迄今為止萬能的國王那裡產生出來的想法。雖然這種改變最初只是適合於英格蘭，但它們卻為人類的民主以及遍及整個歐洲的啟蒙時代的到來打下了基礎。

11世紀發明的沙漏以及一千三百年前後發明的磁性地質羅盤，使得人們能夠被導航而橫渡大洋。這種航行的能力使得歐洲人能夠開始探索世界，並將基督教帶到了諸如非洲、美洲等遙遠的大陸，這樣就將亞伯拉罕式的原則傳播到了更多的民族當中。

對知識和觀念的傳播的進一步推動的革命性發明是15世紀中期發明的（Gutenberg Printing Press）活字印刷術。當讀書識字最終在19世紀變得非常普遍的時候，紙張的價格也變得讓人們能夠承擔得起，印刷著作的相對便利性幫助了知識和觀念在整個歐洲進行傳播。結果，起始於14世紀義大利的文藝復興時的概念就能夠傳播得更快，而這一點又為一個新時代的到來打下了基礎。雖然民眾仍然處在封建主義者的獨裁統治之下，但對於大部分人而言，頭腦和心靈都正在開始以一種明顯的、幾乎是有形的實際的方式進行互動了。

在阿斯拉格的「卡巴拉智慧的序言」一文中，他描述了在每一個願望進化發展階段的末尾，是如何為下一階段的開始進行準備的。同樣，中世紀末期的發展和改變也象徵著這一階段的終結以及下一個時代——文藝復興時代的開始。正如卡巴拉所說明的那樣，既然我們的這個世界中的事件是由接受的願望進化發展所引發的結果，那麼這些事件就說明這個世界現在已經為願望的進化發展的——第三階段到來做好了準備。這一階段的有力開始以卡巴拉的下一部根本性的著作——《生命之樹》做為象徵。

第八章

文藝復興

VIII 第八章　文藝復興

　　在每一個願望的進化發展的新階段中，都會有適當的先驅率先出現。第一個先驅，就是亞伯拉罕，他是根源；接著就是摩西，他代表了階段1；隨後是西蒙・巴・約海（Rashbi），他對應著階段2；現在我們來到了階段3。

　　願望的進化發展的第三階段大致對應著歐洲文藝復興時代的到來。其先驅就是繼西蒙・巴・約海之後出現的另一位偉大的卡巴拉學家，盧里亞（Lurianic）卡巴拉學派的創始人——以撒・盧里亞（Isaac Luria）（阿里），他創立了卡巴拉最具系統性和結構性的學派，同時也是當今，尤其是在20世紀巴拉蘇拉姆的《階梯》注解之後最有影響的教學方式。

　　在阿里短暫的一生（1534～1572年）中，他在他傑出的弟子哈伊姆・維托（Rav Chaim Vital）的協助下，撰寫了眾多的著作。阿里並沒有親自撰寫他的這些著作。

　　相反，他是進行口授，而哈伊姆・維托則記錄下他的言語。在阿里逝世後不久，哈伊姆・維托和他的幾位親屬遵照老師的遺囑，將這些言論編輯成書。由於這一原因，很多學者將阿里的著作歸功於哈伊姆・維托，而不是他的老師。

　　事實上，哈伊姆・維托雖然進行了記錄，但資訊的提供者卻無疑是阿里。

　　在第2章中，我們將階段3描述為一種「反轉」的做法，在這種方式中，行為是接受性的，但意圖和目的卻是給予性的。而這對於願望的最初的四個階段而言都是真實的。

然而，在亞當的靈魂破碎之後，在整體靈魂中——我們都是這個整體靈魂的一部分——主導的意圖就已經由給予變成了接受。同時，由於我們都是亞當靈魂的組成部分，所以，所有人類心中隱藏著的意圖也是接受。很明顯，當所有人都希望去接受，而沒人願意去給予的時候，這就會引發一種不能持續的情形的產生。

然而，所有的階段之所以都呈現出這種狀態，就是為了我們可以對它們進行改正。在自然的所有其他層面上，這種改正都是自然地發生。因為從無生命層面到植物層面，再到動物層面的所有事物維持生存的唯一方式，就是使組成它們的所有元素都對它們的生存貢獻力量。

然而，就人類而言，如同我們在第六章中所說明的那樣，這種（一種）可維持生存的狀態，則必須要透過人類自己的認知才能夠實現。沒有意識，我們將被我們自己的願望驅使著，而在階段3，它們驅使著人類踏上了一條危險的道路。

確實，從文藝復興到20世紀的這一段時間見證了兩個從根本上改變了人類生活的過程。一個過程是諸如來福步槍和火炮等武器的發展，以及那些無畏的探險家們的海上發現之旅，這些探險家們征服了新大陸，並且接著掠奪了當地的原住地居民和當地的自然資源。

另一個過程則是現代科學的產生，但比這個更重要的，則是對人類個體個性的「發現」和頌揚。這後面一部分的轉變在所有形式的藝術繁榮中顯現出來，同時更加重要的是諸如人道主義以及啟蒙運動等人道運動的蓬勃興起。人權法案（The Bill of Right）和宗教寬容的南特赦令（the Edict of Nantes）以及共產黨宣言（the

VIII 第八章 文藝復興

Communist Manifesto）等等，僅僅是為實現被我們現在叫做「自由世界」的世界打下基礎的眾多改變中的一部分。

伴隨著這些深刻的變革，卡巴拉也需要他自己的「改革家」。由於一種新的層面的願望已經出現，而這要求某人可使這些變化感覺上更加「有道理」，所以在存在的最深層面上，剛才提到的這種變革也正在進行著。

這就是阿里的作用：為階段3提供了一套改正的方法。這就是在符合科學性上，在符合當時的理性思維上，阿里與他之前所有的卡巴拉學家相比，他的方法之所以最具系統性和結構性的原因。

人類精神的偉大覺醒

在願望的最初的四個階段中,階段 3 在某種意義上來說是很特殊的,因為它是第一次創造物開始佔主導地位:也就是第一次它是為了給予而「決定」去接受(雖然只是一點點)。這樣,當願望的第三階段在人性中出現時,人類和社會實際上就在生活的所有領域中都開始改變。新的國家出現,同時舊的國家重新出現,所有的國家都在文藝復興的羽翼下繁榮起來。在宗教、科學、技術、藝術、經濟、政治(國內和國外)、哲學和生活中所有其他的領域,如果沒有顛覆性改變的話,也至少被仔細審視和改良過。

雖然在《自由大憲章》和人身保護權之後的人道概念常常在諸如殖民主義和奴隸制度等財政和政治利益面前被專橫地拋棄,但這種概念在歐洲和美國正在變得日益流行。1689 年的《英國人權法案》或者《國民權利與自由和王位繼承法案》進一步宣揚了人人都應該享有的,包括政治自由和言論自由在內的某些基本自由。用其他的方式表達,《人權法案》允許人們對思想的自由表達!

從卡巴拉的觀點看,這些改變的發生是由於這個新出現的願望的第三階段要求對快樂的積極主動的接受。因此,人們就在尋求更美好的生活上,以及在他們在自我表現和做為個人的自我主張的願望上表現得更加積極。為了實現他們的夢想,人們開始發展新技術,從封建主義的桎梏中解放政治,同時為現代經濟的建立打下基礎。

VIII 第八章 文藝復興

在全球政治中,那些越來越強大和富裕的國家,在我們現在稱之為「發現的時代」(The Discovery Age)的運動中,開始熱切地尋找新的國土。克里斯托弗·哥倫布(Christopher Columbus)、瓦斯科·達·伽馬(Vasco da Gama)、費迪南·麥哲倫(Ferdinand Magellan)、喬瓦尼·達·維拉薩諾(Giovanni da Verrazano)僅僅是眾多為他們的國家發現新大陸的探險家中的一部分而已。這些探險家們不是僅僅發現新的土地,而且還繪製了這些新發現的土地的地圖,同時也為新的商貿航線鋪平了道路。然而,這種「商貿」中的大部分實際上是對當地原著民的奴役和資源的剝削。但這個發現的時代的最終結果就是,一種全新的世界觀和遙遠的文明彼此知道了對方的存在。

做為由文藝復興所宣導的世界觀的一部分,宗教開始被路德教徒、加爾文教徒、英國新教徒以及其他希望將宗教自由化,並將宗教按照他們的觀點進行改造的人們所攻擊。自由主義和人道主義在文藝復興的精神中繁榮起來,並且是從希臘哲學的黃金時代以來第一次為真正自由的人思想而進行著努力。事實上,在整個歐洲,人性的精神似乎都正在覺醒。

尼古拉斯·哥白尼和伽利略·加里略有關地球圍繞太陽運行的革命性發現支持這一新的世界觀,在這一發現被世人知道之前,人們還一直認為是太陽圍繞著地球在運行。同時,當法蘭西斯·培根建立了一直沿用至今的現代科學手法之後,人們才能夠安全地宣告,「科學革命」正在全面發揮它的威力。諸如像為改善和增進自然知識的英國倫敦皇家學會(簡稱為英國皇家學會)這類致力於發展推

廣科學的機構,則將科學在人們的頭腦和想像力中具體化了,就像李奧納多‧達‧芬奇、威廉‧莎士比亞以及克勞德‧蒙特威爾地這樣的文化巨匠打動著人們的內心那樣。

現在,人們常常使用指數增長來形容這個改變的步伐。諸如奇普‧P‧尼格仁(Kip P. Nygren)2002 年在 Questia 線上圖書館中發表的評論──《顯現中的科技與指數式改變:軍事改革的本質》,諸如《在環境中生活的:原則、關係與解決方案》(G‧泰勒‧米勒、理查‧布魯爾、斯考特‧斯普爾曼)的書中,或者開闊您眼界的 YouTube 影音分享網站──《我們生活在指數時代》,僅僅是眾多描述我們的這個世界變化速度之快的嘗試中的三個而已。但如果您考慮到願望的進化發展的階段 3 中的根本性轉變的話,那麼你就可以明顯地看出這種指數增長在中世紀和文藝復興早期出現的概念和創新中有著其深刻的根源。

在第三章和第五章中,我們提及了阿斯拉格的《〈光輝之書〉的介紹》中的第三十八條,他寫道,「處於動物層面的接受的願望……只能產生僅僅和這種生物中天生留下的烙印的程度相匹配的需求和願望。」阿斯拉格所提及的動物層面與這個願望的初始的四階段中的階段 3 相對應,與階段 2 相比,這一階段呈現為一種更強的接受的願望的層面。在這一層面上,接受的願望「主動決定」去接受,這分別與階段 1 和階段 2 中那種自動的接受和拒絕相對應。在這種意義上,這種願望要比其先前的狀態更加有獨立自主性。做為結果,其物質化的表現──動物,就比其在種群金字塔中的前一級──植物,更加活躍和獨立自主。這也就是說,當人類的接受的

VIII 第八章　文藝復興

願望達到階段 3 時，它就會激發出個人獨立自主的渴望和活躍性。

　　這個新紀元的開始是前途無量的。這種時代精神，至少在社會的那些更幸運的人當中，是一種伴隨著諸如啟蒙運動、人權和自由法案（首先是英國，隨後是美國的權利和自由法案）、人文主義、改革以及南特法令等社會巨變的、對人們頭腦和身體的一種解放。伴隨著哲學和科學的繁榮，看起來好像很快所有人都能夠享受到這種進步所帶來的成果。

　　然而，由於在所有這些令人鼓舞的轉變的根源處，站立著的這個接受快樂的願望處於它的已破碎、以自我為中心的狀態（而且，甚至是在比以往更大的一個程度上），在卡巴拉學家看來，這種爆發是一種對行動的召喚。

　　卡巴拉學家感覺到，伴隨著科學和技術出現的新的可能性和自我表現的願望不斷攀升，人們需要一種新的改正方式。這樣，卡巴拉學家們就開始宣佈，現在是公開走出來向全世界展現《光輝之書》塵封多年的卡巴拉智慧的時侯了。他們聲稱，如果沒有卡巴拉，那麼在新時代結束的時期，整個世界將不會看到一個積極正面的結局。借用眾多卡巴拉學家都有共鳴的維爾納加翁的一段話來說：「『從利己主義中』的救贖，首先就依賴於對卡巴拉的研究中。」

30 揭開神祕面紗，努力走向公開的開始

配合著在文藝復興蓬勃興起時發生的轉變節奏，卡巴拉學家們也開始揭開卡巴拉智慧的神祕面紗，或者至少可以說開始贊成揭開這層面紗。在《光輝之書》撰寫之後，卡巴拉學家為那些想要學習它的人們設置了各種障礙。學習卡巴拉的障礙首先開始於西蒙‧巴約海對《光輝之書》的隱藏，接著宣佈的是所謂在得到學習卡巴拉的許可之前，必須滿足的各種各樣的先決條件。例如，《密西那經》（Hagigah，即第三分冊的2.1節）就在避免向那些不睿智和以他們的頭腦難以理解卡巴拉的學生教授卡巴拉的問題上，做出了明顯矛盾的要求。但又沒有明確地說明，如果人們沒有獲得學習卡巴拉的許可，那麼他要如何去獲取這個智慧。

在巴比倫塔木德的法典中，有一則關於四個研究釋經四法（PARDES，一種對所有形式的精神研究的首字母的縮寫——Peshat｛字面上的｝，Remez｛隱含的｝，Derush｛解釋性｝，而其中的最高形式是Sod｛神祕｝——卡巴拉注）的人的著名寓言。這四個人當中，有一個人死了，一個人瘋了，有一個人變成異端，而只有一個人，偉大的卡巴拉學家——阿奇瓦，平安進去平安離開地完成了修行。雖然還有其他對這則寓言更加深入和精確的解釋，但這個故事本身無論如何都是被用來恫嚇和阻止人們學習卡巴拉的。

卡巴拉學家設定的另一個先決條件就是在開始學習卡巴拉之前，你要「已經滿腹密西那和革瑪拉經綸」（指精通那些經

文)。要達到這個條件,人們就要引用《巴比倫法典》(Masechet Kidushin 第一章,第 30a 頁)中的語言來形容,這意味著人們必須要花費人生中三分之一的時間來研究《聖經》,再用三分之一時間來研究《密西那經》,同時還要將剩餘的三分之一的時間花費在研究《塔木德》上。

當然,這樣就沒有研究卡巴拉的時間了,因此,當涉及到卡巴拉學家被允許學習卡巴拉的時間問題時,為了能被允許學習卡巴拉,他們必須為每一天「留出學習卡巴拉的時間」。這樣,像 Zidichov 中的 Tzvi Hirsh 一樣的卡巴拉學家們,就透過宣稱人們每天都要在先「吃飽」密西那和革瑪拉經綸之後來學習卡巴拉的方式來「規避」這些禁令,從而進行卡巴拉的學習。

有很多卡巴拉學家宣稱卡巴拉是拯救的工具和(對靈魂的改正,也就是對願望的改正)方法的眾多例子,而且它不應該被忽略。然而,做為一種慣例,越是接近當代的卡巴拉學家,他們就越偏好鼓勵在進行任何其它形式的研究之前先研究學習卡巴拉。

《光輝之書》中說道:「在世界的末日,當你的創作《光輝之書》從下面出現的時候,由於它的出現,您就將會使這片土地獲得自由(從利己主義中解放願望,也就是,改正它)。」(《光輝之書》的改正,《光輝之書》的一部分,改正第六篇,第 24a 頁)(Tikkuney Zohar (Corrections of the Zohar (part of The Zohar) Tikkun (Correction) No.6p 24a) 對卡巴拉學家而言,像 Ari 的這樣一種系統性、結構性方法的出現就象徵著世界末日的開始,或者是他們所指的「最後一代」的到來。

哈伊姆‧維托在對《生命之樹》所作的序言中寫道：「即使是在這最後一代中，我們因為違背祂（指創造者）與我們立的聖約感到自己令人作嘔，也沒有厭惡我們自己。」換句話說，在哈伊姆‧維托的眼中，我們雖然已處在最後一代，但我們仍然不具備從利己主義改正到利他主義的任何渴望，這也是哈伊姆‧維托在他的序言中重複多次的觀點。此外，他還在序言中強調，「當彌賽亞（將我們從利己主義中拉出來的力量；這一點將在下文中進行說明）來臨的日子逐漸臨近（朝著改正的結束）的時候，即使是幼小的兒童也將會知道這個智慧的祕密。同時，迄今為止，正如我們已經解釋過的，雖然《光輝之書》中有關智慧的語言是被隱藏著的，但在這最後一代中，這種智慧將會出現並變得人盡皆知」。

在《生命之樹》的介紹序言中，哈伊姆‧維托論述道，亞當（Adamha Rishon）——也就是由我們所有人組成的那個共同的靈魂——的所有問題，都源於對卡巴拉的不瞭解。在這裡，他論述道，「我們已經說明過，亞當的原罪（雖然卡巴拉學家將亞當的原罪稱為一個錯誤，而不是一種惡意的行為）就是他沒有選擇生命之樹，而生命之樹恰恰就是卡巴拉智慧」。

在上述引用文字的其他部分中，哈伊姆‧維托試圖透過清除掉人們先前認為的卡巴拉學家已經在隱藏了《光輝之書》之後得到了進一步發展這一錯誤的概念，來降低人們接觸卡巴拉的門檻。他寫道：「這一點本身就是混雜的大眾（指混在猶太人中的那些阻止研究卡巴拉的人）的罪惡，他們對摩西說，『將你知道的說給我們聽……，並且讓上帝不要向我們說話，以免我們在Torah（對卡巴

拉智慧最普通的稱謂）的祕密中死去』。如同眾多大眾認為的那樣，所有從事它（卡巴拉）的研究的人們都非常短命是一種錯誤的概念。現在，就是他們在誹謗這個真理的智慧（卡巴拉），並為它冠上了一個惡名。」哈伊姆‧維托在另一處補充道：「到現在為止，《光輝之書》中智慧的語言是被隱藏著的，但在最後一代（這一點如同我們剛才看到的那樣，實質上被定義為他的那一代人）當中，這種智慧將會出現並且為大眾所知曉。同時，他們將會學習和領會那種他們的先人們所沒有達成的 Torah 的祕密（也就是卡巴拉）。這樣一來，那些聲稱『如果先人都不懂的話，那麼我們怎麼又會懂呢』的傻瓜們的反對就會被自動廢止。就像已經被解釋過的那樣，在這些最後一代人中，他們會被這本著作（《光輝之書》）所滋養，同時，那個智慧也將會向他們顯現。」

在其偉大的導師以撒‧盧里亞（阿里）的恩澤栽培之下，哈伊姆‧維托擁有向在他的時代最高級的卡巴拉權威學習的特許。然而，在哈伊姆‧維托那幾代人中，他並不是唯一宣揚卡巴拉有著公開化需要的卡巴拉學家。卡巴拉學家亞伯拉罕‧班‧莫迪凱‧阿祖萊（Avraham Ben Mordechai Azulai 1570～1664年）就明確地表達，從他的時代開始，就有將卡巴拉公開化的需要，「我已經注意到，這種有記載的⋯⋯對學習真理智慧的禁止⋯⋯僅僅持續到1490年底。從那時開始，這種禁令就已經被撤銷，並且允許人們研究《光輝之書》。同時，從1540年開始，對於眾多老老少少的學習者而言，它已經是一種偉大的戒律（Mitzva，同時是好的行為）⋯⋯既然彌賽亞的出現，將不會是因為別的原因，而只會因為卡巴拉的出現而

出現，那麼我們就不能忽視它。」(《太陽的光輝》的序言)。【註：在卡巴拉中，彌賽亞這一術語有著比宗教意義上更多的含義，「彌賽亞」這個詞援引了希伯來語單詞 Moshech（拉出），同時代表著一種將人們從利己主義拉向利他主義的力量，從而改正我們的靈魂。而名詞「救贖」(redemption) 和「新生」(deliverance) 也都代表了這種從利己主義向利他主義的轉變。同時，彌賽亞的到來指的是這一轉變在全人類中發生的時間。】

在 16 世紀，位於今天以色列北部一帶的小鎮塞弗德（Safed），當時就是卡巴拉的「首都」。這裡也是當年阿里向他的學生們傳授知識的地方。在阿里到達塞弗德小鎮之前，在那裡的最偉大的卡巴拉學家是以「羅摩可」(the Ramak) 而著稱的摩西・考得佛羅（Moshe Cordovero, 1522～1570 年）。他先於阿里幾年來到這個小鎮，但他已經感覺到願望的進化發展的一個新階段的來臨。在他的著作《瞭解你父親的上帝》中，他寫道：「整個的 Torah 除了闡述上帝的存在和祂在祂的 Sefirot 中的價值以及祂在其中的運作之外，沒有任何其他的內容。而且，人們對這種祕密（卡巴拉）瞭解得越多越好，因為人們是在 Sefirot 中申言上帝的功績和奇蹟的。」

隨著時間的推移，由於卡巴拉學家害怕如果人們不瞭解生命基本運行的方法，那麼危機和災難就會相繼發生，所以，他們日益感到人們學習卡巴拉的緊迫性。他們甚至開始著書贊同向兒童傳授卡巴拉。例如，來自科爾馬諾（Komarno）的伊紮克・耶胡達・薩芬（Yitzhak Yehuda Sarfin, 1806～1874 年）在他的著作《保持仁慈》（Notzer Hesed）中寫道，「如果我的同胞們在這一代中注意

VIII 第八章 文藝復興

到了我……那麼他們就將會學習《光輝之書》和改正篇（Tikkunim，《光輝之書》中的一部分），並且有望在九歲兒童中開展這種學習」。同樣，卡巴拉學家札伊克・班・雅科夫・因札克・利弗席茲（Rav Shabtai Ben Yaakov Yitzhak Lifshitz）（1845～1901年）在他的著作《以色列的美德》（Segulot Israel）中寫道，「就像偉大的卡巴拉學家寫的那樣，但願人們能夠開始教小孩《光輝之書》，在小孩大概還是九到十歲的兒童的時候就開始學習《光輝之書》的內容的話，那麼救贖（指徹底的改正）當然會很快到來」。

就某一點而言，這些卡巴拉學家的努力獲得了成功。18世紀在波蘭－立陶宛聯邦（今天的烏克蘭），由被稱為美好名稱的擁有者（Baal Shem Tov）的伊薩爾・班・伊利札（Rabbi Israel Ben Eliezer，1698～1760年）帶領的哈希德主義（Hassidism）運動，產生了很多偉大的卡巴拉學家。一旦伊薩爾・班・伊利札的學生對卡巴拉已經足夠精通，並且對精神世界獲得了足夠清楚的理解之後，Baal Shem Tov就會將他們派到其他的城鎮中去傳播這種智慧。伊利札的學生培養了其他的學生，同時也幫助他們獲得精神的感知。同時，這些學生又被伊利札的學生送上了進一步傳播這種智慧的道路。這樣，一個全由卡巴拉學家領導的巨大的運動就形成了。

然而，從時間上看，恰恰就像它發生在第二聖殿被毀滅之前發生在以色列人身上一樣，這些老師的精神水準也一直在下降，直到他們完全失去了對精神的感知為止。即使這樣，當我們在考慮伊利札 Baal Shem Tov 在向大眾推廣迄今為止仍然被隱藏著的卡巴拉智慧的功績時，對他產生的積極作用怎麼評價讚美都不過分。

31 卡巴拉的繼續發展

雖然卡巴拉變成為一種祕密的智慧已經超過了一千年，但如果有人真想學習它的話，仍然可以找到有關卡巴拉的典籍。在文藝復興時期，很多學者不僅發現了卡巴拉著作，而且他們明顯狂熱地學習卡巴拉，並且將卡巴拉視為一種具有偉大優點的智慧。

在先前的章節中，我們提及了約翰尼斯・羅樹林（Johannes Reuchlin，1455～1522），他聲稱，畢達哥拉斯是從猶太人也就是卡巴拉學家那裡得到了他的知識，同時也聲稱哲學 Philosophy 這一術語也是他將單詞「卡巴拉」（Kabbalah）翻譯成希臘語之後才出現的。但羅樹林並不是唯一這樣說的人。很多深受歡迎的科學家和思想家都不僅贊成卡巴拉，並且迫切地以讀者的身分去探索卡巴拉，並且努力去澄清和洗清圍繞在卡巴拉周圍的誤解和污名。

在羅樹林和米蘭朵拉（我們在先前的章節中曾經提起過他）之前兩個世紀的時候，西班牙作家和哲學家雷蒙・盧魯斯（Raymundus Lullus，1235～1315）在他的著作《萊姆迪盧里拉丁歌劇》（Raimundi Lulli Opera Latina）中寫道，「創造，或者語言，是卡巴拉科學的一個適當的課題……這也就是卡巴拉智慧之所以支配著其他科學的事實變得日益明瞭的原因。

諸如神學、哲學和數學這樣的科學都從卡巴拉那裡獲得了它們的原則和根源。所以，這些科學從屬於這種智慧，同時這些科學的

 VIII 第八章　文藝復興

原理和法則也從屬於卡巴拉的原理和法則。因此，撇開卡巴拉去討論這些科學的模式的話將是不充分的」。

在16世紀，知名的瑞士裔德國醫生和煉金術士，菲力浦斯・奧雷歐斯・帕拉塞爾蘇斯（Philippus Aureolus Paracelsus，1493～1541）在他的著作《Das Buch Paragranum》中建議，「要學習卡巴拉的方法，它解釋了一切事物」。

同時，義大利哲學家、天文學家和數學家喬爾丹諾・布魯諾（1548～1600）論述了被他定義為「法則」的四個基本階段，並且為第四章和第五章中所討論過的根和枝的原則提供了一種帶有詩情畫意的描述。在他的著作《Le Opere Italiane》中，他寫道，「這種卡巴拉智慧首先賦予那個最高的法則一個難以形容的名字；從它這裡，他讓四個法則以第二等級的發射物從那裡擴展出來，從那裡每一個分枝又擴展出去，就好像有著無窮的種類和亞種類。

而且，以這種方式，他們指定了……一個上帝，一個天使，一個原因，一種力量……等等，它們控制著每一種個別的物種」。

還有更多諸如克里斯迪安・康拉德・施普倫格爾（Konrad Sprengel）和弗里德里希・馮・施萊格爾（Friedrich von Schlegel）等精通卡巴拉並且稱頌其重要性的思想家和科學家的例子。這些人中，最著名的兩位就是德國哲學家和數學家戈特弗里德・威廉・萊布尼茲（Gottfried Wilhelm Leibnitz，1646～1716）以及著名的劇作家、作家和科學家約翰・沃爾夫岡・馮・歌德（Johann Wolfgang von Goethe，1749～1832）。在《哲學基

礎原理》（Hauptschriften zur Grundlegung der Philosophie）一書中，萊布尼茲陳述了圍繞著卡巴拉的誤解：「由於人們還沒有掌握揭開這個祕密的正確的鑰匙，所以在這裡對這種知識的渴望最終導致產生了虛榮自負和各種類型的迷信，在這些虛榮自負和迷信的基礎上，最終產生了一種與真正的卡巴拉相距甚遠的庸俗的卡巴拉……」歌德在其著作《材料對色彩理論的歷史》（Materialien zur Geschichte der Farbenlehre）中寫道，「對《聖經》的卡巴拉式解讀是一種以令人信服的方式做到了獨立性、不可思議的原創性、多樣性、完整性的《聖經》詮釋學，我甚至可以說它的內容是浩瀚無邊、深不可測的」。

32 連接與溝通

願望的進化發展的階段3中的最初幾個世紀為國土的開闢和思想的擴展提供了基礎。發現的時代、科學革命、人道主義、改革以及啟蒙運動都是開闊人們心智和擴展人們世界觀的深遠改變中的一部分。這些運動和意識形態使人們能夠超越他們兒童時代受到的教育進行研究活動,並且去思考生命及其意義。

古典音樂的浪漫時代、文學上的狂飆運動(Sturm und Drang)以及印象派繪畫風格使得在藝術上對個人經驗和情緒的強調上達到了頂峰,而且事實上,也呈現出了一種在20世紀中只會得到加強的趨勢。這種最終導致了特溫吉和坎貝爾所指的(在序言和第五章中)自戀流行病的產生的趨勢,也就是願望的進化發展中的階段4的開始。

但是這種像機會平等、人權以及言論自由等高貴的思想的存在並不足以以一己之力開創一個新的時代。要開創一個新時代,一定要有將這些思想溝通宣傳的工具和方法。

而18世紀,尤其是19世紀恰好推動了這一方面的發展——也就是大眾傳媒工具以及大眾交通工具的出現。

於17世紀發明的蒸汽機,在隨後的兩個世紀內有了極大的改進,並且成為工業和運輸業主要的動力來源。

18世紀末期,蒸汽機開始應用於船隻。在隨後的幾個世紀中,這些機器經過改良,成為各種艦船的主要動力源。

連接與溝通

在陸地上,蒸汽機車改變了 19 世紀運輸的面貌。第一次發明蒸汽機車的嘗試要回溯到 18 世紀中葉,但直到 1829 年喬治和羅伯特‧史蒂芬森製造出複合管鍋爐蒸汽機車——火箭號為止,蒸汽機車才投入商業運營中。

實際上,火箭號蒸汽機車非常成功,以至於改良版本直到 20 世紀還在進行商業運行。雖然現在已非常少見,但蒸汽機仍然在車頭上沿用至今(圖 19)。這樣,有了這種高效的運輸方式,長途旅行就變得容易,同時人們的遷徙也就變得比原來頻繁得多。

私人運輸,專用客車運輸也在同一時間發展。類似於被稱為汽車的各種形式的非馬力車輛也在 18 世紀末開始出現。但直到 19 世紀的後二十五年,它們還被認為是十分怪異的,並且常被認為是令人討厭的事物。1865 年,倫敦的機動車法案將無馬車輛的速度限制為在開闊的鄉村每小時四英里,在城鎮中每小時二英里。而且,這

圖 19:2008 年英格蘭製造的全新蒸汽機車 60163 狂風號。

187

VIII 第八章 文藝復興

條法案還規定每輛車要配備三名司機——兩名駕駛車輛，另一名司機要走在車前揮舞一面小紅旗指揮交通。

但在1876年，尼古拉斯·奧古斯·奧托特成功發明了一種四衝程發動機，被稱為「奧托循環」，同一年中，第一台成功的二衝程發動機也被一名蘇格蘭工程師Dugald·克拉克爵士發明了出來。

十年之後，第一台使用內燃機的發動機幾乎在同一時間內由兩名在德國不同地點工作的工程師——格特里布·戴姆勒和卡爾·本茨研發出來。他們幾乎同時成功地用公式進行了演算，並且用內燃機驅動了和我們現在使用的轎車大致相同的車輛。這就是汽車時代的開始。

在20世紀早期，最後的邊界——天空也被征服了。1903年12月17日，根據史密森學會和（FAI）——世界空中運動、航空、航太世界紀錄的首席團體——萊特兄弟在北卡羅來納州Kill Devil山進行了「第一次使用重於空氣的交通工具，進行了受控制的、有動力推動的、持續性的（從起飛到降落）獨立機械飛行」。從那時起，即使是天空，也對人類產生不了任何的限制。

在撰寫《生命之樹》和20世紀初期之間的這一段時間範圍內，我們想要駕馭和獲得利益的願望已經驅使我們在科學、技術、通信和運輸上發展出了如此巨大的能力，以致於到20世紀初期，世界上所有主要的大陸都已被我們發現、連接，並且在常規的基礎上進行貿易往來。這樣，整個世界就有效地成為了一個單一的整體，一個地球村。同時，雖然這一點在當時的普通人的身上表現得還沒有那麼明顯，但伴隨著歡喜和憂傷的20世紀卻徹底證明了這一點。

如同我們在本章開始時聲明的那樣，在每一個願望的進化發展的每一個新階段開始之前，都會有一位相應的適時的先哲出現。在階段 4 的情形中，它的先驅不僅僅是一名能夠解釋前人無法解釋事物的卡巴拉學家的出現，而是幾乎一個完整的世紀都在做為一個先導服務於一個嶄新紀元的到來。20 世紀不僅預言了，而且還推動了這個新的願望的出現。

由於這個原因，20 世紀值得我們為它專門開闢整整一章進行論述。

第九章

同一個世界

IX 第九章 同一個世界

從表面上看，20世紀在願望的進化發展似乎是一個新階段的開始。沒有任何一個人類已經涉足的領域沒有發生革命性的變革，且常常會在20世紀中重新或反向革命化。事實上，在20世紀，這種改變的步伐提高得如此之快，以致於生命已經開始按照指數級的速度改變著。但比這種快速發展的速度更令人吃驚的是全球化的步伐。成為單一經濟系統的過程始於發現的時代並且在20世紀殖民主義時期達到了頂峰。實際上，在20世紀末期，已經沒有一個國家是完全自給自足的了。雖然在生命的所有領域中的擴展和改變非常明顯，但在我看來，其範圍和速度是如此地驚人和令人擔憂，值得進行一次短暫的反省。然而，如果您覺得回顧20世紀某些主要的發展是必要的話，那麼非常歡迎您跳到下一節，「無形的連接」中先去回顧一下歷史。

在1900年，世界人口大約只有十六億。到20世紀末，這個數字已經超過了六十億。在1900年，汽車的平均最高時速只有七英里。一百年之後，即使是普通的家庭轎車的時速也能夠達到一百三十英里。此外，主要的交通方式也已經從馬車、自行車和步行變為汽車。到了世紀之交，大部分步行都發生在無聊時的家庭中、公園裡或者健身房裡；對於騎自行車也是同樣的情況。對於海外旅行而言，噴射式客機已經完全代替了客輪，同時洲際旅行的時間也已經由幾週縮短到了幾個小時（雖然對於貨物運輸而言，其主要方式仍然是貨輪而不是飛機）。同時也是最重要的（完全沒有其他意思），為了幫助輪船航行和預報惡劣天氣，以及偵察敵人的陣地，我們向太空中發射了衛星。

就科技而言，我們的生活不僅在旅行的快速和舒適性上發生了改變，我們日常生活中的用品也發生了改變。像電話（以及後來的手機）、電燈、收音機、電視機以及電腦等物品，在 20 世紀初要不是從未聽說過，就是曾經遭到過質疑。如果您能負擔得起，家中的生活從未如此輕鬆過。洗衣機、烘衣機、電冰箱、冷氣機、真空吸塵器、電熱爐以及（1970 年起）微波爐，都變成了家用電器。

在 1900 年，流行的娛樂表演是歌舞雜耍（有魔術師、雜技演員、喜劇演員、經過訓練的動物、歌手和舞者等現場表演的巡迴馬戲團）以及無聲黑白電影和 Ragtime 音樂。而到了 2000 年，「罐裝」的電影已經變成了真彩色並配上了杜比環繞音效；職業運動已經成為了主要的娛樂消遣；音樂也有了無數的風格，每一種風格又有著眾多的細分風格：搖滾、民謠、藍調、古典、爵士、流行、嘻哈等各種令人癡迷、狂熱的音樂類型，而且類型的列表也是無窮的。不只是音樂，舞蹈、戲劇、視覺藝術、攝影以及各種形式的藝術都在以指數增長的速度擴展著其多樣性。到 20 世紀末期，電腦遊戲也已變得非常流行，同時，網際網路開始在人們的家庭中擴展了它的存在。此外，因為有了收音機、電視機、唱片／錄音帶／ CD 播放器以及攝影機和 DVD，人們已不再需要走出他們的家門去遠行。

然而，可惜的是，20 世紀科技的進步（而且目前仍然在）被人們不當地進行利用，導致了破壞性的結果：侵略、壓迫和暴政以指數般的速度被實施著，在一個世紀的時間內導致了兩次世界大戰和數次有組織的種族大屠殺。兩次世界大戰極大地改變了世界版圖，並且結束了殖民時代（只有 1947 年脫離英格蘭獨立的印度和 1962

IX 第九章 同一個世界

年脫離法國贏得獨立的安哥拉等少數國家例外）。這雖然使得眾多的新生國家第一次感受到了獨立，然而，強大的戰後帝國與新解放的國家之間在工業、基礎設施和生活標準上的差距非但沒有保持不變，而且加劇了。在 20 世紀，科學已經徹底改變了我們觀察世界的方式。開始是狹義相對論，隨後變得廣義的相對論以及隨後出現的量子力學，革命性地改變了科學家們感知世界的方式，並且為後來從鐳射到微處理器和由它們衍生出來的所有事物鋪平了道路。具有重大意義的基因技術被研發了出來，DNA 的結構被確定；世紀之交，第一隻哺乳動物——綿羊多利被複製了出來。在天文學方面，人們提出了大爆炸理論，宇宙的年齡被確定為一百四十億年。同時，在 1990 年發射的哈伯（Hubble）太空望遠鏡的幫助下，我們的觀察能力有了顯著的提高。最後，但當然不是話題中最次要的，就是醫學與健康。按照 2007 年 12 月 28 日由伊莉莎白・阿萊斯（Elizabeth Arias）博士代表疾病控制和預防中心所撰寫的國家人口調查報告的說法，在 1900 年出生的男性高加索嬰兒能夠有望達到四十六歲（如果是黑人，只能達到三十二歲）。而到了 2000 年，這一年齡已經分別達到了七十四歲和六十八歲。出現這種提高是由於諸如在外科手術中使用消毒器械、醫務人員使用防護服等醫療衛生措施的改善，以及類似於洗滌條件、個人衛生環境的改善，大量疫苗的開發和抗生素藥物的迅速傳播。同時，技術的進步使得 X 光成為診斷從骨折到癌症等各種疾病的強大工具。在 20 世紀 60 年代，發明了電腦斷層掃描（CT），十年之後，磁振造影（MRI）被研發出來。所有這些發明和很多 20 世紀的創新和改變，使過去的這個世紀成為歷史上位置獨特的一個里程碑式的世紀。

33 無形的連接

至少因為三個理由，這個世界見證了這種無形連接將我們連接成為一個單一的體系的影響。在兩次世界大戰期間，實際上所有的大陸都捲入了激烈的戰爭中。大蕭條引發了多次波及全球的金融海嘯，這幾次金融海嘯摧毀了數百萬人的生活，並且對他們的生活產生了消極的影響。

按照大英百科全書的說法，「由於美國是歐洲戰爭（第一次世界大戰）後主要的債權人和金融資助國，所以美國金融業的崩潰醞釀出了全球性的經濟衰退……孤立主義隨著各國透過規定關稅以及配額尋求對國內產品的保護而散播開來，最終在 1932 年將國際貿易額縮減了一半還多」。

然而，無論是多麼地顯而易見，人類都還沒有認知到這是一個單一的、封閉的、相互依靠的系統。每當災禍蔓延的時候，各國都會返回到實施保護主義和孤立行為、提高關稅、對表面的作惡者實施懲罰措施，並且會忽視或者忽略這些災禍都是由一個罪魁禍首引起或實施的這一基本事實；他們更願意認為它們一直是而且依然永遠會是一個包括很多因素的漫長過程的累積。

但是，當您最終認識到我們都是多麼深深地相互連接在一起，以致於在一個最深的層次上我們其實就是一個整體時，向任何一個人伸出譴責的手指都是困難的。在這種程度上，您會開始以一種更

IX 第九章　同一個世界

加廣闊的視角來分析問題和看待所面臨的情況，瞭解到我們當中的每個人的所作所為都會影響到這個世界上的其他每一個人。但是，為了這個，一個人必須意識到所有的人構成了一個單一的靈魂（接受的願望），他們以自我為中心的伎倆遮住了它的各個組成部分的眼睛，使得他們看不到他們之間的這種相互聯繫和相互依存的關係。

只要人類還只是處在接受的願望的進化發展過程中的階段 0 到階段 2 的影響下進化發展，那麼我們對這種相互連接性的視而不見還是可以容忍的。在階段 0 中，幾乎沒有明確可辨的接受的願望；人類是自然的一部分。在階段 1 中，也就是在亞伯拉罕的時代，利己主義同樣也是第一次出現。然而，在這一點上，人類還只是處於嬰兒時期，那時，還不存在我們對自身或對環境造成不可挽回的傷害的可能。在階段 2，如同我們在第七章中所指出的那樣，會有更多明顯的利己主義；但同樣，這些利己主義也是受到控制的，這主要是透過宗教來進行的。在階段 3 中，這個接受的願望變得活躍起來。由於階段 3 首次出現在中世紀的末期，結果人類就開始了一個狂暴的加速發展和成長過程，它現在已經達到了一種無法控制的程度。如同我們將要看到的那樣，這種成長的速度已經被科學認知了很久，卡巴拉也是如此。

在先前的章節中，我們引用了人性正在以指數速度進化發展這一研究人員得到的觀察結果。但也許最符合這一認知的最有說服力的科學證據就是查理斯‧達爾文的理論。透過他和他的先輩們的觀察，我們瞭解到，以指數速度增長並不僅僅是一種近來才發生的一種現象，而實際上，以指數速度增長是整個自然界運作的方式。在

達爾文的《物種起源》中，他對以指數速度增長進行了論述，同時，曾經觀察過這一模式的瑞典植物學家卡羅爾‧林奈（1707～1778年）也曾經進行過相關論述：

「所有有機物都不會脫離這個快速增長的規則，如果沒有被破壞的話，地球很快就會被同一對祖先的後裔所佔據。即使是低生育率的人類也可以在二十五年中使其數量翻倍。按照這個速度，在幾千年內，理論上甚至沒有一塊可供我們的後裔站立的空間。林奈曾經計算過，如果一株一年生植物每年只產生出兩粒種子——實際上沒有哪種植物會如此不具繁殖能力——同時這兩粒種子在第二年也產生兩粒種子，如此循環，那麼在二十年的時間內，將會有一百萬株這種植物。」（見《在物種的起源處》，為生存而努力，第117～119頁）當願望尚處於還很渺小的階段時，諸如植物、動物，甚至處於願望的進化發展的早期階段的人類，自然就透過呈現兩個勢均力敵的力量來平衡這種指數增長模式，如用相互競爭的動物或植物來創造一種微妙的平衡，或者利用類似宗教這樣的機制進行抑制。這也就是達爾文在以上的論證中寫下這些文字的原因：「……每一個物種都以如此高的速度增長，以致於如果這種增長不被破壞的話，地球將會很快被擠爆……」

換句話說，自然本身的機制使得這種動物、植物的過度繁殖受到約束。但是當願望在一個佔統治地位的物種之中呈現出指數級速度增長時，尤其是當它們是以階段3的那種以自我為中心的趨勢開始顯化時，環境的平衡就被打破了，同時嚴重的問題和危機就會隨之出現。

34 指數倍增效應

要想更好地理解這些在 20 世紀出現，而且事實上現在仍然在發生著的轉變，我們需要理解這種指數增長的本性。指數增長的決定性因素並不是最初的數量，而是倍增的速度——也就是個體數量增加一倍所需要耗費的時間。為了理解指數增長與線性增長之間的不同，請設想一下這樣的情形：

A 女士是一個貧窮的女人，在她的儲蓄帳戶裡僅有一美元；另一方面，B 先生的情形要好得多，在他的帳戶裡有一萬美元。A 女士和 B 先生都盡力儲蓄，以備不時之需；同時在他們退休，獲得養老金之前，還有三十年的工作時間。A 女士的儲蓄以指數速度增長，她的倍增時間為一年。這樣，一年之後在她的帳戶裡會有兩美元（一美元 × 21（年份）= 兩美元）；兩年後她的帳戶裡會有四美元（一美元 × 22（年份）= 四美元）；接著三年之後她的帳戶裡仍然只有可憐的八美元（一美元 × 23（年份）= 八美元）。

B 先生的儲蓄以線性速度增長，這樣每年都會有一萬美元增加到他的帳戶裡。五年之後，看上去 A 女士似乎註定要度過貧困的一生，在她的帳戶裡只有區區的三十二美元，而 B 先生似乎和他帳戶裡的五萬美元一起向著相對富足的生活前進。

然而，如果他們按照各自的儲蓄增長曲線走完整整三十年，直到他們退休為止，那麼到這段時期結束的時候，B 先生會在他的儲

蓄帳戶裡累積下可觀的三十萬美元（一萬美元×三十年＝三十萬美元）。另一方面，A女士也不再貧窮。在三十年以指數速度累積之後，她的帳戶將會累積下龐大的1073741824美元（一美元×2³⁰（年份）=1073741824美元）——超過了十億美元。

像我們在上面已經說過的那樣，卡巴拉學家在很久之前就已經瞭解了人類本性中欲望（接受的願望）這種指數模式的增長。他們在有一千五百年歷史的古老著作《米德拉西大評論》（Midrash Rabbah）中以一種十分頻繁的方式引用：「人如果有了一百，那麼他就會想把它們變成兩百，如果他有了兩百，那麼他就希望把它們變成四百。」（《米德拉西》第一章第三十二篇）

然而，在普通指數增長公式中的指數倍增時間與卡巴拉中的倍增時間有一種並不難辨別的差異。在傳統的指數倍增公式中，倍增時間是固定的。例如，某國GDP的年增長率是7％，GDP的倍增時間就是十年。這樣，由於增長仍然是可預測的，因此，在某種程度上是可控制的，所以經濟學家們即使是在飛速增長時也能夠提前開展計畫。

然而，願望的增長卻是不可預測的。正如前面所引用的論證那樣，就願望而言，其倍增時間並不是一個固定的時間長度，而是與人們滿足了自己的願望這一事實本身相關。

請注意，剛才的論證說道，「如果人們有了一百，那麼他就會想把它們變成兩百」……等等。這意味著獲得一個兩倍強度的願望的條件就是前面一個願望的實現。換句話說，也就是您永遠也得不

IX 第九章 同一個世界

到您想要的，因為在您獲得您想要的那一刻起，您就想要雙倍於之前的東西。您總是想要得到您現在所擁有的東西的兩倍。

這樣，如果 A 女士儲蓄一美元的願望得到了滿足，那麼她立刻會想要儲蓄兩美元。同時只要她儲蓄了兩美元，她就會立刻想要四美元留在她的帳戶上。這樣，卡巴拉中的指數公式規定了 A 女士的願望將永遠會是她所得到的兩倍。

因此，當她完成一次倍增時，她的願望也會增加一倍，不僅留給了 A 女士永遠的不滿足感，而且是每次她得到了她想要的東西後，這種不滿足感也會倍增。

如果 B 先生希望每年儲蓄一萬美元，那麼在過去的三十年中，他已經成為了一個滿足的（也許並不快樂）人，而且現在可以安逸地退休。而最初的願望僅僅是多得到一美元的 A 女士，由於帳戶中已經擁有了十億美元，所以現在卻變成了一個缺少十億美元的人。

此外，伴隨著她財富的指數增長（以及隨後感到的欠缺），她註定會度過對財富和快樂無可救藥地追逐的一生，這在她的餘生中只會產生痛苦與煩惱。

在巴比倫《塔木德》第五十二頁有一個對這種類型的願望的例子，裡面描寫道：「即使是所有方面都比他的朋友強的一個人，他的願望卻超過他自己（他永遠也戰勝不了自己的願望）。」並且如同前述《米德拉西大評論》中說到的那樣，「一個人在離開這個世界時，他連一半的願望都沒有實現。」

35 全球性的網路

如同我們剛才說明的那樣，每當人類滿足了他們的願望時，這些願望都會加倍。這就迫使我們不斷地進行革新、設計新裝置、探索新領域，並且構思新的想法以獲得我們想得到的事物。在願望的進化發展過程的階段3中，當這些願望首次變得活躍時，這種指數模式的效果就表現在對這一過程的加速的步伐上。

這樣，在對新的快樂方式的追求中，我們已經把這個世界變為了一個由海上航路、空中航線以及眾多交通通信方式組成的貿易路線網。國際網際網路（World Wide Web）不僅僅是存在於我們電腦中的虛擬實體，它實際上就是我們生活的現實。這一點在許多年之前就已經被社會學家所認知，同樣也被卡巴拉學家們認同。

今天，全球化和在金融上的相互依賴都已經是公認的事實。然而，全球化還遠不只限於是金融上的相互依賴；它要求一種在文化、社會、文明做為一個整體意義上的深遠的融合；最後就是——一個共同的人類命運。國際關係學教授和全球化問題方面的多產作家安東尼・麥克格魯（Anthony McGrew），對這一過程施加在人類社會中的影響做出了明確的評論。

安東尼在一篇名為《現代性及其未來——一個全球性的社會？》的文章中寫道：「與先前的歷史時代相比，當今這個摩登時代已經證明了人類的各項事物的一種漸進性全球化。西方式現代化的基本

IX 第九章 同一個世界

制度——工業主義、資本主義和國家政權——已經建立起來，整個20世紀，人類足跡遍及了全球。但如果人類沒有付出眾多的代價，是做不到這一點的……雖然全球化的初期帶來了世界在物質上的統一，而最近出現的階段又將世界重新塑造成了一個單一的全球體系。在這一體系中，先前截然不同的歷史性的社會體系或者文明都已經被強迫性地壓縮在一起。這樣就定義了一種遠遠超越複雜的情形，一種人類的互動模式、相互關聯性和意識正在重新將這個世界構建一個單一的社會空間的情形。」

卡巴拉學家耶胡達·阿斯拉格早早就認知到了這種趨勢及其危險性，並從願望的進化發展的觀點對它進行了解釋。在他的文章《世界的和平》一文中，阿斯拉格提出了他對他所處的時代的世界的觀察，以及人類如果要應對這種情形應該採取的措施。在「有關某個特定團體的福祉與整個世界的福祉的問題」這一節中，他寫道：「我們已經到達了這樣一種程度，以致於整個世界已經被視為同一個團體或者同一個社會。這意味著，由於世界上的每一個人都依靠世界上的所有人來謀生和取得生命的生存資源，所以人們被強迫著必須服務於並且關心整個世界的幸福。」

隨後，阿斯拉格說明了我們所有人為什麼是相互聯繫並相互依存的原因，並且得出結論說：「因此，在世界上的所有國家都不是這樣的時候，僅僅在一個國家內，做出善意的、幸福的以及和平的舉動是不能想像的，反之亦然。

在我們的這個時代中（阿斯拉格於1934年寫出了這篇文章），所有國家在獲得滿足他們的生命需求上面都是全部連接著的，這就

如同早期的個人與他們的家庭之間的聯繫一樣。由於世界上每一個人和所有人的得益或受損都依賴於並且是由這個世界上的所有人的得益來衡量的，因此，我們就不能只講或只應對維持一個單一的國家或政權的幸福行為，而只能去應對整個世界的幸福。」

在本節的最後一段中，阿斯拉格預言，對這種情形僅僅停留在學術上的理解將是不足以使人們將他們的這種相互依賴性內在地深刻理解的。

更確切地說，人生的經歷將會迫使他們這樣做：「事實上，雖然這一點（相互依賴性）已經被瞭解並且被感受到，然而，世界上的人們還沒有正確地理解它……由於這是從人的本性的發展過程中附帶的行為，以致於這種行為（這種相互依賴性對我們的生活造成的衝擊）會發生在我們理解它之前，並且也是唯一能夠證明並且推動人性向前發展的行為。」在事後諸葛亮式的後悔分析中，我們可以遺憾地說，阿斯拉格的預言在 20 世紀的各種場合中不只一次地變為了現實，而且大部分是以可怕的方式變為現實的（二次世界大戰等）。

在《世界的和平》和其他幾篇著名著作中，阿斯拉格對如果我們繼續使這種行為先於理解而發生的話，這個世界在之後將要發生什麼事情，以及我們要如何行動才能建立起一種可持續的，同時也是一種真正稱心如意的存在等做出了預測和相應的建議。

現在，如果我們理解了我們的這種相互依賴性，這些建議將會成為貫穿於本書的剩餘部分中的討論話題。

| 第十章 |

自由選擇的時代

X 第十章　自由選擇的時代

在第六章中，我們曾經說過，與自然界中的其他元素不同，人類擁有能夠改變環境的力量。這一點賦予了我們人類其他生物不曾擁有的東西：選擇的自由。換一種方式來說，人類可以選擇變得像創造者一樣——去給予，並且透過採用在環境的整體利益之前屈服犧牲自己的利己主義的利益的法則，獲得伴隨這種選擇而來的力量和操控權；或者一直保持著他們剛出生時天生的狀態——以自我為中心，對自然只有有限的認知，並且繼續在進化歷史上為他們自己的錯誤付出代價。但是，要想選擇變得像創造者一樣，如同我們在第一章中所說明的那樣，創造者與自然是同義詞，人們一定要瞭解「創造者」這個詞到底意味著什麼，同時也要瞭解他們如何才能變得像創造者一樣。

我們還論述過（第六章），整個現實是由一個被稱做「亞當破碎的靈魂」或者「破碎的靈魂」的單一的、破碎的實體所組成的，而「靈魂」一詞指的是一種具有給予意圖的接受的願望。當卡巴拉學家說某物已經破碎，並不是指物理意義上的分離，而是指組成那個靈魂的所有部分之間的聯繫被斷開了。這種斷裂發生在當這些靈魂的碎片開始為它們自己的利益，而不是為了整個系統的利益著想的時候。因此，雖然這些聯繫還存在著，並且在我們的生活的每一個層面都影響著我們，但是由於我們只考慮自己而不考慮他人，所以我們就會看不見這種聯繫的存在。更重要的是，只要我們不清楚我們之間的這種看不見但卻實際存在的相互聯繫，我們就不能修復它們，因為看不見就意味著不會去思考，更別談行動了。

在 2009 年 9 月 13 日，《紐約時報》刊登了一則由克萊夫・湯普森（Clive Thompson）撰寫的名為《幸福是令人滿意的嗎？》的故事。在故事中，湯普森描述了一個在麻塞諸塞州弗明漢姆（Framingham）完成的一個令人著迷的實驗。試驗中，大約一萬五千人在生活中的某些特定的小細節會被備案記錄下來，並在超過五十年的時間內進行定期地記錄。這一實驗過程使研究者，哈佛大學醫學博士和社會學者尼古拉斯・克里斯塔克（Nicholas Christakis）以及當時攻讀哈佛大學政治學研究生的詹姆斯・弗勒（James Fowler）得以創建一幅相互連接的地圖，以檢驗人們長期以來互相之間的影響。

　　克里斯塔克和弗勒確定，在五千多個實驗參與者之中存在一個相互關聯的網路。他們發現，在這一網路中，人們在相互影響著其他人，而自己也被其他人所影響。這種影響似乎不僅在社會問題上有效，令人意外的是，它在身體健康問題上也同樣有效。湯普森寫道，「透過分析弗明漢姆實驗的資料，克里斯塔克和弗勒聲稱他們首次發現了流行病學中一項強大理論所依賴的某些堅實的理論基礎：類似於戒菸或者保持身材或快樂心態等良好行為，會像傳染性病菌一樣在朋友和朋友之間傳播。資料表明，弗明漢姆的實驗參與者們僅僅透過群體化就能影響彼此的健康。同時這種理論基礎也適用於不良行為。一群朋友之間似乎也會相互『感染』肥胖、苦惱和吸菸等。保持健康似乎已不僅是一個有關您的基因和飲食習慣的問題。良好的健康狀態，部分上來講，也是您與其他健康人親密接觸的產物。」

X 第十章 自由選擇的時代

　　更令人驚奇的是，研究者們發現這種感染甚至能夠「跳級或隔級影響」。他們解釋說，即使人們之間互不相識，也能夠相互影響。此外，克里斯塔克和弗勒甚至還找到了這種效應跨越三級（朋友的朋友的朋友）的證據。用湯普森的語言說，「當弗明漢姆的居民開始變胖時，他或她的朋友中有大約57%的人也會變胖。更令人感到驚奇的是……這種現象似乎能夠跳級聯繫。」如果一個弗明漢姆居民的朋友的朋友發胖，即使這個間接朋友與他沒有任何關係，那麼這個居民也有大概20%的可能性會發胖。事實上，如果某個人的朋友的朋友的朋友……變胖，那麼這個人發胖的概率也會增加10%。

　　正如克里斯塔克和弗勒在《聯繫：我們社會網路中令人驚訝的力量以及它們塑造我們生活的方式》中將他們的發現寫入到他們的書中那樣：「您自己可能不認識他，但您朋友的丈夫的同事可能會使您發胖。而您妹妹的朋友的男朋友卻能夠使您變瘦。」

　　引用了克里斯塔克的論證，湯普森寫道：「在某種意義上講，我們可以開始以研究水牛受驚嚇時逃跑的方式理解類似快樂這種人類的情緒。您不會去問一頭水牛，『你為什麼要往左邊跑呢？』答案就是整個牛群都在向左邊跑。」

　　同樣，在巴拉蘇拉姆的著作——《自由》中，他寫道：「為了選擇更好的環境而不斷持續努力奮鬥的人是值得讚揚並應該獲得獎賞的。但是這個獎賞，並不是因為他的好思想和行為，他產生這些思想和行為也並不是出於他的選擇，而是因為選擇一個好的環境的努力，是環境帶給他這些好的思想和行動。」因此，如同我們在剛

才的研究中論證的那樣,雖然這些聯繫本身是存在的,但我們以自我為中心的利己主義本性阻止了我們意識到這一點。

湯普森寫道:「克里斯塔克和弗勒最奇異的發現就是一種行為能夠跳過聯繫這一觀點——就是傳播到一個朋友的朋友,卻不會影響中間連接他們二者的那個人。假如在一個聯繫鏈條中間的人在以某種方式傳遞著一種社會風氣,那麼,從表面上看,他們不會受到任何影響的話,好像有點不太合理。兩名研究者說,他們並不確定這種跳躍式的聯繫是如何起作用的。」

事實上,我們的行為只是好像我們之間沒有任何聯繫,但實際上我們卻處於十分緊密的聯繫當中。今天,我們的這種相互聯繫已經變成了相互依存;因此,在現實與我們對這種相互聯繫的不斷否認之間的鴻溝正在構成一個實實在在的威脅,同時,它也是導致我們最近正在經歷的世界範圍的各種危機的原因。

36 人性的強制性自由選擇

在願望較低的層次，即階段1至階段3中，自然自己會自動修正在先前章節中所描述過的那種聯繫。在進化發展的過程中，自然中的那些遵從在其所依賴的系統利益之前，犧牲它們自己的個體利益的元素得以生存了下來，並且為下一階段的發展奠定了基礎。但那些沒有屈服自己利己主義利益的元素卻漸漸消亡。

因此，自然逐漸地創造了這個宇宙、銀河星系、我們的太陽系以及地球。接著，如同我們在第四章中所闡述的那樣，一層一層地，地球上的生命逐漸形成了。

最初，就像生物學家莎托里斯生動描述的那樣，每一個新物種都表現出它自身的自私性，尤其是在對其他物種的需求的漠視上表現得更為明顯。但如同莎托里斯所說，物種之間的競爭迫使它們去「進行協商」，最終會導致產生一種動態的平衡——一種使生命保持持久所必須的穩定性。

這樣，地球上的生命一個階段又一個階段地進化發展著，直到願望的進化發展到階段4，智人出現了。最初，人類就和所有其他的物種一樣沒有什麼區別。就像整個自然界中的願望在不斷進化發展一樣，我們的願望也在從階段0向階段4不停地進化發展著。在階段0到階段2中，貪婪、控制以及認同的願望還沒有強大到使我們和自然界分離到一種足以威脅我們的生存的程度。雖然對於其他人類而言，歷史證明我們並不是那麼柔順和寬容，但我們和其他所

有自然中的要素一樣，也被強迫著去進行協商，並且接納將這些要素做為維持生命的必需品之一。

但如同我們在第八章中論述的那樣，大約從 15 世紀開始，階段 3 開始發威。從那時開始，對自我表達和個人實現的渴望開始在我們內心中成長，並按照指數級的增長速度進行擴展。對身分認同和自我表達的願望有著一種特別的品格。

雖然，這些願望反映了一種以自我為中心的利己主義的本性，但由於它們的目的是展現有著這些品格的個體是多麼地優於其他人，因此，這些願望也迫使那些具有利己主義願望的人們不得不與其他人產生聯繫。

之所以會這樣，是因為要想感覺優於他人，我必須要將我的品質、成就、努力以及財產與他人做比較。如果我不將自己與他人進行比較，那麼我要優於誰呢？優越性會迫使比較發生，並且這樣就迫使階段 4 中的以自我為中心的利己主義者不斷保持與他人的聯繫。而且，我們越是以自我為中心，我們就越想感覺自己比他人優越，這樣就迫使我們加強與其他人的聯繫。

事實上，「以自我為中心」這個詞本身就意味著可以有應該相對於我們的思想的另一個中心。而且，附著在利己主義的惡名意味著我們本能地知道哪個方向是對我們最好的——利他主義，也就是「以他人為中心」。

因此，為什麼我們是以和自然中其他生物不同的方法行為的呢？而且好像還是以一種最有利於我們自己的利益的方式行為的

呢？答案似乎是如果所有人都是利他主義者將會是最好的，但我們的自我卻總是希望別人先去邁出第一步（只有特別的極少數人不會這樣去想，但這些人數量太少，根本構不成實質性的區別）。

因此，我們都贊同利他主義的思想，但在談到付諸實施的時候就裝瘋賣傻止步不前了。直到我們看到所有人都在這樣做，並且確切地瞭解我們不會由於給予而遭受自我損失時，我們是不會去給予的。

所以，結果就是，利他主義似乎並不像是一個好的想法，如果是要我首先去實施這種想法，並且被他人所利用的話，那麼它更類似於一個天真幼稚甚至危險的想法。結果，理論上看起來正確的方向在實踐上似乎卻是「錯誤」的。這就是為什麼選擇利他主義是違背我們的理智的原因。

但同時，如同我們在全書中所展現的那樣，只有利他主義者會生存下來。而且我們已經是相互聯繫和相互影響的，所以，我們也同時用我們奸詐的意圖正在相互傷害著。

用另一種方式來說，我們的利己主義思想已經而且正在對我們自己造成傷害！因此，如同我們看到的那樣，對利他主義的選擇既是強迫性的，又是完全沒有吸引力的。而且，也正是這種不具吸引力才使利他主義成為了一種自由的選擇。

如果利他主義具有吸引力的話，那麼我們就會遵循我們的利己主義意圖，早就自動選擇了它，並將它付諸實施了，這樣的話，它也就不再是利他主義了，而不過是重新偽裝下的利己主義而已。

在第二章中，我們曾經提及了梅爾佐夫和普靈斯的著作《對模仿的透視》，在書中，他們論述了行為榜樣在幼兒撫育中模仿和認同方面的重要性。但是，不僅是幼兒以這種方式進行學習，我們所有人也是以這種方式進行學習的。

如果我們不被彼此的願望和行為影響的話，那麼，時尚流行就不可能形成了，因為沒有人會跟從別人。而且，我們也不會進步，因為我們鄰居的任何事情都不能引起我們的羨慕，並且驅使我們去改善我們自己的生活。

如果是這樣的話，進步的車輪就會馬上停止。透過將真正利他主義的行為付諸實施，我們模仿創造者——那個創造和驅使了萬事萬物發生的給予生命的力量。同時，就如同幼兒透過模仿來學習如何成為成年人一樣，我們也透過模仿創造者來學習如何變得像創造者一樣。

37　《光輝之書》的登場

　　我們在本書中多次提及阿斯拉格的《〈光輝之書〉的序言》中的第三十八節，在這一節中，阿斯拉格說道：「人（階段4），能夠感知到其他人，變得想要其他人所擁有的一切，……因此同時內心也充滿了對擁有他人擁有的一切的羨慕和嫉妒。當他擁有一百時，他想得到兩百，這樣他就一直需要將他所擁有的事物翻倍，直到他希望吞噬整個世界上的一切。」

　　但在序言的先前部分中，阿斯拉格寫道：「……既然這種思想（創造的思想——也就是創造者的目標）是為了取悅他的創造物，那麼他不得不創造出一種非常強大的願望來接受他想給予的所有的豐富，這一點存在於創造的思想當中（給予我們無限的歡樂）……」同時他繼續寫道，「如果這種強大的接受的願望在世界上遭到毀滅的話，那麼創造的思想也將不會得以實現——也就是接受所有他想給予他的創造物的所有偉大的快樂的目標不會被實現——因為這個偉大的接受的願望和那個偉大的給予的願望必須手牽手同步前進。而且，從接受得到的快樂和喜悅將會隨著接受的願望的消失的程度同步消失。

　　因此，如果我們想變得和創造者一樣，那我們就必須不能使我們的這個接受的願望變弱。但是，如果我們不弱化我們的願望，而且如果我們對我們的願望（慾望）的應對方式仍然是那些古老的宗教狂熱和迷信、對自我的壓制、專制或者其他傳統的約束方式的話，

《光輝之書》的登場

那麼我們消滅利己主義並變得像創造者一樣就是不可能的。這些方式在願望的發展的早期階段是「馴服」這些願望的優良藥方，但已經不能滿足當今的需求了。現在，需要一種新的方法，一種全新的行動方式是必不可少的，需要某種不會去壓制無法被壓制的事物，而是利用這個極端的利己主義產生一種新的力量向著生命的更好的方向發展，而不是將我們和我們的產生問題的利己主義一起消滅的方法。

在願望的進化發展的階段 3 中，我們的嫉妒心已經創造出了一個相互聯繫並且相互依存的全球一體化世界，在這個世界中，我們既相互競爭，又為了生存而相互依賴。在先前的章節中，我們引用了阿斯拉格的言論，他寫道：「……由於生活在這個世界上的每一個人都會從這個世界上的所有人當中提取生命的必需品，並且依賴世界上的所有人而得以生存，所以他被迫去服務並且關心整個世界的幸福。」

我們還引用了麥克格魯的言論：「這一點（單一的全球系統）定義了一種遠遠不止於複雜的條件，一種人類相互的作用，相互的聯繫，以及意識正在將世界重新構建為一個單一的社會空間。」這些論述都精確地反映了我們在 21 世紀初所處的情形：已經聯繫在一起，但卻相互憎恨。

這種同時發生著的相互依賴和相互仇恨，將我們帶入了一種既不希望進行莎托里斯所說明的我們必須進行的協商，又不能分裂的兩難境地，就像亞伯拉罕在他告別巴別塔時那樣。然而，不管我們的自我為中心的思想如何，我們的相互依賴性依然主導著我們在

X 第十章 自由選擇的時代

某種意義上尋找著一種去合作的方式。因此，似乎唯一能夠打破這種僵局的方式就是——如同阿斯拉格提出的那樣——學著如何去主動、自願地去「服務並且關心整個世界的幸福」。

如同我們先前論述的那樣，最近突然凸顯出來的自戀現象並不是偶然發生的，而是這個願望的進化發展到階段 4 時出現的必然結果。在卡巴拉中，這個階段又被稱為「最後一代」（The Last Generation）。「最後一代」這個術語並不意味著所有的人類都將被滅絕。恰恰相反，在最後的一代中，人類應當透過發現它的天生的使命——也就是要變得像創造者一樣，去開始真正地去生存。「最後一代」這個術語意味著，在開始總體的改正之前，我們將是最後的一代，屆時，所有的人都將會發現那個驅動生命的力量——創造者。如同我們在第八章中論述過的那樣，《光輝之書》以下面這種方式描述了這最後的一代：「在一天結束的時候，在最後一代中，當您的著作（《光輝之書》）從下面浮現出來時，因為有了它，您將會使這片領域不受約束（將願望從利己主義中解放出來，並改正它）。」（《光輝之書》注解，（《光輝之書》中的一部分），改正第六篇，第 24 頁）

對在這個最後一代將要發生的事件有著無數的描述，這些事件中的大部分都涉及到人類的毀滅，並且提供了有關人類為什麼註定要滅亡的大量解釋。回溯到 1992 年，奇克（Chick）出版公司出版了一本名為《最後一代》的卡通福音圖書，我認為這本卡通書中的精神在書中一名主角的台詞中被最好地反映了出來，「我們可能會很快搬到我們在天堂的公寓裡去」。另外有一個網站公佈了「末日

時代的 10 個徵兆」。這篇文章的作者聲稱,「我認為我們是最後的一代」。有一本書,由自然科學家和新聞記者弗萊德・皮爾茲(FredPearce)撰寫的《最後一代:自然如何在氣候改變中報復人類》,用其書的名稱說明了一切。

卡巴拉學家也指出我們的這個時代,就是最後一代。事實上,卡巴拉學家們將 20 世紀的結束稱為這個最後一代的結束,並且暗示從那以後就會是一個改正的時代。因此,18 世紀偉大的卡巴拉學家維爾納・家翁在他的典籍,《斑鳩的聲音》的序言中寫道,「從 1241～1990 年的這個階段是救贖開始的時期……」同時,在該書第一章註腳 53 中,他的門徒和家人,里弗・希勒爾・施克羅夫(Rav Hillel Shklover)寫道,「(關於)最後一代,作者(維爾納・家翁)在以下的經文中的最後一代,『你也許要講直到最後一代(《聖經》詩篇 48:14),指的就是 1740～1990 年這一階段……』」

同樣,我的老師巴魯克・阿斯拉格(Baruch Ashlag)告訴我,他的父親耶胡達・阿斯拉格在 1945 年曾經預言,在五十年內,也就是 1995 年,那時將會是卡巴拉智慧為世人所知道的開始時刻,卡巴拉智慧將開始公開亮相登場,同時人們也將想要來學習它。在卡巴拉中,類似於年和日這樣的週期常常被用來描繪某種改正階段的進行過程,而不是用來描述實際時間的流逝和長短。因此,當他的學生詢問說,他所指的是實際的年分還是精神的階段,即改正的階段的時候,他回答道,他所指的是實際的年分。

實際上,與我們現在很多所預言的世界毀滅之日不同,卡巴拉預測的是一種完全不同的場景。從中世紀末期開始,卡巴拉學家已

經預言了透過對《光輝之書》也就是透過對那個給予的法則的研究，人類將會從絕望上升到極度的幸福。庫克（Rav Kook）在《光明》（Orot）中寫道：「現在，時間在催促並強迫著我們獲得內在於Torah（卡巴拉）中的大量的財富。《光輝之書》開闢了一條新的路徑，設置了航線，在荒漠中築起了一條高速公路，……而且它的所有力量都準備打開那扇救贖的大門。」

來自科爾馬諾的裡烏・伊札克・耶胡達・薩芬在《保持仁慈》（Notzer Hesed）中寫道：「如果我的人民在彌賽亞時代留意到我的話，那麼當邪惡（利己主義）和異教（對創造者，即給予的遺忘）在增強的時候，他們就會日夜致力於對《光輝之書》和改正篇《光輝之書的一部分》，以及對阿里的著作的鑽研。」但其中最偉大的成就莫過於阿斯拉格完成的對《光輝之書》的完整翻譯和注釋，他將《光輝之書》全書由其母語——亞拉姆語用現代語言翻譯過來，對全書進行了完整的《Sulam》階梯注釋（這就是他的尊稱Baal HaSulam的來歷），並且撰寫了不少於五篇對《光輝之書》的介紹和序言，使得這一偉大的著作能夠被我們這一代人所理解。

38 瞭解系統的需要

我們已經闡明，階段4需要一種與先前階段有著本質區別的願望，它是一種不僅要享受生活，而且還要變得像創造者一樣無所不知、無所不能的願望。我們也說明了為什麼我們需要一種新的做法來對這種願望進行改正的原因。同時，就改正而言，卡巴拉並不是指對任何人的任何品質、特徵以及特性的壓制、鎮壓和禁止。而且，那樣做的話，將是進化的倒退，將只會導致它一有機會就會以雙倍的力量爆發。

在階段4中，如同我們在本章前面說過的那樣，這種改正一定要是自願性的。到現在為止，我們已經變得如此地遠離自然，如此地和生命的完整性的感知相分離，以致於只為我們自己的利益行動，只為自己思考，而且只為自己著想，並且不知道甚至還有另一種方式是可行的。

然而更糟糕的是，我們沒有認知到以這種方式生活就不能產生一個健全的完整的生命。如果事物不是遵循這種方式的話，那麼《小船長》（我們在序言中曾經提及）中的歌詞，「是的，先生，整個世界都應該圍繞著我運行」，就不會在任何人心中產生共鳴，而且秀蘭·鄧波也絕對不會成名。

在生命的每一個領域中，個人，實際上這整個全球社會都正在不顧後果地努力獲得最大的極限值。在我們個人的生活中，我們中

X 第十章 自由選擇的時代

的很多人都屈從於克里斯多夫·拉什（Christopher Lasch）教授稱為「自戀文化」的現象中：我們在Facebook和MSN空間中吹噓自己，我們比任何時候都更能欣然與配偶離婚，同時我們也在尋求從來沒有過的新穎方式來表達我們自己。做為回應，公司和公共服務提供商們甚至設計出了更加「自戀」的方式來迎合我們的自我中心和以指數級增長的對唯一性的渴望。例如，星巴克，在它們的咖啡功能表中提供了近兩萬種的咖啡組合。

第一投資銀行建立了「信用卡實驗室（CardLab）」，您可以在那裡訂製信用卡，將任何您想要的圖片印製在信用卡的背面。而Facebook網站竟然是如此地以自戀為導向的，以致於它建立網站的目的就是使自我吹噓成為一種時尚。蘿拉·布法蒂（Laura Buffardi）和W·基斯·坎貝爾教授（W. Keith Campbell）在佐治亞大學發表了一篇研究報告，說明「自戀者也正用著與Facebook網站相同的方式用在他們的其他關係——即透過對數量而不是品格的重視來進行自我宣傳」（在好友及關注名單中盡可能多地添加好友，而不管這些好友中有沒有一個能產生出實際上真實和持久的關係）。

由於我們是如此地自戀並且與自然是如此地脫離，以致於我們會感覺我們可以不服從於自然的規則，並且我們能夠做任何我們想做的事情（雖然這種情況目前已經正在開始漸漸改變）。這樣的結果就是，唯一可能使我們瞭解自然如何運行的方式就是，我們是否選擇去研究它。換句話說，有關如何在自然系統內運行，並且在自然系統的利益面前屈服我們的利己主義利益，從而得到自然系統的支援，甚至成為一直被人類拒絕的自然系統的管轄者。因此，如果

我們想要瞭解這種知識，那麼我們必須透過我們自己來獲取這些知識。同時，要做到這一點，我們必須瞭解自然在所有的層面上是如何運行的，而不是僅僅瞭解自然在我們的感官可觸及的範圍內的運行方式。

而這一點恰恰是卡巴拉的目的之所在：教會我們以正確的方式去模仿創造者，模仿真正的利他主義，並因而將我們引導到一種當前無法察覺到的水準之上，並將其變得像我們所看到的自然一樣真切地存在。如果沒有感受和領會到現實的另外一半，我們將會在錯誤的道路上越走越遠，直到我們自己遭受如此大的痛苦，以致於最終我們將被迫去研究學習自然的運行方式。

如果想理解這種資訊對我們的生命有多麼重要，請設想一下下面的場景：假設您現在是一個原始人，正站在一個房子裡，面對著一面乾燥的，如同岩石一樣堅硬的白牆。雖然我們根本看不到它的「樹幹」在哪裡，但在牆壁上伸著一塊像岩石一樣堅硬、閃著灰色光芒的「樹枝」。

這時，當你站在那裡，充滿迷惑地凝視著這種奇怪的景象時，有一名女士漫不經心地走近了這根「樹枝」，並且像揉捏嫩芽一樣用雙手將樹枝擰了一下。同時，看啊！那個樹枝中湧出了大量的水。您可能會想，她一定是一個神！但如果您會說她的語言，並且詢問她是如何做到這一點的，她就會向您解釋，其實這種「樹枝」是一種被戲稱為「水龍頭」的東西，水龍頭連接著一根水管，並且這根水管依次連接著更粗的水管，所有相鄰的鄰居家的水管都是互相連通在一起的，並且一直連接著延伸到河流中去。在河流中，有一台

巨大的機器將水抽出，並且透過管道送到附近社區的所有人家裡去。如果不瞭解這整個系統，我們就會像一個原始人一樣，迷茫地注視著這個可見的世界，並試圖去發現這一切運行的方式。

同時，如果不向這些已經知道的人，也就是卡巴拉學家學習的話，我們想出這個自然系統的運行規律的機率就會像那個原始人能夠瞭解到水是如何從河流經過水管管線流到家庭中那樣的機會一樣。

然而，同時也是重要的一點，上面的所有這些相關論述並不意味著我們都必須去學習卡巴拉或者是《光輝之書》。而是只意味著我們將不得不去瞭解在我們當今的這個相互聯繫的全球一體化的世界中，存在著一個最基本的生命法則。

同樣地，我們沒有必要在成為核子物理學家之後，才知道我們無法停留在半空中，因為有一種力量會將萬物都拉向地面，並且這個力量會使人從高處跳下來變得很危險。

然而，恰恰是因為這些知識都是我們可能會加以利用並為我們帶來利益的，所以，如果我們能夠知道從哪裡我們可以瞭解更多有關那個現實的隱藏部分的知識將是一件有意義的事，因為知道了它也許可以給我們帶來意料之外的收穫。

所以，學習如何在一個相互連接並且相互依存的世界裡如何行動，就成為了我們下一章的標題。

| 第十一章 |

一種全新的做法

第十一章　一種全新的做法

迄今為止,我們已經伴隨著對卡巴拉的解讀,從一個更大的視角廣泛地縱覽了宇宙和人類的歷史和結構。在描述了卡巴拉將現實視為一個單一的實體這一觀念之後,在這個現實中人類代表著一個最高層面的存在形式,也就是就我們所擁有的這個最強烈和最自戀的接受的願望而言,並且考慮到我們現在已經變得不可逆轉地相互依存和相互聯繫著,所以,現在是我們概括出人類需要做什麼才能夠轉變這個消極趨勢,引領人類步向光輝燦爛的未來的時刻了。

雖然人類在做為一個全球化的系統運行時有很少的經驗,因為我們已經習慣了將我們自己定義為個體或者屬於社會中的從家庭到國家的某個小團體,但是,當前的情形使得我們有必要擴展我們的視野。世界政治以及金融界的大多數領導人已經看到並承認了這種事實。

以聯合國前祕書長科菲‧安南為例,他在 2004 年 9 月 12 日的首屆年度相互依存日（Interdependence Day）的致辭中就這一問題發表了談話:「……我們即將進入一個新時代。在未來的日子裡……世界將被全球化的力量……以及世界人民之間不斷增長的相互依賴所改變。……我們變得越是相互依存,就越需要不僅僅是一個國家,而是很多國家一起發揮作用,共同決策,一起行動。由於政策制訂者們遠離那些生活受到影響的大眾,並且較少地考慮他們的利益,所以,除非經過精心策劃,否則這種過程將會產生『民主的赤字』。

因此,我們全體面對的挑戰就是以一種吸引大眾參與,而不是以將他們拒之門外的方式來管理我們的這種相互依賴性。公民們需要站在全球立場上思考和行動,只有這樣才能夠影響全球的決策。」

（引自由 Sondra Myers 以及 Benjamin R. Barber 編著的《相互依存性手冊：回憶過去、活在現在、選擇未來》）

在離現在更近一些的 2008 年 9 月，英國前首相戈登·布朗在幾次聲明中都涉及了全球化和全球責任的問題。「……每一代人都認為他們經歷了他們父輩所無法想像的變革——除了銀行倒閉、信用危機、三次石油危機、科技高速增長以及亞洲的崛起以外——現在已經沒有人對我們正生活在一個不同的世界和一個全球化的時代這一點產生任何懷疑。」隨後，布朗回顧了全球化的背景：「同時我們也瞭解，我們在這個全球化的時代中所面對的挑戰，並不是在上週或上個月才開始的，而是一種反映了我們這個世界較深層次的變化。」

布朗首相所說的較深層次的變化正在進行著這一點是正確的。在階段 4 開始的時候，就會引發集體主義和全球化。這個人類發展中的最後一個階段——也就是變得像創造者一樣的階段——不能由某個人獨自達到。這一階段要求亞當所有的靈魂碎片都結合在一起，同時透過這種結合，建立起創造者才具有的那種給予的品格。

我們所有人都是在階段 4 中產生出的那個願望的一部分，一種有意識地達成創造的目的——也就是變得和創造者一樣的那個願望的一部分。

因此，我們必須一起重新修復那個破碎的願望，那個破碎的靈魂。同時為了做到這一點，我們必須要重新團結在一起——從某種意義上講，就是我們都完全瞭解我們都是一（Oneness）——並且以

XI 第十一章 一種全新的做法

一種非常真實的方式來體驗我們的相互依存的真實性，而不是像我們現在這樣，只是有限地感知到它。

然而，對這種相互依存性的體驗只能是愛的結果。耶胡達・阿斯拉格在其《光輝之書的完成上的講話》一文中說，這是因為「當兩個人相互憎恨時，他們就好像東方與西方一樣相互隔離。而如果他們相互關愛……他們就會像擁有著同一個身體一樣密切相連。」

39 互相合作與自我實現

為了實現聯合統一,我們必須採取行動。不能停留在全球層面或者國家層面上,我們對這種聯合的意識在我們進行決策的過程中應當是一個恆定的因數,並且在決策所導致的行為中應該是一個不可分割的部分。我們一定要學會如何去以一個由很多共同合作的個體組成的一個單一系統那樣去進行思考,而不是把它做為一個由不同的、分離的,並且是隨意地相互作用的互不關聯的個體去思考。而且要想做到這一點,我們就必須要看到合作帶來的益處。

在教育系統中,無數的實驗已經證明了合作的益處。在一篇名為《一個成功的教育心理學故事:社會的相互依存理論與共同學習》的論文中,明尼蘇達大學的兩位教授,大衛‧W‧詹森(David W. Johnson)和羅傑‧T‧詹森(Roger T. Johnson),為社會的相互依賴理論提供了一個引人注目的案例。用他們的文字說,就是「在過去一百一十多年中,在合作、競爭以及個人主義取得的成就方面,進行了超過一千二百多項專題調查研究。從這些專題調查的結果得出的結論已經確認、修正、提煉並擴展了這一理論」。

在參考了跨越一百一十多年的研究中多如牛毛的文獻、著作以及各式各樣的出版物之後(為了閱讀的便利,我們忽略了它們的名稱),兩位詹森教授做出了說明,「社會的相互依賴性在個體結果受到他們個人以及他人行為的影響時就存在了」。這一點與依賴性有所不同,在依賴關係中,A方依賴於B方,但B方可能並不依賴A

XI 第十一章　一種全新的做法

方。他們聲稱，「有兩種類型的相互依賴，積極的相互依賴（當個人的行為促進了共同的目標的達成時）以及消極的相互依賴（當個人的行為阻礙了彼此的目標的達成時）」。

如果我們回顧一下先前章節中的克里斯塔克・弗勒實驗，同時考慮到卡巴拉學家早就做出的斷言——我們都是一個單一整體中的某個方面或部分，那麼現在這個道理就已經變得非常清晰，按照個人主義方式去行為，不但不明智，而且還無異於是一顆定時炸彈，因為這試圖去迴避在全人類的所有成員中存在著完全的全球化這一現實。

而且，當我們忽視這一現實的時候，現實就會無情地回擊我們，糾正我們，2008年的金融危機已經向我們明確地展示了這一點。

在建立起並瞭解了相互依存性的意義之後，讓我們再回到兩位詹森的實驗中，他們在合作式學習的效果與普遍採用的個體式、競爭式學習的效果之間進行了比較。

對比的結果是不容置疑的。就個體的責任性與個人的可靠性而言，他們總結道：「積極的相互依賴可以在團隊成員的行動的動機中創造出責任的力量——一個人應當做好他的分內事，做出他的貢獻，並且達到滿足同伴所期待的標準。這種將團隊成員團結在一起的積極的相互依賴會產生出責任感：（a）完成每個人個人的工作分額，以及（b）促進團隊中其他成員的工作的完成」。

此外，他們還寫道，「當一個人的表現影響到合作者的結果時，那這個人就會感到對合作者的福祉以及對他或她本人的責任感。使

自己失望誠然不好，但像使自己失望那樣使他人失望將更糟」。用另一種方式來說，積極的相互依賴將具有個人主義傾向的人轉變為關心他人並且具有合作精神的人，與當前個人主義發展到自戀的程度的趨勢完全相反。

兩位詹森將積極的相互依賴定義為「一種在個體之間的目標達成的正相關，在這種正相關的情形下，個體們認識到：在，而且只有在那些和他們合作式聯繫在一起的其他個體們都獲得成功的時侯，他們才認為他們自己實現了他們的目標」。

他們將消極的相互依賴定義為「一種在個體之間的目標達成的負相關，在這種負相關的情形下，個體們認識到：在，而且只有在那些和他們競爭式聯繫在一起的其他個體們都失敗的時侯，他們才認為他們自己實現了他們的目標」。全球一體化使這種積極的相互依賴成為了必須。換句話說，要不是我們都達成我們的目標，那麼就是我們每個人都達不到自己的目標。

然而，要想真正地去合作，我們需要感覺到我們是相互依賴的。如果不能明確地感知到我們能夠透過合作所獲得的益處，那麼我們就簡單地說根本就沒有努力去將自戀轉變為集體主義的動機。雖然2008年的金融危機已經證明了我們在經濟上是相互依賴的，但無論媒體對它進行多麼廣泛的討論，這種共識卻並沒有擴散到一般的大眾中間。

為了演示合作的益處，兩位詹森測量了那些合作性的學生的成績，將它與那些具有競爭性的學生的成績之間進行了對比。「具有

XI 第十一章 一種全新的做法

合作性的學生的平均成績的標準差比處於競爭或個人主義情形中的學生的成績的標準差高出 2/3。」要理解這種高於平均值的偏差，請想像一下，如果您的孩子是一名平均分為 D 的學生，藉助合作，他或她的平均分將會躍升至 A+ 的平均分水準，這絕對是值得研究的。

同時，他們寫道，「當與競爭性和個人主義進行比較時，合作會促進長久的保持力，更高的內在動機以及對成功的期望、激發更多的創造性思維……，並且對功課和學校產生更加積極的態度」。

在前面的章節中，我們說過，透過實施利他主義行為，我們模仿了創造者——也就是那個創造並且推動了萬事萬物的發生和發展的給予性力量。

我們還說過，就像兒童模仿成人而成長為成人一樣，我們透過模仿創造者，將會變得像創造者一樣。雖然沒有意識到這一點，但是透過合作，這些學生就是在仿效那個給予的法則，這使得將自己的自我利益屈服於他們所賴以生存的環境，也就是他們的團隊利益。

而且，這些學生不是達到所在團隊的平均水準，而是直接成為了具有 A+ 水準的學生。這就是他們從對那個掌控著生命的法則即給予的法則的模仿中獲得的益處；其他的益處將會在下文中詳述。

40 二者擇一

上述章節說明了合作帶給個人的益處。透過眾多的調查研究，兩位詹森教授證實了在團隊中的工作效果比單獨工作的效果更具回報性。那麼，我們為什麼不一直進行合作呢？如果我們由接受的願望所構成，並且能夠透過合作得到更多的話，那麼我們為什麼不進行合作呢？

那麼，即使這一千兩百項研究都證明了共同工作優於獨自工作，那麼我們為什麼沒有徹底將這種合作納入我們的教育體系呢？導致這種情況的我們的天性是什麼呢？而且，學校（以及整個教育系統）、媒體、運動界、政界，甚至大部分的父母親仍然在鼓勵他們的子女朝著與合作完全相反的行為方向——去變得更具競爭性和更加個人主義前進，為什麼呢？

出現這種情況的原因就在於階段 4，我們不再滿足於獲得更多。獲得更多是我們在階段 3 中想要實現的內容。在階段 4 中，我們的主要願望是比其他人獲得更多。我們想要變得獨一無二並且優於別人，就像創造者一樣。這樣，我們可能會很難提供出切實和無可辯駁的證據來證明共同工作優於單獨工作，但是，如果我們感受不到情況是這樣的話，那麼，我們的自我也不會服從於這種觀念。在階段 4，在我們能夠找尋日常生活的策略去改善我們的環境之前，解決方案必須先滿足我們的自我。

XI 第十一章　一種全新的做法

在《世界的和平》一文中，巴拉蘇拉姆詳細闡述了我們對獨特性的感受：「每個人以及所有人的本性就是為了其自身的利益而剝削利用世界上所有其他人；而所有他對別人的付出也是出於必要；即使是在這種給予中，也存在著對他人的利用，只不過這種利用是在狡猾地發生著而已，因此他的朋友們並不會注意到這一點，並且會自願地讓步。」

巴拉蘇拉姆解釋道，「發生這一切的原因，是因為人類的靈魂源自創造者，是由創造者那裡擴展而來，而創造者是獨一無二的唯一（指的是那個創造並且維持著這個世界的單一的給予的法則），因而人也會認為，世界上的所有人都應當在他的控管之下，並且應當為服務他個人的私利所用。而且這是一條無法抗拒的法則。唯一的不同存在於人們的選擇上：一種選擇是透過獲得更低級的願望來利用他人，另一種是透過獲得管理權來利用他人，而第三種則是透過獲得尊重而利用他人。

此外，如果人們能夠不用花費太多的努力就可以達成這一目標，那麼他將會使用所有這三種方式的組合——財富、管理控制以及尊重來利用整個世界。

然而，他是參照自己的可能性和能力來被迫進行選擇的。這一法則可以被稱為『在人類心中的奇異性（Singularity）的法則』。沒有人能夠逃脫這一法則，同時每一個人都在這一法則中分擔著自己的那一部分」。

先前的章節中解釋了自戀和以自我為中心是現今年輕人的主要特性的原因。但問題並不在於我們中有多少人表現為這樣，問題更

在於我們正在變得越來越自戀和以自我為中心。在西方世界中，自戀已經發展到了這樣一種程度以致於維持社會結構正在變得越來越困難。

2006年12月15日，《紐約時報》的薩姆·羅伯茨（Sam Roberts）發表了一篇名為《結婚就是落伍》的文章，在文章中，他提到了我們在序言中提及的人口普查。這篇文章顯示，「在美國家庭比重中數量在逐漸下降的已婚夫婦，最終已經滑向了少數派……由人口調查局發起的……美國人口調查……表明，2005年，49.7%的家庭由已婚夫婦組成，比五年前的52%有所下降」。

此外，羅伯茨還透露：「未婚夫婦的數量有所增加。從2000年開始，那些被認定為未婚異性夫婦的數量提高了14%，男性未婚夫婦的數量提高了24%，女性未婚夫婦的數量提高了12%。」

耶胡達·阿斯拉格詳細地描述了他預見到的人類在改正期間將出現的那種生活狀態，如同先前章節中說明的那樣，這個時代將始於20世紀後期。幾年之前，我們出版了阿斯拉格所撰寫的關於這一時代名為《未來一代》的著作。

在他的著作中，他描述了人類可以透過兩種方式（兩條道路）揭示那個給予的法則（在這書中他將其描述為「完整性」）——一條是光明的道路（給予）以及另一條苦難的道路。用他的語言來說，「我已經說過，有兩種發現這種完整性的方式：光明的道路以及苦難的道路。

因此，創造者……向人類……提供科學技術（他並沒有說這種技術本身是一件壞的事情），直到他們發明出了原子彈和氫彈。如

XI 第十一章　一種全新的做法

果這註定將帶給人類徹底的毀滅對這個世界而言還不夠清楚的話，那麼，他們（人類）還可以等待第三次世界大戰甚至是第四次世界大戰的到來。這些炸彈將會履行它們自己的使命，同時在浩劫之後的人們將會沒有選擇地使他們去承擔這項工作（指進行團結聯合），那時個人和國家為自己的生計而做的工作和努力都不會超過其必需，而他們每一個人都將為了其他人的利益而工作（即根據在賴以生存的宿主系統的利益面前屈服自己的自我利益的法則）。

如果世界上所有的國家都同意這一點，那麼世界上就不會再有戰爭；就沒有人會再去關心他自己的利益，而只是關心他人的利益。」

阿斯拉格用下面這段話為這一章做出了總結：「如果您選擇光明的道路，那麼，一切都會很好。而如果您沒有選擇這條光明的道路，那麼您就會走在苦難的道路上。」

換句話說，戰爭將會伴隨著原子彈和氫彈的爆炸而爆發，同時整個世界也將會去尋求避免這場戰爭的建議。

然後，他們就會轉向彌賽亞（指的是第六章中說明過的，那個將我們從利己主義拉出的力量）……而彌賽亞將教人們使用這一法則。」精確地講，我們不得不去變得像創造者一樣；除此之外，我們沒有別的選擇，唯一的問題是我們要如何去實現這個。

41 將自然的法則做為指引

我們假定一場世界大戰，是一條我們不願意走的道路，更不用說是全人類一起毀滅的核戰爭了，留給我們的就只剩下另一條道路可以探索——這就是光明之路。在第二章中，我們曾經說過「光」這一術語，它指的是當接受的願望（而這正是我們的宇宙萬物和人類的本質）被快樂充滿時所經歷的一種充分的喜悅的感覺。現在我們可以加上一點，因此，當我們達成創造者的水準，也就是獲得創造者的品格時，這種快樂就能夠被感知到，因為這正是我們在當前我們的願望所處的階段所需要獲得的快樂。

想要獲得光明，我們並不需要所有人都去研究卡巴拉。我們需要做的是只是去模仿，只需要瞭解我們所模仿的事物是什麼，以及我們透過模仿想達成的狀態是什麼就可以了。我們先前曾經說過，幼兒透過模仿成人來進行學習。同樣的道理也適用於我們：想要獲得那個給予的品格，我們需要在我們所處的關係中去模仿它。

《我聽見的》（Shamati）這本書中包含了耶胡達・阿斯拉格在各種場合下進行的談話，巴魯克・阿斯拉格以耶胡達・阿斯拉格之子和偉大的卡巴拉學家的身分將這些談話用書面的語言記錄在了這本書中。在其中的第七篇談話被稱為「成為第二天性的習慣」一文中，阿斯拉格寫道：「透過使自己習慣於某件事，這件事就會成為這個人的第二天性……這意味著，雖然這個人對這件事（這件事就是指那個給予的法則）毫無感覺，但透過使這件事成為習慣，人們仍然可以這樣從中體驗這件事。」

XI 第十一章　一種全新的做法

這看起來似乎是再簡單不過或者甚至有點天真，但如果我們考慮到我們當前的利己主義的水準，我們將發現，這遠比看上去更具挑戰性。

事實上，在我們當前的以自我為中心的利己主義水準上，我們將會迅速變得不可能積極地與任何人產生聯繫，除非，像阿斯拉格所說的那樣，是「出於（滿足自己私利的）必須，而且即使是那時，在其中仍然有對他人的利用，只是這種利用也是在狡猾地、巧妙地發生著而已，因此，他的朋友們將不會意識到這一點，並且會自願地讓出而已」。

按照阿斯拉格在《未來的一代》中進行的論述，這種解決方案是「重新再回到學校」。換句話說，就是我們需要學習那些基本的自然法則以及生命的目標：

1·在整個現實的基礎上，有著一個給予的願望，叫做「創造者」。

2·在人類的內心的最深處，有著一種接受這種給予的願望想要傳遞的某種東西的願望，而這某種東西正是那個給予的願望（創造者）渴望給予出去的東西——完全的力量、完全的覺知以及徹底的控制。

3·為了接受到上面描述的那個給予物，人們自己必須要變得像這種給予的願望本身——也就是變得和創造者一樣——並因此而自動地擁有那個創造者所擁有的東西——完全的力量、完全的覺知以及徹底的控制。這就是創造和生命的目標。

正如兩位詹森所說明的那樣,一旦我們意識到相互合作所獲得的回報遠遠大於個人利己主義行為方式得到的回報,合作和分享就會變得容易。如果沒有意識到這一點,我們的自我只會使合作和分享變得越來越困難,同時最終將會無視所有的利益,並阻礙所有這些可能性的發生。

阿斯拉格在一篇相當獨特的描述自我主義對我們的控制的文章中寫道,利己主義是一種邪惡的傾向,它正手持著一把在劍尖上黏著毒汁的毒劍漸漸地逼近我們。

在他的寓言中,阿斯拉格描述了人類如何被這把毒劍所迷惑,並且變成了他的自我的奴隸,儘管他知道,「在最後,從這把毒劍上滴下的苦澀的毒液將進入他的體內,而這將徹底地將他的最後的一點生命從他的身上奪去(與創造者分離)」。

以上話語也許會讓我們認為巴拉蘇拉姆相信我們已經完全喪失掉了並且我們註定要受苦受難。但情況並不是這樣,我們擁有一個高效的可為我們所利用的工具:社會。我們已經簡要地闡述了社會的影響。但真實情況是,社會對我們有著將我們塑造成任何我們願意成為的樣子的能力。

在巴拉蘇拉姆的著作中,巴拉蘇拉姆說:「可以想像到的最大的快樂是受到人們的擁戴。為了獲得一定程度的那種快樂,即使花費一個人所有的能量和物質快樂都是值得的。這就是在所有時代中吸引那些最偉大的人的磁石,而為了獲得它,他們甚至對他們自己肉體的生命都看輕了。」

XI 第十一章 一種全新的做法

　　所以，為了改變我們的社會行為，我們必須將我們的社會環境從一種提倡個性發展的環境轉變為一種弘揚相互合作的環境。

　　用實用性的語言表達就是，我們可以利用媒體展現團隊合作可產生比個體工作更好的結果，以及惡性競爭是對一個人的事業，健康甚至一個人的財富都是有害的行為。

　　如果我們懷疑這是可能實現的嗎？那時因為媒體現在正在告訴我們它是不可能的。但如果媒體告訴我們其他的呢？會發生什麼呢？我們需要做的就是創造出這樣一個正確的狀態，而這個正確的狀態就會自己顯化它自己。

　　人的本性是利己主義的，所以，我們天性上傾向於孤立和競爭。但是自然的本質卻是整體性的，給予和利他的。

　　所以，它自然地傾向於合作。向自然的其他部分一樣去行動，而不顧我們的天性傾向的反抗，正是我們的自由選擇之所在，並且這就是可以使我們變得與自然類似（與創造者同等）的東西。利用社會環境鼓勵我們沿著那個方向前進是一個不會允許我們迷失的工具。

將變化應用到生活中

　　我們並不需要到太遙遠的地方去尋找這個生命的給予的法則的實現方法。當克里斯塔克和弗勒闡述他們令人驚訝的發現——人際關係網路的影響時，他們所依賴的現有證據其實是為了一個完全不同的目的而收集的：弗明漢姆心臟研究，一個研究心臟病根本起源的專案。弗明漢姆心臟研究中的研究者們之所以沒有發現這種人際網路的內涵，原因十分簡單：他們根本就沒有去尋找這些聯繫。

　　同樣，如果我們只像分析現有資料那樣去尋找這些方法，就會有很多發現這個給予的法則的效果的方式。本章中由兩位詹森揭示出的那個社會相互依賴理論，就是一種觀測這個給予的法則對系統的影響的方式，同時也還有很多其他觀測這種效果的方式。

　　在我與科學家、哲學家和系統理論學家歐文・拉茲洛（Ervin Laszlo）教授的討論中，我們發現，每一個系統理論學家都知道，如果沒有組成該系統的個體利益在整體利益面前的犧牲，那麼任何系統都不會維持長久。在我與進化生物學家伊莉莎貝特・莎托里斯、靈長類學家珍・古德（Jane Goodall）以及很多其他的學者們交換觀念時，也有著類似的一致的觀念。事實上，任何醫生、科學家或者生物學家都知道保持一個系統的平衡或動態平衡，如同科學家們說的那樣，整個系統的利益必須要先於其各部分的利益，科學家們用他們的名稱命名了這些原則，而卡巴拉將其稱為「給予的法則」。然而，從本質上講，這些法則是一樣的。

XI 第十一章　一種全新的做法

在本書先前的章節中，我描述了量子物理的先驅，沃納・海森堡（Werner Heisenberg）的觀點，「團結和互補構成了現實」。他的觀點也與他同時代的科學家埃爾文・薛丁格（Erwin Schrdinger）以及阿爾伯特・愛因斯坦的觀點類似。其他諸如網路科學，當然還有（現在看來）老生常談的蝴蝶效應和混沌理論等同時代的學科，都將這種相互聯繫性和相互依賴性做為了一種前提條件。

從消極的一面來看，對這個給予的法則的不遵從導致的後果是非常明顯的。如同那些在克里斯多夫・拉什所著的《自戀的文化》、特溫吉和坎貝爾所著的《自戀流行病》以及約瑟芬・巴拉德斯（Joseph Valadez）和雷米・克里格奈特（Remi Clignet）的文章《有關自戀文化的社會分析中的模糊性》中所展示的那樣，社會中不斷增加的隔離感以及在國際範圍上不斷攀升的孤立主義明確地證明了我們這個社會的不健康。

至於最近，如同本章中先前部分中提及的那樣，雖然支持團結統一的宣言再三地被重複，但自戀的負面作用仍然開始在一個全球的水準上凸顯出來。2009年12月3日，美聯社有一條消息稱，「孤立主義在美國人心中激增」。

一項由皮尤研究中心發起的民意測驗發現，「美國人正在遠離這個世界，在國際關係方面表現出了向孤立主義發展的趨勢，並達到了四十年以來的最高峰」。

這項民意調查還發現，「49％的被訪者告訴調查機構，美國應

當在國際社會中『關注他自己的事務』，並且讓其他國家自己去盡他們最大的努力去處理他們的事務」。

人類在這種疏遠性上面表現出的另一個甚至是更加令人擔憂的方面就是饑餓。我們先前在本書中公佈了一組令人擔憂的資料，世界上有超過十億的人處於饑餓狀態。

但可能甚至更令人驚訝的事實是，在美國，「具有『缺乏食物保障性』的家庭數量由 2007 年的四百七十萬躍升至 2008 年的六百七十萬，同時處於這一狀態的兒童也從七十萬上升到一百一十萬——就是說，由於貧窮導致了食物攝取減少」。

《洛杉磯時報》於 2009 年 11 月 26 日發表了一篇名為《增長的饑餓浪潮》的社論。而僅僅十天之前，《紐約時報》的傑森‧迪帕爾（Jason DeParle）發表了一篇名為《美國的饑餓處於十四年的新高》的文章，文中聲稱，「農業部報導⋯⋯生活在不能獲得足夠食物家庭中的美國人的數量在去年迅速攀升，達到了四千九百萬，達到了從政府開始監控被稱之為『食物不安全性』的資料以來的新高」。

但問題並不在於缺少食物；問題是在於缺少相互的責任感，以及對於我們將會要不是共同存在，就會是一起滅亡這一生命的法則的理解的缺乏。

在美國並不缺乏食物，缺少的是合作和相互保障。在 2009 年元旦，《紐約時報》的安德魯‧馬丁（Andrew Martin）描述道，「牛奶，以及一系列諸如奶粉、黃油和乳清蛋白質的過剩，已經導致它

XI 第十一章 一種全新的做法

們在價格上出現暴跌」。馬丁繼續解釋道,乳製品被儲存在倉庫中,並且被故意從商場中下架,以阻止乳製品價格的繼續下滑。

找到一種令人滿意的安排來維持農民的經濟收入的穩定,同時也不剝奪數百萬美國人享有諸如牛奶之類生活必需品的權利到底有多難?很明顯,如果我們遵守那個給予的法則,即使是只在美國遵守這條法則,這種荒唐的事情也不會出現。

這樣,在我們的這個世界上,充滿著各種例證,既有對這種給予的法則的遵守產生的效果的例證,也有對這種給予的法則的違反導致的災難的例證。

所有我們需要做的就是,要想認識它的包羅萬象,就要認知到它的存在。而要做到這一點,我們就需要而且必須從教育做起。

43 培養相互責任

偉大的卡巴拉學家亞伯拉罕・庫克（Rav Avraham Kook）（1865～1935年，以色列首席拉比）在20世紀的幾個場合中說道，我們所有人都應當學習卡巴拉。然而，在某些情況下他也明確地說過，我們必須培育這樣做的新的方式。在已出版的著作《信件》第二卷的一封信中，他寫道：「我希望喚醒所有希望接近精神生命的年輕人。我們必須採用各種文學的技巧、各種生動並華美的文體，以及散文和寓言等等。如果我們中有人擅長詩歌，那麼就請他不要浪費他的天賦……我們必須要準備好我們的武器——我們手中的筆。我們一定要將這個神聖的財富全部翻譯為當代的語言，……使得它與我們同時代的人們更加親近。」

同樣，在《生命之樹的介紹》一書的序言中，耶胡達・阿斯拉格寫道：「我們必須建立卡巴拉學院並且編纂著作，來促進這種智慧在全世界的傳播。」透過使卡巴拉著作讓大眾觸手可及，阿斯拉格和庫克希望使這種智慧變得流行，這樣人們就可以瞭解生命的基本法則，並且可以瞭解如何針對不斷增長的利己主義來掌控自己的生活。如果他們的建議早早得到注意的話，那麼卡巴拉早在一百年前就已經流行了，而且人們也可能在第二次世界大戰的暴行之前就瞭解到了這個給予的法則。

然而，在卡巴拉中有一條法則，絕對不要自責地回憶過去，而只從過去提取出準備用於未來的經驗。可以確定的是向人們傳播這

XI 第十一章 一種全新的做法

個隱藏的自然規律永遠都不會太遲，這一法則無論隱藏與否，都在真實地影響著我們的實際生活。如同每個人都在學校中要研究學習物理學和生物學的基本原理一樣，當今的年輕人應該學習基本的卡巴拉知識。這不一定要用「卡巴拉」這個名稱，但是這必須要以傳授這些法則的根源做為基礎。現在，這些根源主要就是《光輝之書》、阿里的著作，以及特別要提出的，是耶胡達・阿斯拉格的著作——由於他與我們最接近，同時作品的寫作風格也最接近於當代的文體。

但卡巴拉並不是一種理論研究，同時也不應當以這種方式來進行教學。它應當在日常生活中進行運用：在學校中，這個社會相互依賴理論的原理可以做為一個良好的開端。如果兒童們在日常的學校生活中學著去應用這些理論，那麼他們將會在學校的教育以外的更多方面受益。

在先前提及的研究中，兩個詹森提出了幾個意義深遠的結論：「合作的經歷會產生合作的傾向以及個人自我主義傾向的消失，合作傾向則會導致親社會行為的參與意識和惡意攻擊行為的不參與。」

「如果學校希望阻止恃強凌弱的行為，並要促進親社會行為的發生，那麼合作性學習的運用以及努力幫助學生變得更傾向於參與合作看起來是非常有效的策略。」

「與夥伴進行合作性的工作並珍惜合作的結果遠遠比和同伴競爭或獨立工作對心理的健康幫助要大。合作的態度與一系列非常廣泛的心理健康指數都高度相關。更加明確地講，合作性與情緒成熟

性、經過良好調整的社會聯繫、強大的個人認同、處理逆境的能力、社會能力、對人的基本的信任和樂觀主義、自信心、獨立性與自主性、更高的自尊以及更廣闊的視野等都成正關聯關係。」

而另一方面，「個人自我主義的態度則與一系列廣泛的心理健康指數呈負相關關係，尤其還與一系列疾病、基本的自我排斥以及自我中心相關。」

「……社會相互依賴理論學家注意到，積極和消極的相互依賴都在個體中間製造衝突。」然而，「在合作的情況下，發生的是關於如何最好地完成共同目標的衝突。而在競爭的情況下，發生的則是誰輸誰贏的競爭衝突。」

在他們的結論中，他們也包含了有關他們稱之為「合作性學校」的結構的建議。雖然對這些建議的詳細說明已經超出了本書的範圍，但意識到合作性學習的效用有多麼廣泛是非常重要的：「在對合作性學習產生的實地研究中，大約有65%的研究項目……都證明了合作性學習在很多班級、課程領域、學分水準以及學生中都效果明顯。合作性學習過程被從學前班到成人教育中的很多教師在很多課程中、在不同的學生中、在很多國家和文化背景下運用著，並驗證了這一理論和概念性定義的清晰性。」

然而，同時也是非常重要的一點，可能與這些教學方法同樣有效的是，如果沒有把這個給予的法則以及生命的目的——就是最終變得像創造者一樣，連同這種相似性帶來的利益一併教給兒童的話，那麼，它們就既不能成功，也不能被接受。如果不提供這些資訊，

XI 第十一章 一種全新的做法

這個持續增長的利己主義最終將會征服所有進行合作的嘗試，並且最終將會使人們變得更加孤立，就像過去幾十年中我們看到它所起的作用那樣。

如同阿斯拉格描述的那樣，我們將會用那把沾著毒液的劍頂在我們的舌尖上，去品嚐這個自戀的甜蜜的甘露，然後死亡。

事實上，基恩・M・特溫吉的書，《我的一代人：為什麼當代的美國年輕人變得越來越自信、自負、想當然——並且比以往的任何時代都更加悲慘》，清晰地表達了我們的這個時代中的自我的陷阱（或者可以稱為「自我 — 旅程」）。

除了合作性學校的環境之外，努力使年輕人瞭解生命的目的，激勵他們迎接變革，還應該在家庭中應用那些在學校中學到的原則。否則學校價值與家庭價值的衝突將會使這些嘗試付之東流。

44 培育合作性的環境

在先前的章節中，我們提及了阿斯拉格的文章《自由》，他在文中寫道，人的思想是一個人所處的環境的反映。這就是為什麼青少年的家庭環境應當與在學校中提倡的合作價值相匹配的原因。美國教育部出版了一本名為《媒體指南——幫助您的孩子度過青春期的早期階段》的書，書中聲稱：「如果不考慮大眾媒體對青少年生活的強大影響，那麼就很難理解處於青春期早期階段的青少年的內心世界。這種影響與家庭、朋友、學校以及社會在塑造青少年的興趣、態度以及價值觀上進行著競爭。」遺憾的是，絕大多數的媒體所宣導的興趣和利益關注點都是消極的。

例如，由密西根州健康系統大學出版的線上出版物聲稱，「二至五歲的兒童平均每週要在電視機前耗費大約三十二小時的時間——觀看電視節目、DVD、數位視頻和錄影片或者玩電動遊戲。六至十一歲的兒童每週在電視機前耗費大約二十八小時的時間。」接著這篇文章詳細說明了這些觀看習慣的特性。「平均來說，兒童每年要觀看數萬條商業節目。這中間包括了很多不健康的飲食廣告。平均起來，兒童和青少年每年要觀看兩千條啤酒和紅酒的廣告。」此外，「兒童們還會在電視劇和電影中看到他們崇拜喜愛的人物形象吸菸、酗酒、進行性愛活動和實施暴力行為的景象。」

這篇文章聲稱，帶有暴力情節的電視節目甚至比以上更糟。「從上世紀 50 年代開始，已經有數千項研究想要發現接觸媒體暴力與實

際的暴力行為之間的聯繫。除了十八項研究之外，所有的調查都得到了肯定的答案……按照美國兒童科學會（AAP）的說法，『大量的研究證據表明，媒體暴力會促進觀眾對過激行為、對暴力產生麻木感覺、噩夢以及害怕受到傷害的發生。』」為了瞭解青少年的心靈能夠吸收多少暴力因素，請設想如下場景：「一名普通的美國兒童在十八歲之前，會觀看到二十萬次暴力行為和一萬六千次謀殺的電視劇集。」如果這一數字還不具警示性的話，那麼請想像一下，在十八年當中，有六千五百七十天。這意味著什麼呢：到十八歲的時候，在每名兒童每天的日常生活中，在電視上，他們平均每天將會暴露於三十次暴力場景，其中有2.4次涉及謀殺。

在芭芭拉·M·紐曼（Barbara M. Newman）教授和飛利浦·R·紐曼（Philip R. Newman）2008年出版的著作《貫穿一生的發展：社會心理方法》中，有著同樣的紀錄。他們在書中描述道：「暴露於數小時的廣播電視暴力中，會增加少年兒童的暴力行為傾向，並且會增加他們發怒的感覺、思維以及行為。這些兒童會被暴力幻想所俘獲，當他們觀看節目時，會參與到他們所觀看的電視情節中。」

在一個資本主義國家中，政府並沒有在電視和其他媒體中強制執行禁止暴力內容的法規。最多，政府可能會為限制這些內容做出努力，但上節的統計資料明確地表明了，這種努力總體上是無效的。這種限制應當來自大眾，而不是政府。人們應當決定他們想要觀看什麼樣的電視節目；而要做到這一點，他們必須決定他們想要成為什麼樣的人，他們想要達成什麼目標；但最重要的是，家長想讓他們的子女長大以後成長為什麼樣的成年人，以及他們想讓子女將來

在一個什麼樣的世界中生活。

當家長們希望他們的子女伴隨著一個有希望的未來成長時,他們就不會希望他們的子女加入抑鬱沮喪程度越來越深的青少年隊伍中。

電視、電影、網際網路以及各種大眾媒體依靠其收視率而存活。當大眾決定需要非暴力媒體時,那麼製片商、劇作家以及廣告客戶就會知道他們如何去創造出非暴力以及迎合觀眾審美取向的合作性的節目,紐曼的著作中這麼解釋說。

媒體是學習的輔助者,並且也是一種平等的民主的媒介,在某種意義上媒體內容卻取決於觀看者的觀點如何。在最後,媒體傳播的就是我們想看到的,否則,這一產業就會破產。由於當今人類的絕大多數人都已經變得比以前更加自戀,所以大眾媒體節目的特性也是如此。而且,由於我們變得越來越以自我為中心,大眾媒體也在不斷地迎合著這種自戀和孤立主義的價值潮流。

然而,孤立主義和自戀在一個相互聯繫、相互依存的世界中是無法立足的。它們對社會就像癌症之於身體。所以,解決方案就是找到一種朝著對社會有建設性的方向駕馭我們不斷增強的利己願望的方法,而這在最後,每個人自身也會相應得到回報。這就是我們能夠上升至超越我們不斷增長的自我主義並實現團結統一的唯一方式。卡巴拉為我們提供的這一方法,就是利用這個新近獲得的人類的全球一體化意識,教人類認清維持著這個系統的給予的法則,以及(最為重要的)瞭解生命的意義和目的。如同我們先前所說的,這樣做的回報將會是,(對我們自己、我們的生命以及我們的世界)獲得「完全的力量,徹底的覺知以及完全的掌控」。但這一切只有

當我們選擇去團結合作時才會發生。透過這樣做，我們將會達成那個存在的目標——也就是創造的思想——並且最終會團結統一在一起，我們將會變得像創造者一樣。

而且我們可以在經歷很多次自然對我們的「勸說」後才選擇這樣去做，或者是選擇後一種做法，即透過利用環境，採用模仿的原則，以及意識到我們社會的這種相互依存性來主動這樣去做。在《和平》這篇文章中，巴拉蘇拉姆描述了兩種人——一種是那些在自願和知道的情況下，走向人生的目標從而收穫其利益的人，另外一種則是在不情願，不知道的情況下，獲得苦難的人。用他的話說：「這兩種人之間存在著很大的差異和很遠的距離，意思是指『不知道的情況下和知道的情況下』。第一種類型的情況是……巨大的災難會降臨到他們身上，這種災難透過從後面擊打他們迫使他們向前發展。因此，他們的債務（指在知道的情況下實現目標）在違背他們的意願以及承受巨大的痛苦下越積越多……，把他們從後面向前推進。

但第二種類型的發展方式，卻可以按照他自己的節奏還債……，透過重複這種（模仿和環境的影響）行為加速發展。……他們按照自己的自由意志，並用愛的精神追逐它來實現目標。毫無疑問，他們不會像第一種類型那樣承受任何悲哀和痛苦」，並且「加速了預期目標的實現」。

| 第十二章 |

突破過去，進入未來

XII 第十二章 突破過去，進入未來

寫到這裡，我覺得是開始對在這次極富學識和洞察力的思想探索之旅，做一下收尾的工作的時候了，我相信那些能夠讀到這裡的讀者已經是這個時代的勇士和宇宙奧祕以及生命意義的堅定的探索者。在此我深表敬意和感謝。我也相信，大部分的讀者已經開始對浩瀚無垠的宇宙進化，對紛繁複雜崎嶇的人類文明發展過程，有了一種全新的認識，並且隱約看到了一條逐漸地越來越清晰的宇宙進化和人類文明的歷史發展到現在的軌跡，雖然這在之前是不可能想像的，你也可能還處在依稀恍惚之中，「哇，真的是這樣嗎？真的這樣清晰、簡單、明瞭！？」我要說的是，「沒錯，就是這樣清晰、簡單、明瞭！當然這種清晰、簡單、明瞭是一種最複雜，最精深的清晰、簡單、明瞭！浩瀚如海洋，廣大如宇宙。要真正瞭解這種清晰、簡單、明瞭，你還需要大量的努力，不僅是學習，更在於你如何將學到的東西應用在你自己身上，最終使你自己真的能夠清晰、簡單、明瞭地『看見』我們在本著作中所講的那兩種隱藏著的力量（願望）相互作用形成的從歷史到現在的道路，沿著這條道路，你不但可以回溯歷史，知道現在，更為重要的是可以預見將來。因為只有你自己將你目前的本性改變成和創造者、自然的那種愛與給予的品質時，你才能夠變成創造者一樣：全知、全覺、全能。這樣你就有了真正看見未來的能力，而這才是真正意義上的智慧！因為智慧就意味著看見真正的終極目標，並知道如何到達那裡！」

我們在第一章中就談到，亞伯拉罕的發現是真正的大一統理論（GUT，Grand Unified Theory）。或者是有關一切的理論（TOE，Theory Of Everything）。你可能會認為，這是否過於簡單。是的，

非常簡單！簡單到讓人不可思議，簡單到在我們自己的身體中就能找到答案，在自然的一草一木中就能找到答案！但是為什麼我們人類到目前為止，人類那些偉大的宗教家、思想家、哲學家、心理學家、科學家們挖空了心思，分析總結了那麼多的現象，做出了那麼多的假設，從事了那麼多的實驗，創造了那麼多的理論，為什麼他們還沒有真正找到！或者說他們聲稱已經「找到」，但是讓做為普通大眾的我們就是感知不到，看不到，他們能做的只是讓我們沉迷於某種儀式造成的心理及精神幻覺之中，告訴你信則靈，讓你們盲目地相信連他們自己也說不清楚的那種虛無縹緲，以致於最後你會覺得精神完全與你的身體和思想是分裂的，使得最實在的精神變成了一種虛無，或者簡單地變成了一套束縛人類心智的精神鴉片，或者成了某種虛偽的道德遮羞布。而這正是卡巴拉智慧與其他任何教義的根本區別，卡巴拉智慧不是一套任何意義上的信仰體系，這個世界上你瞭解到的任何打著以卡巴拉智慧的名義，聲稱與卡巴拉相關的各種教義，其實都不是真正的卡巴拉，而且與真正的卡巴拉沒有任何的關係！相反，卡巴拉不允許你停留在任何盲目的信仰基礎之上，也不會讓你停留在你目前被你的利己主義本性控制著的理智所創造的侷限之中，而且，正是這種侷限使得你將自然感知成了這種物質世界，並且看到這個物質世界，尤其在人類層面充滿了各種分裂、仇恨、戰爭和痛苦！要結束這些，卡巴拉要求你必須透過改正你自己，最後親自感知體驗到那些卡巴拉學家們已經體驗感知的唯一的真實的現實！在那個現實中，你在這個物質世界感知到的那些邪惡將不復存在，存在的只是永恆和完美！

XII 第十二章　突破過去，進入未來

　　在 20 世紀的著名後人本心理學家肯・威爾伯的《性・生態・靈性》一書的開篇我看到一段有關宇宙大爆炸之後的宇宙進化的精彩描述：

　　「這個世界真是不可思議。大約在一百五十億年以前，尚是一片完全的虛空，然而，就在不到一毫微秒的時間裡，這個龐大的物質宇宙便轟然成形。

　　更令人不可思議的是，如此倉促生成的物質並非隨意安排，一片混亂，而是彷彿自成一種越來越複雜的組織形式。這些物質形式如此複雜，以致於數十億年之後，其中有一些找到了自我繁殖的途徑，就這樣，在物質之中產生了生命。

　　然而，這些生命形式顯然不滿足於僅僅可以進行自身的繁衍（reproduce），它們開始了漫長的進化，最終可以表徵（represent）自己，可以製造符號、概念，於是在生命中誕生了心智。

　　然而與此同時，無論這種進化過程是什麼，它彷彿是在被一種難以置信的力量推動著——從物質到生命再到心智。

　　而且這種令人不可思議還在繼續：不過幾千年前，在一顆微不足道的恆星的周圍的一顆無足輕重的行星上，進化對它自身產生了意識。

　　也正是在同一時間，進化意識到它自身的那個機制同時也開始在造成它自己的滅絕（extinction）。

　　這是最令人不可思議的。」

我想讀者如果已經讀到這裡的話，那麼你對以上這些一直持續困擾著科學家們的問題已經很「清楚」了吧！我並沒有往下繼續看威爾伯先生的這本著作，我也不知道他最後如何以他的觀點解讀他自己提出的這一不可思議的謎題！如果他真的獲得和我們異曲同工的答案，那我祝賀他！

　　同樣，在威爾伯先生的這本著作中，我看到了現在已廣泛地被系統學家，例如我個人非常好的朋友，布達佩斯俱樂部主席，兩屆諾貝爾和平獎提名獲得者，包括《混沌之點》（The Chaos Point）在內的七十二本著作的作者，歐文・拉茲洛教授（Ervin Laszlo）廣泛採用的被科學家們稱作「全子」的概念！

　　「全子——永遠是另一個整體的一部分。原子本身是整體，但同時又是生物體的組成部分；分子本身是整體，但同時又是細胞的一個組成部分；細胞本身是整體，但同時又是生物體的組成部分；以此類推，每一個『整體』又同時是一個更大的整體的『部分』，即一個『整體／部分』，也就是全子。現實不是由物體、過程、整體或者部分構成的，而是由『整體／部分』，即全子構成的。」

　　我認為這是一個非常好的有關系統和整體的概念！與卡巴拉智慧不謀而合！當然，按照卡巴拉智慧的解釋，我們看到或者能夠感知到的物質，不論其存在形式如何，任其為複雜到人類以及動物的生命有機體，簡單到構成它們的細胞，再到構成細胞的分子，再到構成分子的原子，再到構成原子的電子、質子和中子，甚至包括現在科學家們正在瑞士的山洞中用強子對撞機，試圖模擬宇宙大爆炸，並找出構建宇宙的最小的基礎磚塊的最小的粒子，都不過是由那一

XII 第十二章　突破過去，進入未來

個唯一的力量產生的兩種願望，也就是給予的願望和接受的願望之間相互作用的結果在我們人的感官或其延伸儀器上觀察到的不同層面的進化結果！而它們之間的相互作用原理就構成了我們人類一直在探尋的自然的客觀規律。雖然，根據卡巴拉智慧，人類永遠不可能透過目前這種科學方法找到他們一直期待找到的那個最基礎的粒子！我們都是亞當共同靈魂的碎片，整個宇宙的創造就是為了使我們改正導致了這種破碎產生我們人類的本性，從而是這種分裂和破碎回歸到統一和一，也就是我們包括那些孜孜不倦在探索宇宙奧祕的科學家們一直在追尋的「一Oneness」。

但是，確實，我要給予我們歷代以來的思想家和科學家們以很高的評價，雖然他們的觀察侷限於在物質的現象層面，但是正像我們在本書中引用了很多科學家所取得的觀察結果和研究成果一樣，包括達爾文偉大的觀察結果。沒有他們的科學探索結晶和鋪墊，我們所講的卡巴拉智慧就會像是空中的樓閣一樣沒有根基，更不可能被人理解，因為畢竟卡巴拉智慧所表達的全部都是向我們目前人類的利己主義本性隱藏著的根源層面的事情！但也正因為如此，卡巴拉智慧才被故意隱藏了幾千年，在今天科學家所獲得觀察結果可以從我們都能夠感知到的現象層面幫助我們理解卡巴拉智慧的時候，才又重新揭示出來！坦白地講，卡巴拉智慧現在浮現出來正是為了幫助人類，一方面將所有的科學觀察、人類的科學結晶統一起來；將那些涵蓋了宇宙創造所有層面和視角的科學，包括物理科學、生物科學、動物科學、心理科學、社會科學、經濟科學等等統一起來成為一個認知自己、認識世界的完整體系，在它們之間形成無縫的

連接，消融它們之間的邊界，使它們最終從我們的感知層面也融合為一。使它們不再侷限於某一特定領域！因為，正如卡巴拉智慧所表達的那樣，自然或者講宇宙中的一切連同我們人類都是「一」。但是這種「一」卻絕不是一種虛無飄渺的概念，它與我們人類息息相關，與我們的幸福，與我們現在面臨的全面危機，與我們人類的未來福祉，與我們的生命存在和其意義緊密聯繫！所以，就在我們人類在目前面臨的空前的全球一體化帶來的危機挑戰目前越來越感覺從傳統的科學、哲學、宗教觀點，採用從前曾經成功的政治、經濟、金融手段不再有效，我們逐漸感到絕望和無法呼吸的今天，重新被啟示出來，這絕非任何巧合，由此我們也不得不驚嘆震驚於創造的智慧！實際上，這也正是卡巴拉在這個時候出現的歷史背景，而且，那些不為人知的偉大的卡巴拉學家們為這個偉大的時刻已經等待了幾千年，為的就是能夠在全人類真正需要她的時候將這個智慧帶給人類，以幫助我們全人類能夠突破過去，正確瞭解現在我們所處的狀態，並幫助人們看見未來的目標，從而幫助人類一起實現宇宙創造的終極目標，這種「一」才是宇宙創造唯一要實現的實在！

為了幫助大家更好地理解卡巴拉智慧，對卡巴拉智慧有一些更加深入的瞭解，也使大家更多地瞭解一下《聖經》到底是一本什麼樣的著作，為什麼宗教對《聖經》的解讀是一種錯誤的解讀，從而幫助人們更好地瞭解這個宇宙的奧祕和我們生命的意義，畢竟《聖經》、《摩西五經》或者《托拉》是卡巴拉的根本性著作，是一個人要透過其自由選擇，在精神探索之旅上所要經歷的所有狀態，所以，《托拉》又被稱為光的指引。

XII 第十二章 突破過去，進入未來

　　但是，要透過這麼一個篇幅的著作完全理解卡巴拉是不現實的，我在下面特別精選了幾篇發表在我的其他卡巴拉基礎著作中的短文，以供讀者進一步閱讀，希望對你們正確把握卡巴拉智慧有所幫助，同時也歡迎任何一位想進一步研究學習卡巴拉智慧的朋友同我們聯繫！

　　第一篇《顛倒的世界──認知世界的革命》介紹了卡巴拉感知世界的認知觀。這種認知觀正是卡巴拉智慧區別於任何其他科學或者哲學體系的關鍵。

　　第二篇《你到底是誰，以色列人？》進一步闡述了以色列人或者猶太人的特殊使命，以及他們所攜帶著的卡巴拉智慧與宇宙創造的奧祕以及人類的終極命運包括你自己的命運的關係。

　　第三篇《聖經到底在告訴我們什麼？》。

　　第四篇《為什麼我們至今還沒有讀懂《聖經》？──《聖經》語言的祕密──根枝語言》，則希望能夠幫助讀者透過瞭解《聖經》的語言結構，建立起對《聖經》這一卡巴拉著作的正確認知，從而為正確解讀《聖經》承載的有關生命的資訊打下基礎。

　　第五篇《光輝之書》──世界真正的奇蹟，則希望能夠讓讀者對卡巴拉智慧的另一本幾乎為世人所不知的最重要的著作《光輝之書》有一個初步的認識。

　　最後一篇《全球化危機十字路口的生存模式》則類似於在總結全書的基礎上根據卡巴拉智慧提出的唯一可行的應對現在面臨的這場全球一體化危機，人類突破過去，超越各種思想和意識形態、民族和國家利益之爭，共同進入一個光輝燦爛的未來的生存模式！

45 顛倒的世界——認知世界的革命

什麼是現實？我們如何感知它呢？現實是否在我們之外存在著，抑或現實只不過是依賴於我們內在的品質在內心裡建立起來的虛擬畫面？

對我們來講，現實似乎就是我們周圍所看到的一切：建築、人、整個宇宙……現實是我們能夠所見、所觸、所聽、所嚐、所聞的一切。這就是現實。真的是這樣嗎？

早晨，你睜開眼睛伸伸懶腰。新的一天到來了，外面陽光明媚，小鳥在歌唱。但你心裡最深之處卻覺得好像什麼地方有點不對勁。下床時你用錯了一條腿，而且最不想做的事情是起床。但你還記得昨天是完美的一天；起床的那一刻你就知道將會是美麗的一天，而且你愉快地過了一整天。可是今天，你就是不想起床。

那麼究竟是什麼改變了呢？是世界？還是你呢？

根據卡巴拉智慧，我們所知曉的這個世界其實並不存在。「這個世界」只不過是被人類所感覺到的一種現象。世界反映了人與其外在的抽象力量——自然的品質相吻合的程度。

那麼，在我們周圍存在著什麼自然力量？卡巴拉學家將之描述為具有絕對的愛和給予的品質的力量。此外，他們解釋說，人類的品質和自然的品質之間相等同的程度就是人所感知到的「世界」。

这意味著什麼呢？讓我們用收音機原理為例來說明。電台一直在廣播，但是，只有當我們將收音機本身的內部接收頻率調整到一定的無線電頻率時才能聽到其外在同頻率廣播的聲音。收音機是如何「捕獲」廣播聲音的呢？當它所產生的內部頻率和其周圍空氣中的聲波相同的時候。因此，收音機只有在改變它內部的頻率後，才能「捕獲」到你要收聽的廣播頻道的聲音，外面的那個廣播即使你不聽，其聲波也一直在那裡。

卡巴拉智慧解釋說，人們在使用一種完全相同的方式——也就是利用在我們自身內部所產生的「頻率」來感知外部的現實。換言之，我們感知到的現實完全取決於我們本身的內在品質。因此，你所感知的現實就是我們內在品質的反映，只有我們自己才能改變現實。

現實在自己的內心

為了理解我們感知世界的方法，讓我們把人比作開有五個「孔」（眼睛、耳朵、鼻子、嘴和手）的封閉的盒子。這些器官代表五個感官：視覺、聽覺、嗅覺、味覺和觸覺。我們正是透過它們才能感知現實。我們所聽到的聲音範圍、所看到的視野等，完全取決於我們相應的感官的感知能力。

讓我們看一下，聽覺機理是怎樣運作的。首先，收集的聲波到達耳膜並使其振動。耳鼓膜的振動在中耳引起三塊小骨震動，後者

將聲波輸送到內耳，在那裡信號轉為神經脈衝並接著傳輸到大腦。然後大腦把聲音資訊「翻譯」成聲音。就這樣產生「聽見」這一過程。換言之，該過程是在我們內部發生的。人類的所有的感官都是以這種相同的方式運作的。

任何來自感官的信號進入大腦的控制中心。在那裡，剛接收到的最新的資訊和我們記憶中已有的資訊相比對。基於這個比對，大腦描繪出一幅好像在我們「面前」所存在的這個世界的畫面。這個過程產生一種我們生活在一個特定的「現實空間」的感覺，即便那個現實空間其實是在我們內部。

那麼，我們真正感知到的究竟是什麼呢？其實，只不過是那些我們自己對外界刺激的內在反應而已——它絕對不是在我們外部實際發生的東西。實際上，我們就是這樣「被封閉囚禁於我們自己建造的一個黑盒子裡」，因此，無法知道外面所存在的到底是什麼。

所以說，我們所感知的現實的畫面取決於我們的五官結構和大腦中所儲存的資訊，更取決於我們的大腦（中央處理程式）如何解讀那些接收到的資訊。幾年前，科學發現用電刺激人腦能使人體驗到似乎處在某一個特定的空間和狀態時的感覺。

事實上，自然科學家已經知道不同的動物所感知的世界是不同的。例如，貓在黑暗中的視力是我們的六倍。狗的聽力遠比我們銳利和敏感得多——狗比人能夠更早聽到聲音。人類的眼睛只能看到在紫色和紅色波長之間的光，卻看不到紫外光和紅外線。因此，我們不能看見比紫色更短的波長，比如紫外線，也看不到紅外線。然而，蜜蜂卻能感知紫外線並利用其找出各種各樣的花。

XII 第十二章 突破過去，進入未來

這種例子很容易說明，如果人類還能擁有其他感官能力的話，人類所感知到的現實的畫面將會完全與我們現在感知到的「不同」。

這都是一場夢

卡巴拉學家解釋道，人可以透過兩個階段來感知現實，而且這兩個階段都完全是由人自身的內在品質所決定的。

在第一個階段，人的內在的品質是和自然的品質完全相反的「利己主義」。這就是我們現在擁有的控制著人類的行為的利己主義的品質，它使得我們感到與自然和其他人是分離的，甚至鼓勵我們利用別人為自己謀取利益。由於這種利己主義的品質，在這個階段上，我們所目睹的世界充滿著戰爭、掙扎、貧困和貪污腐化。

然而，逐漸地，生活的經驗使我們意識到這種利己主義狀態下的感知不能給予我們真正的幸福，因為在利己主義狀態下，利己主義接受快樂的方式使得人類無法體驗到持久的滿足。

在第二個更高的階段中，我們內在的品質轉變成絕對的愛和給予——正像自然力量的品質一樣。那些能透過這種利他主義的方式感知世界的人感知到所有人是怎樣做為一個單一系統中的組成部分一起運作的，他們全部都致力於互相給予從而建立起了一個可以感知到無止境的快樂的更高系統。

根據卡巴拉智慧，在第一階段的存在僅僅是我們經歷的一個過

程，第一個階段的存在是為了達到第二個階段的一個必然要經歷的過程，而它全部的目的就是讓我們能夠獨立自主地去改變自己對現實的感知。卡巴拉學家，即那些懂得如何改變感知方式的人，他們定義我們目前的存在狀態是一種「幻覺的人生」或一種「想像的現實」。

相反，卡巴拉學家把這種改正後的、完整和完美的存在稱為「真正的人生」或「真正的現實」。當我們回頭看著自己過去所處的這種利己主義的感知狀態時，他們將之形象地描述為好像那是一場夢一樣，而且是一場「噩夢」。

這意味著在目前這種狀態下，那個真正的現實是向我們隱藏著的。我們感知不到它，因為現在我們是依靠控制著我們的利己主義的內在品質來感知我們本身和外在世界。這時候，我們感覺不到全人類連同自然是做為一個單一的統一整體互相連接在一起的狀態，因為我們的本性（內在品質）排斥這種關係。銘刻在我們內部的自私自利的願望對這樣的連接也不感興趣，而這就是為什麼它不讓我們看到真正的現實的原因。

如果我們將自己的這種利己主義轉變成和自然的利他主義品質──愛和給予一樣，我們就將感覺並領會到一種我們以前從未感知到的、完全不同的周圍的世界。此外，我們曾經感知到的那一切也會顯得完全不一樣──即從分離、短暫和沒有意義的狀態變成統一、永恆和有目的的狀態。這就是卡巴拉學家在詩篇中所表達的意思，「我們看到的是一個顛倒的世界」（《巴比倫塔木德》）。

XII 第十二章 突破過去，進入未來

品嚐和發現

卡巴拉智慧教導我們，生命的意義就在於我們獨立自主地選擇從我們目前這個有限的利己主義存在狀態提升到那個真正的永恆的存在狀態。這種選擇就是人類的自由意志最終要做出的真正的選擇。

這該怎麼實現呢？唯一從利己主義感知中破繭而出的方法就是與存在於其外部的真正現實聯繫上。要這樣做，我們需要真正的卡巴拉著作，因為這些著作是由那些已經揭示了真正的現實畫面的卡巴拉學家們所撰寫。在那些著作中，卡巴拉學家告訴我們關於那個完美的、其實就在我們身邊的現實。我們僅僅需要改變的是我們內在的「頻率」（品質）以便「收聽到那個真實的廣播」。

當人們讀到有關真正的現實的著作時，籠罩在他面前的迷霧就會逐漸消失，真實的現實會逐漸變得清晰起來，而人們將慢慢地開始感受到那個真實的現實。事實上，卡巴拉學家解釋說，我們並不是透過理解卡巴拉著作本身改變自己的內在的利己主義本性。即使一個人根本弄不懂他所讀到的是什麼，人們去試圖理解它的那種渴望，會自動調整其感知能力。

「即使他們不理解他們所學習的，這種透過想要理解所研讀的一切的嚮往和強烈的渴望，就喚醒了圍繞著他們的靈魂的環繞之光……因此，即使人們還不具備那個精神容器，當他學習這個智慧

並提及和他的靈魂有關的那個更高之光以及精神容器的名稱時，它們立即以一定的程度『照耀』到他。」

——卡巴拉學家，耶胡達·阿斯拉格（巴拉蘇拉姆）

《對〈十個 Sefirot 的研究〉的導讀》

我們目前對現實的利己主義感知和我們最終將要達到的利他主義感知之間有著天壤之別。為了以某種方式描述這種差別，《光輝之書》將之比作一根小蠟燭發出的光亮和一個無限的太陽光之間的差別，或是一粒沙子和整個世界之間的區別。然而，如果你真的想要知道這到底意味著什麼，卡巴拉學家建議你自己去發現。

「品嚐，你會發現上帝是多麼的美好！」

（詩篇 34：8《聖經》）

46 你到底是誰，以色列人？

據統計，1901 至 2001 年的一百年間，共有六百八十位諾貝爾獎獲得者，其中有一個民族的獲獎者為一百五十二人，比例高達22%。這還不包括那些原子彈和氫彈之父們，也不包括像馬克思、佛洛德、畢卡索、卓別林等這些影響了世界的巨人們。而這個民族的人口卻不足世界總人口的 0.3%。如果推舉一個影響世界最深刻的單一民族的話，那麼，非這個民族不可，這個民族是誰呢？這個民族就是神祕的猶太民族。世界上幾乎所有的宗教、哲學、政治、經濟、科學技術，甚至戰爭和苦難都與這個神祕的民族息息相關，為什麼？實際上，這個民族承載著一個還一直向人類隱藏著的祕密，一個有關宇宙創造和每一個人的終極命運的祕密，而這個祕密揭開的時刻今天已經到來！

開始

在五千多年前的巴比倫，一種微妙而深遠的變化正在發生。在那個時候，兩河流域的美索不達米亞是一個孕育現代文明的熔爐和搖籃。

在這個階段之前的時間裡，人們只是滿足於他們的基本需要，他們過著簡單的生活，並滿足於在他們的頭頂有瓦，以及有必要的營養物品即可。他們並不渴望諸如職業生涯或較高的社會地位等等。

但是五千年前，人類逐漸開始感覺到生活不再令人滿意。這種意識標誌著人類在全球的進化過程中的一個根本性變革的開始。

當這種改變開始時，美索不達米亞在幾個方向上開始迅速發展。貨幣交易、貿易、稅收的發展，為現代農業奠定了基礎。隨之階級出現了，階級之間的差距逐漸拉大，人們被分成哪些是擁有更多的人，哪些是擁有較少的人。

根據卡巴拉智慧，人性的本質是利己主義，也就是自我對快樂的渴望。這解釋了人類在當時經歷的那個巨大的變化以及快速的文化和技術進步產生的動力。

巴別塔

利己主義自我的爆發產生了一系列關鍵的變化。看起來，好像巴比倫人已經被注入了一劑「利己主義興奮劑」，促使他們表現出無法控制的行為。

直到那一刻之前，巴比倫人與人之間都一直習慣於簡單的人際關係，並和平而平靜地生活在一起。他們做為一個單一的民族，說著同一種語言。事實上，他們就幾乎像親戚一樣，就像在《創世紀11：1》描寫的那樣，「而且整個地球只有一種語言並說著同一種聲音」。

因此，當這個沒有預先警告的利己主義爆發過程突然開始影響他們，巴比倫人並沒有做好準備，並且他們也不能瞭解為什麼它會

XII 第十二章 突破過去，進入未來

發生。這看起來就好像有一隻看不見的手，正在將他們像傀儡一樣操縱著，而他們卻不能控制它。

在這個變化之前，巴比倫人就已經向偶像和大自然的力量祈禱。在某種程度上，他們都被對他們開發出的那些偶像的恐懼和敬畏控制著。但現在，他們決定改變這個遊戲的規則。這非常像一個反抗其父母的孩子，這些巴比倫人受到自我的驅使，開始反抗來自上面的更高力量。他們試圖給自我一個比創造者更高的位置。這種對抗在《創世紀11：4》中被表達為建造一座通向天空，甚至超越天空的通天塔：「他們說：來，讓我們為自己建造一座城，和一個塔，其頂部直達天堂，並且讓我們為我們自己贏得一個名字。」

這個通天塔，是一座規模巨大的建築，象徵著他們自我想要主宰自然的衝動。巴比倫人試圖征服的天空象徵著那個更高的力量。

這次自我的爆發引發了幾種其他的現象，創造出了一系列沒有人能夠控制的連鎖反應。就在這次爆發後不久，那些巴比倫人相互之間變得不再能夠互相瞭解。從擁有一種共同的語言，開始發展出了多種語言，並且人們變得越來越相互疏遠，被迫分散到世界各地。這個不斷增長的利己主義就像一把刀一樣將人類分開，而且每一個人都變得越來越以自我為中心，不顧別人的需要。隨著時間的推移，實際的剝削開始出現。

順帶提一下，「巴別塔」名稱的起源是 Balal 一詞（希伯來語：混淆、混合的意思），以語言的混亂命名《創世紀11：9》：「所以，它被稱為巴別塔，因為耶和華在那裡混淆了整個地上的語言；並且耶和華將他們分散在全地上。」

亞伯拉罕的道路

亞伯蘭（Avram），特蘭的兒子，在當時和任何其他巴比倫人並沒有什麼不同。他也是一個偶像崇拜者。此外，亞伯蘭的家庭以製造偶像而聞名並受到尊敬，並透過售賣偶像過著很好的生活。

亞伯蘭的自我，也同樣開始增長。然而，亞伯蘭不同地應付了這個新出現的情況。那種對偶像的力量的普遍信念並不能使他滿意；相反，他想要得到更多。

因此，亞伯蘭發現了先前沒有人發現的東西：他瞭解到人們在自然地屈服於利己主義的自我，而自我現在正在操縱著他們的生活。此外，他發現人們可以使用這一相同的自我創造出一種積極的變化。他觀察到那些巴比倫人，直到最近之前都像親人一樣生活著，現在卻變得越來越疏遠，並且試圖教導他們如何彼此實現團結，儘管利己主義已經爆發。

亞伯蘭（Abram）試圖向那些巴比倫人解釋，如果他們把兄弟友愛置於他們正在爆發的自我之上的話，他們就能獲得和那個更高力量再更深層次的結合。亞伯蘭的教義的本質是，自我的作用不是要將他們驅使得越來越相互疏遠，而是要加強他們彼此的愛和團結。亞伯蘭教導他們，正是透過維持那種團結的努力，那個更高的力量將在他們當中被揭示出來。

做為他已經達成創造者的崇高的標誌，亞伯蘭在他的名字當中，添加了一個希伯來字母 Hey（Hey 是一個象徵著上帝的字母），並被

XII 第十二章 突破過去，進入未來

稱為「亞伯拉罕」（Abraham）。他開始將他的方法傳播給任何對它感興趣的人。唉，可惜的是，只有極少數巴比倫人選擇了聽從歷史上第一個卡巴拉學家的教誨。

那些跟從這次精神變革的人就是最早將他們自己組成一個團隊並在最後一起成為以色列民族的卡巴拉學家們。它的成員們學習亞伯拉罕發現的教義，在一個著名的帳篷裡，他與他的妻子撒拉一起教授亞伯拉罕的發現。

在Bereshit Raba，Va Yeshev裡是這樣描寫他們的：「先祖亞伯拉罕將他們引到他家裡去；他會給他們提供食物和飲料，然後他會將他們帶得越來越接近，並且最終他將他們引領到神的翅膀下。」

對於那些還不具備接受他的方法條件的人們，亞伯拉罕開發了與他們的靈魂的根源相適應的替代方法。以下的經文描述了亞伯拉罕是如何向東，也就是今天的遠東地區，打發他的信使們的，今天的東方教義就是從那裡衍生而來的：「亞伯拉罕將一切所有的都給了以撒，但他也給了他庶出的眾子們各種禮物，並且就在他還活著的時候，打發他們離開他的兒子以撒，往東方去。」《創世紀25:6》。今天的所有宗教都是亞伯拉罕教義向外衍生的產物。

亞伯拉罕，以色列民族之父

亞伯拉罕被視為「以色列民族之父」，因為他在傳播卡巴拉智慧的過程中創立了以色列民族。那些跟隨亞伯拉罕的道路的巴比倫

人成為了一群卡巴拉學家。這個團隊不斷增長，直到最後變成為「以色列民族」。所以，以色列人不是常規意義上的一個民族，不是在遺傳基因或種族或地域文化基礎上組成的民族，而是指任何具有想和創造者直接連接的願望的人，這是不分種族、宗教和文化背景的，因為那時的巴比倫實際上就是全人類的縮影。

將他們這些人結合在一起的就是歷史賦予他們的使命和目標——做為上帝的選民，施行亞伯拉罕的精神方法，做全世界的「光」。而且這個團隊因其精神成長的方向而獲得「以色列」這一名稱：Yashar（straight 直接）El（God 上帝），意思是「直接與上帝連接，連接更高力量」。

巴別塔——利己主義最後的（也是最高的）發展階段

過去一百五十年以來，我們的生活狀態已經開始變得和古巴比倫頗為相似。第一波工業革命結束以來，演變中的世界開始在每一個可以想像得到的領域中加速發展：電子、通訊和媒體、經濟、美食、奢侈品、電腦和高科技，也包括民主。

第一次在古代巴比倫爆發的那個自我，在 20 世紀初，達到了其演化的最後階段。今天，自我的演變比以往任何時期，都增長得更快，而且它仍在更加快速地增長當中。

就像在巴比倫的情況一樣，今天越來越多的人，正在尋求超越我們的這個世界可以提供的最強烈的快樂以外的某種東西，雖然他

XII 第十二章 突破過去，進入未來

們不知道這某種東西到底是什麼。就像亞伯拉罕一樣，很多人開始瞭解到向自我的盲從註定要失敗。在這方面的進步嘗試使得很多人覺得必定有另一種更好的存在方式，生命不應該毫無意義。這種不滿足正是目前在全球範圍內快速蔓延的抑鬱症發生的主要原因。

而且，與現代人在過去的一百年左右時間內經歷的內在危機同步，外部的現實也已變得越來越不受歡迎。在過去的一個世紀，我們目睹了兩次世界大戰以及隨後數十年的冷戰、恐怖主義、核災難、貧困的蔓延、生態災害以及幾乎在所有人生領域中都在發生的全面危機。所有這一切都越來越支持應該在一個更深入、更具包容性的層面發現對這種情況的解決方案的必要。今天，人類不得不開始承認其面臨的這種消極狀態，就像亞伯拉罕在他的時代經歷過的那樣。

現在全球危機已經將這個世界放在了和古巴比倫在五千年前的同一個位置。在他們的那個時代和我們現在的這個時代之間存在的本質區別，在於其規模，從地域上講，已從巴比倫擴展到全球，從人口數量上已擴展到全球範圍的數十億人，並且準備好理解並實施亞伯拉罕開發出的方法。

為現代準備的古老方法

在古代美索不達米亞，很少有人採用這種亞伯拉罕在當時發展出來在利己主義的自我之上實現團結的方法，這個方法在現在被稱

為「卡巴拉智慧」。因此，自那時以來，人類的進化被劃分為兩個關鍵的路徑：以色列和人類的其他民族。

亞伯拉罕創立的由卡巴拉學家們組成的團隊的目標是發展卡巴拉的方法，培育它並等待人類開始認可它並需要它，正是人類自己不斷增長的自我造成了所有「錯誤」事情的發生並使人類發展到了準備好接納它的時間的出現的今天。

亞伯拉罕知道在我們的利己主義演化的最後階段，人類會陷入一種絕望和無助的境地。他明白只有到那時，人類才願意傾聽並採用他發展出來的這種方法。

亞伯拉罕的團隊的職責是將他的方法應用於以色列民族身上，並由此為全人類樹立一個榜樣，在世界各地傳播他的方法。這就是這個團隊，也就是以色列人的唯一使命和存在的目的。這也是以色列為什麼被稱為「各民族的光」、「一個被揀選的民族」等稱謂的緣故。

在上一個世紀的兩個最偉大的卡巴拉學家——亞伯拉罕・庫克和耶胡達・阿斯拉格——都宣稱在20世紀結束時，實現這一使命的時間將開始。

巴拉蘇拉姆在他的著作《最後一代人》中說：「猶太人應該為其他民族呈現某種新的東西，而且這也是他們期待從以色列人返回其土地後得到的東西。它不是有關任何其他智慧的東西。」

Kook 導師在 Letters of the Raaiah 中補充說道：「以色列的靈魂只有在其發揮其神聖的精神力量時才能綻放其最大的光輝，這

XII 第十二章 突破過去，進入未來

種力量正是它內在的精神力量。而這正是以色列民族被創造者賦予的角色，而且為了全世界的救贖和拯救，還將扮演其他民族的光的角色。」

只有透過將今天的以色列人之間的相互關係從毫無根據的仇恨改正為一種愛鄰如己的兄弟友愛，我們人類才可以被提升到人性的頂點，並為人類經歷的所有苦難提供答案。

就像當時的巴比倫人中跟隨亞伯拉罕的人們一樣，今天的以色列人必須超越其自我並且團結在兄弟般的友愛當中。透過這樣做，以色列人將為全人類樹立一個榜樣，而且將證明只有這一改正才能結束戰爭幫助全人類實現人類幾千年來追求的真正和平，獲得完美永恆的生命。

值得指出的是，精神意義上的以色列並不是指遺傳意義上的以色列人或現在的猶太人，任何一個人不論其文化、宗教、國家、民族、膚色、信仰、背景如何，只要他／她心中追尋生命意義的願望開始在心中浮現，他／她就被稱為「以色列人」，畢竟「以色列」指的是一種想與創造者，也就是自然或更高的力量直接連接的一種願望。

《聖經》到底在告訴我們什麼？

　　創作一部人類歷史上最偉大的暢銷著作需要什麼？很明顯，它就像去發現一個完全沒有語言可以表達的新世界，而又不得不從我們這個世界找到辭彙來表達它。

　　但這還不是全部，《聖經》的作者摩西在嬰兒時被古代埃及統治者、法老的女兒在尼羅河畔發現躺在紙莎草紙垛的包裹中，並被撿回到法老的宮殿。就像一個王子一樣，他在法老的宮殿裡，被撫養長大，擁有著每個人希望能夠擁有的一切。但是有一天，摩西發現他不再能夠生活在那種狀態中，從而踏上了一個使他探索發現更高世界的旅程。

　　而且，儘管摩西發現自己處在不同的地方，但他所發現的那個更高世界根本不是這個地球上的任何一個物理的地方。而是一個有著全新感覺的、我們常規的五種感官難以達到的內心世界。

　　當我們想到「世界」時，在我們的腦海中會彈出來的圖片很可能是充滿了各種各樣的物質物件的某個浩瀚的物理空間，裡面充滿了諸如各類植物、動物和人類等等。然而，那個更高世界卻是透過一個人的內心感覺到的，在那裡，一個人和位於透過我們的五官感知到的被稱為「我們的這個世界」的背後的驅動現實的力量連接上。而且在那個更高世界的最高層面，一個人發現所有力量都連接成為一個單一的、無所不包的更高力量，被稱作「更高之光」。

XII 第十二章 突破過去，進入未來

《聖經》語言的密碼：用的是這個世界的語言，表達的則是那個更高世界的事情。

即使摩西在幾千年前就寫就了被稱作《摩西五經》的《聖經》中的前五章，又稱《托拉》（Torah），《聖經》至今仍然是我們這個世界上最著名的著作。它最初是由希伯來語寫就的，它的希伯來語名稱《托拉》（Torah），可以讓我們更深入地瞭解它真正的意義和目的：來自希伯來語的 Ohr 代表「光」，而 Hora'a 是指引、指導的意思。因此，這本著作描寫的是如何感知摩西所發現的那個更高世界的更高之光的指南或「光」的使用說明書。

但由於在那個更高世界中沒有文字可以表達，《托拉》使用的是我們這個世界的辭彙，但描述的則是那個更高世界的事情。那麼，我們通常的辭彙如何可以被用來描述那個更高世界的事情呢？卡巴拉智慧解釋說，內在於那個更高世界的精神力量控制著我們這個世界上發生的一切，因此，每一個在那個更高世界裡存在的力量都會在我們的這個物質世界有所顯現。在那個更高世界的力量被稱為「根」，而它們在我們這個世界中的顯化部分被稱為「枝」，他們透過因果關係形成了精確的對應關係。因此，《托拉》使用的語言被稱為「根枝語言」。

其操作原理是這樣的：當摩西想描述在那個更高世界裡的某種事物時，他用其在我們這個世界裡相對應的「枝」的事物來表達。例如，如果一個精神的物件在我們的這個世界顯化為一塊石頭，他

就將該精神物件稱為「石頭」。所以「石頭」一詞，指的並不是我們在這個世界看見和感覺到的某塊石頭，而是指在我們的這個世界體現為「石頭」的同一個做為石頭的精神的「根」。

以這種相同的方式，《聖經》中的每一個字眼描述的都是在那個更高世界裡所發生的事情。當以這種方式閱讀《聖經》時，這本著作就是以作者本來想揭示給人類的正確方式閱讀：即做為一個人開始精神世界發現之旅的指南。

當辭彙失去了它們的含義時

自從摩西寫就這本不朽的著作以來，時間已經過去數千年之久，不幸的是，隨著時間的流逝，《聖經》的卡巴拉式含義已漸漸地被人們遺忘。人們閱讀它，不但不是為了進入那個更高世界、感知更高之光，反而，許多人開始認為這本著作談論的是有關我們這個世界裡的事情：是關於人與人之間的關係、道德說教或者是有關如何安排我們那些世俗事情的建議等。其他一些人則認為這本著作是一本敍述歷史的著作。不管怎樣，這些都是對《聖經》文本的嚴重曲解，因為它是用「枝」語言寫就的描寫那個更高世界的著作。

然而，考古證據證明《聖經》中所描述的歷史事件確實曾經發生在我們這個世界裡，那麼，卡巴拉學家們還堅持沒有任何事件實際發生在我們這個世界裡嗎？不，剛好相反：他們幫助我們看清楚為什麼這些事件由於其因果關係都不得不曾經發生在我們這個世界裡。

XII 第十二章 突破過去，進入未來

正如上面所說的，在這個世界的每個事物和事件都是由位於那個更高的精神世界裡的「根」引發和控制著的。因此，如果存在一個精神的「根」事物，它也必須以「枝」的方式體現在我們的這個世界裡，這就是為什麼，雖然《聖經》所描述的只是有關那個更高世界的「根」事物，那些相應的「枝」事件也必須發生在我們的這個世界裡。所以《聖經》描寫的也確實包括某些「歷史」事件，但他想表達的卻不是「歷史」事件，而是相應的精神世界的事情。

正確地閱讀卡巴拉著作

這裡的關鍵認知是卡巴拉學家們認為那些精神的物件和事件，也就是「根」，遠遠比它們的「枝」，也就是在我們這個世界裡被感知到的結果重要。他們解釋說，像摩西這樣一個已經達成那個精神世界的傑出的卡巴拉學家寫就的著作，不可能只是出於某種原因簡單地告訴我們有關歷史或道德倫理這樣的簡單目的。相反，他唯一的目的應該是向人類揭示那個更高世界，以幫助我們用他同樣的方式去感知到它，從而幫助我們實現我們生命存在的最高目標。

因此，正確閱讀《托拉》或《聖經》的方法是將它的每一個字都看作在更高世界裡才能發現的某種精神力量。這樣，一個人就會逐漸和那些力量連接上並最終感知到它們，就像摩西曾經感知到的一樣。

那些已經發展出了能夠感覺到那個更高世界的人被稱為卡巴拉

學家。當他們閱讀《托拉》時，他們不會將讀到的東西想像為某個歷史事件或是道德說教。相反，他們能夠清楚地感受到那些精神的力量是如何控制著我們以及我們周圍的一切的，並且感知到所有事物是如何和那個無限的、完美的更高之光團結統一在一起的。

48 為什麼我們至今還沒有讀懂《聖經》？
——《聖經》語言的祕密——根枝語言

那些影響我們世界的法則起源於最高的精神領域，這些法則下降到我們所經驗的這個現實世界中。但是在這個下降過程中它們失去了原本的美麗和優雅。卡巴拉智慧教會我們怎樣去重新發現這種美麗，怎樣去復活我們的精神世界。

要在我們這個世界弄明白這種現象，我們首先必須要瞭解它們的起源。如果公正地去審視現實，我們不得不承認，我們其實對於萬物之所以這樣運作的方式至今還是一無所知。在人類的所有知識領域——精密科學、社會科學、醫學或文化方面——我們都不能準確而透徹地解釋為什麼萬物會以它們自身的這種狀態呈現出來。如果能的話，我們就能在未來避免厄運的發生。

一旦事情有所差錯，我們就會找出一千個不同的理由來開脫。最終，再完美的想法也不過是某種基於不確定的假設算計出來的東西。有很多這樣的例子：「要是我昨晚出門的時候不是因為扮酷而穿著皮夾克，而是穿上我暖和的大衣的話，我今天就不會感到不舒服」；「由於巨大的貿易逆差，美元正在貶值」；「尼克隊輸掉了主場比賽，因為球員們在主場的壓力更大」。

要想真正弄明白萬事因何發生、又是如何發展的，我們應該更深入地探究其根源而不能僅僅停留在事物的表面上。我們需要一個

為什麼我們至今還沒有讀懂《聖經》？──《聖經》語言的祕密──根枝語言

能夠探入到靈魂深處、從原因層面而不是結果層面上去揭示事物運行方式的工具。而卡巴拉智慧就是進行這種深度探測、用於反省和自省的內在「哈伯望遠鏡」。

卡巴拉智慧是一種研究工具。人們如果運用得當，就會被賦予瞭解有關物質和精神世界的所有現象產生的根源的能力。

卡巴拉並不把現實世界看作各種隨機事件的混合，而是根據那些絕對的永恆的自然法則來描述世界萬物和各種事件。而且，直到人們開始將卡巴拉運用於其生活當中，這些法則才能為普通人所察覺。結果，一種對現實世界的新的領悟出現了，隨之而來的，人們也具備了一種改變現實世界的能力。

就拿地心引力來說，如果我們從椅子上跳到地板上，這可能只是一個小冒險；但是如果我們是從十層樓高的建築頂層往下跳，其結果大概就是一場悲劇。在這個例子中，其錯誤行為和因此導致的結果是立即顯現的，所以我們很容易直接將結果與原因聯繫起來：那個人死了是因為他從十層樓高的建築頂層跳了下來。

但是，如果那個人在落地的瞬間沒有死去，將會怎樣？如果他站起來，拍拍身上的灰塵，走開了，但是一年後卻突然死去，而且與他十二個月前的跳樓沒有任何明顯的聯繫，這又將怎樣？他又如何才能知道他不應該跳樓呢？

他需要一種方法來告知他，其跳樓行為在一年時間內可能會導致的結果。而這正是卡巴拉所研究的──觀察事物的原因和結果之間關係。用卡巴拉的術語說，它揭示了物質的枝（結果）和其精神的根源（原因）之間的聯繫。

第十二章　突破過去，進入未來

萬有引力是一種法則，它不容迴避也不容欺騙。然而，我們能夠學習這種規律並利用它來為我們服務。但是如果我們並不知道它的存在，如果我們看不到萬有引力和其結果之間的聯繫，我們又怎麼能避免從高處落下呢？

或許刑事法律中最基本的原則就是：對法律的無知並不能使一個人免除罪責。同樣，你也不可能在跳下高樓的同時說：「哎呀，不好意思，我不知道⋯⋯」

卡巴拉所闡述的法則也同樣嚴格。這些精神法則和物理法則之間唯一的不同就是：因為我們和精神世界缺乏聯繫，我們看不到這些精神法則。就像你我與這個物質世界有著確定的聯繫一樣，對於一個與精神世界有著確切聯繫的卡巴拉學家，這些法則就如同萬有引力定律一樣清晰和真實。對於一個卡巴拉學家來說，忽視這些法則就如同一個人從十層樓高的建築跳下來一樣，結果可想而知。

根和枝的法則

我們要探討的第一個法則就是「根和枝的法則」。這種法則決定了精神世界發生的每一件事情都會同樣呈現在這個物質世界裡。卡巴拉學家們向我們呈現了一個我們當前毫無察覺、而對於他們自己卻十分具體的更高世界。他們把他們看到的那個世界叫做「原因的世界」或「根源的世界」，而把我們的這個世界叫做「結果的世界」或「枝節的世界」。

為什麼我們至今還沒有讀懂《聖經》？——《聖經》語言的祕密——根枝語言

卡巴拉學家告誡我們：我們所思、所感、所想、所看、所聞的一切都是在更高世界被預先決定的。耶胡達·阿斯拉格在他的文章中把這種法則描述為「卡巴拉智慧的精髓」。根據他的觀點，「沒有任何一個現實的元素或現實中的任一事件，不能在更高世界找到與之相似的元素的，這就像池塘中的兩滴水一樣類似，它們被稱做『根和枝』，它說明，在更低世界的元素被看作更高世界具有同一性質的元素的枝，而更高世界的元素則是更低世界的同一元素產生的根源，因為更低世界的元素都來自那裡並在那裡形成的。」

透過學習卡巴拉，我們能夠對這個更高的系統有所影響，而最終改變我們的命運。首先，我們需要去瞭解這些系統的運行方式，然後我們才能知道我們自己如何去運用它。所有的卡巴拉著作闡述的都是關於更高的精神世界的運行法則，這些能夠幫助我們找到我們靈魂內部的活動，而一旦我們在靈魂中發現了它們，我們就能夠「操縱」它們，從而最終改變我們的現實。這就是卡巴拉學家們在談論 Tikkun（改正）時所指的。

49 《光輝之書》——世界真正的奇蹟

從古至今,世界「奇蹟」的數量在不斷增加。人們常常對那些給人們帶來視覺滿足的人工建築讚嘆不已。這些建築帶著謎一樣的風情,讓人們以自己做為人類而感到自豪。然而,存在另外一個真正的奇蹟……

但是如果有人告訴你,有一個真正的奇蹟一直被人忽視,而它就是一本書。你也許會懷疑地說:「得了吧,一本書?書怎麼會是世界奇蹟呢?」

《光輝之書》(Sefer Ha Zohar)——幾千年以來,這本書迷住了年輕人和老人、教徒和無神論者、哲學家和學者們,它的吸引力還在不斷增強。事實上,「光輝」(Zohar)這個詞是在網路上被搜索的最多的詞語之一。那麼,這本書的內容究竟是關於什麼呢?這本由亞拉姆語和希伯來語寫成的書究竟有什麼特點能讓人們屏息,並說一聲「WOW!」呢?

光之河

「Zohar」在希伯來語中是光輝、光彩或者光芒的意思。《光輝之書》就像一條從伊甸園流向人們心中的河。那些敞開心扉的人會被河水洗滌,得到淨化,開始擁有能夠「看見」的能力。

《光輝之書》——世界真正的奇蹟

我們常聽說卡巴拉就是《光輝之書》。為什麼呢？實際上，這本書由一種非常特殊的風格寫成，它讓我們置身於多維空間中並帶領我們感受這些空間。當這本書在用寓言和故事向我們描述某種事物的時候，同時也在逐漸地向我們展示隱藏的真實——更高的世界。這本書透過那些綜合的、非凡的故事吸引我們，將我們帶入其中。當我們被它激發出靈感的時候，我們就逐漸地進入了精神世界。

當然，為了掌握這本兩千年前所著的書的精髓，我們首先要產生去理解這本書的渴望和興趣。我們需要增強一些敏感度和理解力才能變成和《光輝之書》的作者一樣的人。

《光輝之書》的作者是由著名的 Rashbi（Shimon Bar Yohai）領導的十位卡巴拉學家。這十位卡巴拉學家在特殊的時間裡相聚在一個特殊的地點，他們的內在的、精神的品質代表了「十個 Sefirot」——創造的十塊基石。他們從至高的精神的階段降到普通人的層面上，來向我們解釋理論上無法掌握的概念。他們透過寓言來啟導我們，就像給小孩子講故事一樣，使我們可以透過閱讀這些文字來實現自身的發展。隨著時間的推移，我們漸漸地開始感知到更高的世界，因為在閱讀時有「更高之光」這樣的崇高品質「照耀」著我們。

這光的崇高品質簡直就是個奇蹟。開始閱讀此書的人能立刻感受到它帶磁性的光輝，會想要一遍又一遍地反覆閱讀。在他們的一生中，他們會多次閱讀這本書。每一次閱讀都會加深印象，並不會感到乏味。《光輝之書》像氧氣之於生命一樣成為他們的必需。他們不斷地渴望透過閱讀《光輝之書》所帶來的內心的變化。

XII 第十二章 突破過去，進入未來

平行的世界

《光輝之書》的獨特性在於它為我們這個世界創造了精神世界的投影。這本書是由兩種古巴比倫語言撰寫的：希伯來語和亞拉姆語。這兩種語言表現了兩種層面的感知。一種語言敘述有關我們所熟悉的世界的故事，而另一種語言則帶我們進入精神領域，向我們展示了兩個互相平行的世界。這本書向我們敘述有關這個世界的故事，同時也告訴了我們這個世界在更高的世界的源頭。這樣一來，它向我們展示了一個世界與另一個世界重疊的關係。

於是我們發現自己處於兩個世界中——一個是我們所熟悉的這個世界；另一個是我們無法感知到的更高世界，但卻能感覺到它就在那裡。然而，兩種世界的圖像只是存在於我們的想像中。事實上，它們倆是一個完整的圖像，只是在我們目前利己主義的感官上感覺為像兩個圖像。在我們的世界裡，圖像是視覺性的，我們可以看到、感覺到並理解它們。但在精神世界的圖像把特性反映成品質、力量、願望和意圖。為了同時體驗兩個世界，我們需要想像我們處在精神的階段，置身於其中，並體驗同時存在兩個世界的過程。

為了踏上這個美麗的精神旅程，我們需要想像《光輝之書》在向我們描述的關於我們本身及關於我們所體驗的精神的狀態。我們要像乾涸的水井一樣來吸收這些體驗。然後，只要跟隨書中的文字，讓它們「流」過我們，並嘗試去感覺《光輝之書》為我們描繪的圖畫。這樣一來，我們就會開始觸摸和感受到精神的世界，並接近我們在精神世界誕生的狀態。這難道不是世界真正的奇蹟嗎？

50 全球化危機十字路口的生存模式

貫穿人類的整個歷史，人類從來沒有像今天這樣，居住在這樣一個既相互聯繫又相互依存的全球一體化的時代，也從來沒有任何一個國家的經濟，像今天這樣如此相互依賴著其他國家的經濟，從來沒有像今天一樣，一個國家的人們的命運如此依賴著其他國家的人們的命運。但是，伴隨這種全球一體化而來的卻是全面的全球危機，這種危機涉及從個人到家庭，到公司，到城市，到國家、民族，再到國際以及全球的各種層面。事實上，當前的全球危機正在影響著這個地球上的每一個地方的每一個人，而且也包括這個我們賴以生存，但卻被我們踩躪的奄奄一息的地球母親。

實際上，危機表現在兩個方面，源於這兩大關係的失衡：第一：我們與自然母親的關係。第二，我們人與人之間的關係。這包括，夫妻關係、家庭成員之間的關係、公司老闆和員工的關係、公司之間的關係、政府與公民的關係、民族之間的關係、國家與國家之間的關係等等各個層面！

這場自大蕭條以來最嚴重的經濟危機使得美國著名記者湯瑪斯‧弗裡德曼感嘆地對美國的前途發出了這樣的吶喊：「重新格式化（Reboot）美國的時刻來臨了」。這是因為定義人類社會人與人之間關係的法則，也就是人類生存的自然法則，已經伴隨著全球一體化這一全人類沒有其他選擇的全新環境和條件，相應地發生了根本性的變化，因此，反映這種人與人相互之間關係的經濟和商業模式，也必須相應地適應這種變化。

XII 第十二章 突破過去，進入未來

　　實際上，不只是美國需要重新「格式化」，整個世界，和其中的每一個國家，也許都需要「重新格式化」了。否則，如果我們自己不主動「格式化」，自然將會代我們「格式化」。現在全世界面臨的各種生態災難、環境危機、債務危機、阿拉伯之春運動、佔領華爾街運動實際上都表明，我們已經滯後於我們自己早就應該採取的「主動格式化」行動，這些危機表明自然已在替我們「格式化」，如果我們全人類還不因此驚醒，還像一個個不懂事的孩子那樣，在諸如全球氣候峰會上那樣，爭辯著你錯我沒錯，爭吵著繼續殺死地球母親的發展權、碳排放權的話，可能在我們還沒有爭吵完之前，我們已經先被自然徹底「格式化」了。

　　然而，這種危機狀態所需要的相應變化卻無法透過以往那些限制和規範的方式來實現。因為，我們追求快樂的享受的利己主義願望（慾望）隨著時間的推移只會不斷增長。但是，即使我們真的想要滿足我們自己不斷增長的慾望，或者發展中國家不願意放棄歐美發達國家曾經的那種利己主義發展模式，我們也永遠不可能再讓時光倒流回到過去的那種「好時光」。在過去，我們的發展實際上是建立在不停地想出新的方式，以「打擊我們賴以生存的地球資源系統」為代價的自殺行為。但是現在，這個系統已經被我們人類折騰的百孔千瘡，不堪重負，即使維持現在的水準已經是非分之想！因此，與其浪費納稅人的錢去試圖扭轉一個不可逆轉的情形，我們必須要做的是，從最根本的層面上，來改變我們人與自然母親以及人與人之間的關係，而這首當其衝的就是改變我們的經濟和商業運作形式。

這場危機的解決方法要從危機被引發並開始的地方，也就是其根源——也就是從人與自然之間的不平衡，人與人之間已經失去的信任開始著手。我們很清楚地看到人與人之間不再互相信任：人們不信任銀行、銀行不信任評級公司，而評級公司不信任公司股東、股東不信任財務顧問、財務顧問不信任商人、商人對政府的信任度為零，而政府不信任任何人。人們之間的關係被我們「愚蠢」地簡單到用金錢來衡量。這甚至完全與我們自己的本性——追求快樂的願望相背離，我們追求的時候快樂，但大家仔細分析一下，金錢真的給我們帶來快樂了嗎？到底是痛苦多，還是快樂多呢？當然，我在這裡不是想要徹底否認金錢的作用，但是，時代已經不一樣了！很簡單，過去那種以金錢（經濟）做為衡量標準的發展模式，已經是全人類走向滅亡的自殺模式！為了我們自己不被自己毀滅掉，不滅亡，我們都沒有別的選擇，我們必須重新審視以往的經濟和社會發展模式並順應這種新的全球一體化的新的環境而做出相應的變化！

　　但是，儘管我們彼此之間這麼不信任，我們卻發現我們卻如此地相互依賴著對方。我們越是深入地認識到這一點，我們就越不會去想互相傷害。這也許就是，偉大的自然「迫使」人們重拾我們人與人之間最珍貴的親密關係的方式吧！所以，自然不是在懲罰我們，是在提醒我們，召喚我們，從錯誤的發展道路上回到正確的與自然平衡、人與人之間重拾信任和合作的道路上來！好在，這個世界已有很多人意識到了這一點，現在是我們必須將這種認識轉化為行動的時候了。

XII 第十二章 突破過去，進入未來

第一步：重新建立信任

除了對那些疲弱的經濟體提供援助外，各個國家必須向它們的公民解釋我們現在正生活在一個全新的世界中。因此，**拯救我們人類自己的計畫的第一步就是讓人們瞭解並感受到我們互相之間是多麼地互相依存。**當人們認識到他們個人的福祉完全依賴於他們與其他人的關係時，依賴於整個社會的健康和福祉時，他們就會自然而然地成為那些決策者們夢寐以求正在尋找的人與人關係的修復者和調整者。

事實上，當一個足夠強大的公眾輿論開始弘揚這些相互合作的價值觀時，它甚至將會影響那些最初還想要以過去那種以自我為中心的法則去繼續生存的人們。這種環境影響法則源自我們人類是一種社會性的動物，它的一個例證是，當 AIG 在 2008 年金融危機後接受了數百億美元的紓困資金，並且將其中的一部分做為巨額獎金發放給其高管之後僅一週，大部分高管就被迫將獎金退回去了。因為他們無法面對那日益高漲的公眾批評，而不是出於他們的良心的自覺發現。

因此，對我們這種自私自利的天性的有害性的意識將自然而然地促使我們想要限制我們這種以自我為中心的態度，而這將促進一個無危機時代的到來，一個正是危機的發生本身想要引領人類到達的更崇高的生存狀態。

第二步：反思消費主義

消費主義導致我們想要那些僅僅是為了提高社會地位但並不真正需要的產品。它實際上是，經濟學家們創造出來的一個「陰謀」（大家不妨先觀看一下由 Anne Leonard 錄製的《東西的故事 Story of Stuff http://www.tudou.com/programs/view/d9FkpYiWGFw/》），這個陰謀在過去獲得了「成功」，是因為在過去，地球母親還有足夠的資源支撐我們的揮霍和浪費。但是，現在已時過境遷。地球母親已經承受不起一個美國的那種消費，何況現在還要加上以「金磚五國」為代表的全球消費潮流！地球正在崩潰，各種我們認為「自然」的自然災害實際上一點都不自然，它們是地球母親發出的痛苦的呻吟，我們難道聽不到嗎！？我們難道看不到，地球母親的死亡，就是我們自己的毀滅！

因此，向全人類傳達這些真實的資訊以及那些適用於這種新的世界形勢的生存法則的資訊將會幫助人們理解什麼樣的價值觀應該在我們的社會中開始盛行，以便我們能夠建立一種在人與自然之間、人與人之間更加平衡的生活方式以及相應的經濟社會發展模式。所以，仍然會在貨架上銷售的產品將是那些真正必需的產品，而那些只是為了使我們決定購買那些不必要的冗餘產品的廣告將得到譴責。在優先事項上採取的這種必要的轉變，將大大節省地球已經快要枯竭的資源，並為我們自己贏得時間，並會使我們將時間和精力投入到那些目前在我們生活中被忽視的最重要領域——人與人之間的關係，比如朋友和家人關係，而這將會大大提高我們生活的整體

品質，那些社會危機也將自動消除，自動地從不穩定的狀態恢復平衡穩定的狀態。這一切都取決於我們對人與自然、人與人之間關係的修復，當然在操作層面這是改變我們由過度消費模式轉變過渡到平衡消費模式！

第三步：社會——資本主義

這種全球一體化新的生存環境和其自動觸發相應的生存法則，要求全球的政治家們、經濟家們開啟並吸收一種新的智慧。要求政治家們放棄社會主義還是資本主義的意識形態之爭，放棄各種對過時的主義以及制度的偏執，更不要因為對舊有系統和既得利益的偏執而蒙住了看見未來和社會發展潮流的眼睛！要知道我們只能順應潮流，任何人都無法阻擋發展的車輪！

在 2011 年 1 月和 2 月號的《哈佛商業評論》中，邁克爾波特和馬克克萊默教授共同提出了一個革命性的概念。他們寫道，「傳統資本主義已經屬於歷史」。現在是「一種新資本主義正在孕育」的時刻，這種新概念將把「企業的社會責任從邊緣」轉移到其「企業運營的思維中心」。

企業仍然應該努力產生利潤並創造經濟價值，但不再只是為了股東和它們的擁有者，而是為了整個社會的福祉，「透過瞭解社會的需求和面臨的挑戰，商業行為必須將企業的成功與社會的進步重新關聯在一起。」否則，波特和克萊默教授總結說，「商業將永遠

不會擺脫今天他們正深陷其中的這種惡性循環，而且他們的情況隨著時間的推移只會越來越惡化。」

確實，波特和克萊默教授的話道出了這個時代的真實狀態。今天，當一家公司將一種新產品推向市場時，它希望的是，該新產品能「擴大其市場份額」，或者用簡單明瞭的話說，就是能夠從市場中的其他公司那裡將他們的客戶「偷」過來。然而，正是這種經濟模式導致了這場金融危機的發生！危機使得企業應該（或者講不得不）努力從過去那種模式轉變為整個社會創造最大利益，而不應該試圖以犧牲他人為代價來獲取其自身利潤而互相殘酷競爭。

這樣一種新的經濟模式要求，當一個公司在簽訂合同時，公司老闆應該深思：「是不是每個人都能從我的這個生意中獲利呢？」如果這個合同真正能造福於每個人，那麼每個人包括該公司的老闆都會從中受益。畢竟，在今天的世界，我們都是相互聯繫在一起的，而且任何一個人的行為對我們所有人都會造成影響。

第四步：新型的企業和商業模式

現在是來重新定義商業和金融成功的時候了，也是不得不這麼做的時候了。一個成功的企業應該是這樣的：它銷售產品給客戶，給其雇員支付合理的工資（包括養老、保險和休假），並建立在一個平衡的經營運作上。而一種平衡的經營運作，則意味著一個企業的利潤只是覆蓋其所有的投資和費用，而不追求超過於此的額外利潤。

XII 第十二章 突破過去，進入未來

以這種方式運作的企業老闆能夠承擔降低他們產品的價格以便使更多的人能夠買得起他們的產品。如果這樣仍然有多餘的利潤存在，公司可以把它捐贈給一個基金以幫助保證世界上的所有人都處於一個良好的基本生活水準。

可以肯定的是，我們不是在談論某種節衣縮食式的節制或者經濟緊縮措施。恰恰相反，如果所有經濟人都改變他們的金融思維模式，從過去那種不顧資源消耗和別人死活而只顧追求自身的最大利潤的舊的商業模式轉變為這種目的是為了獲得令人尊重的生活必需的新的商業模式的話，那麼，我們就會神奇地發現這個地球其實擁有超過我們實際能夠使用的多得多的資源來提供給我們生存並繁榮，而且我們全人類將一起共同蓬勃發展，因為只有這樣的發展才是與自然平衡的可持續發展模式。

更多的動機和滿足——一切都取決於新的社會價值體系

那麼，企業老闆和他們的雇員如何能夠在這種沒有金錢刺激的烏托邦式的狀況下，還能在早晨按時起床並在工作中表現優異呢？

答案很簡單：激勵將來自於全新的社會標準——人們以及企業受尊敬的程度是以他們對社會的奉獻的大小為標準來衡量的。在這種情況下，我們喜歡競爭的自然衝動本性——透過將社會利益做為我們追逐的目標——將自動自發促使我們去建立一個更加公正和平等的社會。一個公正公平的社會不可能透過過去那種蘇聯模式強迫

去實現,只能透過給我們的利己主義本性一個他認為值得追求的目標,讓本性自覺自動去實現!而這都取決於給全人類的全球一體化教育以及相適應的社會價值體系的建立!這兩個環節做到了,其他就會水到渠成!

讓我們闡述的更加清楚一些。大家可以試著回答以下問題:企業老闆在他們的銀行帳戶中獲得在他們已擁有的財富數字後再添加幾個零的額外利潤時他們到底獲得了什麼?他們是否真正使用了他們所擁有的這百萬或者幾百億了呢?他們是否真的享受了這些新增加的「零」了呢?他們從這些新增加的「零」中獲得的快樂實際上都純粹地是有條件的。如果說他們從中獲得了某種快樂的話,這種快樂的感覺卻絕對不是來源於金錢本身,而是來源於伴隨著財富帶來的別人的「尊重」以及那種有力量有權勢(金錢轉化為權力和名譽等)的感覺。實際上,使一個人享受快樂感覺的絕不是錢本身,而是金錢帶來的社會尊重(權力和名譽等)和力量感!實際上,人類為什麼這麼樣想積累財富,只是出於對未來的安全感的本能保護!而這種不安全的根源則源於過去的那種達爾文主義的「物競天擇,適者生存」的經濟社會發展模式本身!而這透過新的經濟社會發展模式,就會自動消除這種對於未來的不安全感!不是嗎!?多麼簡單的心理轉換啊!

但如果公司老闆感覺他們從那些過剩的財富和從造福於社會的行為中獲得了同樣的滿足,那又怎麼辦呢?如果社會尊重那些為社會整體做出貢獻的人們而譴責那些剝削社會的人,那麼,那些有權勢的人們會自然而然地利用他們自己的力量來為社會做貢獻,因為

XII 第十二章　突破過去，進入未來

我們人類都是社會性的動物，而且，我們所有人包括那些公司所有人，都受到社會的影響。雖然這個建議看起來很烏托邦，但它是完全可以實現的，只要我們的社會環境開始推崇這種以社會為導向的個人價值觀。

這種新的模式的底線仍然是資本主義仍然保持其資本主義，也就是我們不要試圖改變我們人的利己主義本性，而只是重新建立利己主義的價值體系，在這種新的價值觀體系中，我們的競爭目的不再是過去那種認為天經地義的互相踐踏式的相互商業殘殺，而是為了最大程度地給社會帶來整體利益而競爭，並盡可能以最好的價格製造出最好品質的產品，使得盡可能多的人們可以享受。

理查‧萊亞德爵士在2009年3月11日出版的金融時報上他的文章「現在是開始一個自私成分少一點的資本主義的時候了」中，很好地總結了我們在此建議的這種新方法，他寫道，「我們確實需要一個建立在更好的價值觀而不是更好的遊戲規則上的更加人性的資本主義。我們不需要一個建立在達爾文式的個人競爭主義之上的社會。超越基本的生存之後，任何一個社會能夠提供的最好的快樂經歷是其他所有人都和你站在一邊。那才是我們想要的資本主義。」

危機給我們帶來了挑戰，危機更給我們帶來了機遇，危機促使我們不得不思考，危機正在引領我們人類走向一個比以往任何時候更偉大的世紀，走向一種真正偉大的存在狀態——這種狀態是自然最終要引領人類到達的狀態！

1

有關卡巴拉的基礎知識

 附錄

卡巴拉是什麼？

　　雖然其起源可以追溯至遙遠的古代巴比倫時期，卡巴拉智慧在大約四千年前出現之後，至今卻幾乎一直向人類隱藏著。

　　正是這種隱藏使得卡巴拉一直籠罩在神祕之中，持續散發著迷人的魅力。歷史上，很多國家的著名科學家、哲學家，如牛頓、萊布尼茲、米蘭德拉等，都試圖探索並理解卡巴拉科學的奧祕。不過，直至今天，卻仍然只有很少的幾個人真正瞭解卡巴拉到底是什麼。

　　卡巴拉科學描述的不是有關我們這個世界的事情，正因為如此，其本質使人們很難琢磨。想理解那種無形的，那種感知不到的，或者那些沒有親身經驗的事物是不可能的。幾千年來，人類打著「卡巴拉」名義發明了各種各樣的事物：魔法、咒語，甚至奇蹟等等，但所有這些都不是真正的卡巴拉科學本身。

　　四千多年來，對卡巴拉科學的通常瞭解都一直被誤解或曲解籠罩著。因此，最重要的是，首先需要給卡巴拉科學以明確的定義。卡巴拉學家，耶胡達‧阿斯拉格在其《卡巴拉智慧的本質》一文中是這樣定義卡巴拉的：

　　這種智慧不多不少是一種根源的順序，它以一種固定的，預先確定好的規則，透過因果關係降落下來，編織成一個單一的、崇高的被描述為，在這個世界中，向祂的創造物揭示祂的神聖的目標。

　　這種科學的定義可能過於複雜和繁瑣。讓我們來看一看這裡說的到底是什麼。

存在著更高的世界或創造者，而且這些控制的力量從更高的力量降落到我們的這個世界。我們不知道有多少種力量存在著，而這實際上並不重要。我們在我們這個世界裡存在著。我們由某種被我們叫做「創造者」的更高的力量創造出來。我們都熟悉我們這個世界中的諸如萬有引力、電磁力和思想力等力量。然而，存在著某些來自一個更高次序的力量操控著我們這個世界，同時又是向我們隱藏著的。

我們將這種無所不包的終極力量，稱作「創造者」。創造者是這個世界所有力量的總和，而且處於這些操控的力量序列的最高層面。

這個力量衍生出那些更高的世界。總共有五個更高的世界。緊接著它們的是，那個所謂的 Machsom——一個將那些更高的世界和我們的這個世界分隔開來的壁壘。從那個更高的力量——就是創造者，也被稱為「無限的世界」，各種力量經過那五個更高的世界降落下來，產生了我們的這個世界以及我們人類。

和傳統科學不同的是，卡巴拉科學並不研究我們的這個世界和存在其中的人類。卡巴拉探索的是超越那個 Machsom 壁壘以外的更高世界裡存在的一切。卡巴拉學家耶胡達‧阿斯拉格說：「這種智慧不多不少是一種根源的順序，它以一種固定的，預先確定好的規則，透過因果關係降落下來，編織成一個單一的、崇高的被描述為，在這個世界中向祂的創造物揭示祂的神聖的目標。」除了從更高世界依照精確的法則降落下來的那些力量之外，沒有其他任何東西。此外，這些法則正如阿斯拉格所描述的，是固定的、絕對的、無所不在的。最終，它們都被導引著以便人們可以在還活在我們這個世界的同時，就可以揭示那個操控著自然的終極力量。

 附錄

我為什麼會探尋某種精神的東西？

我為什麼會渴望某種超越日常生活能夠提供給我們的更多的或不同的東西呢？卡巴拉將這個問題用以下這種方式加以表達：對那個更高力量的渴望是如何浮現出來的呢？

其實發展進化了很長時間；剛開始時人類就如同動物一樣，其願望滿足生存的需要如食物、家庭、性以及庇護所等；然後發展經歷了對財富、權力、名譽和知識的追求等各個階段。

在人類發展的早期階段，對食物、家庭、性以及庇護所的願望是一個人具有的所有願望。即使一個完全被隔離起來的人，也會具有這些願望並努力去滿足這些願望。那些由社會環境決定的願望（也就是對財富、權力和名譽的願望）則在下一個階段浮現出來。

再後來，對知識的願望才開始出現。當我們開始渴望尋找萬物的來源與我們自己的根源時，科學才蓬勃發展起來。然而，這種對知識的願望也仍然只是我們侷限在這個世界的框架內的一種願望。

只有發展到下一階段時，一個人才會渴望去瞭解那個真正的根源、一個人的本質——也就是生命存在的意義。「我從哪裡來？」、「我是誰？」、「我是什麼？」這些問題得不到回答的話，就會使一個人坐臥不寧。

人類天生就是利己的。我們所有的願望都是以自我為動機的，而且自我渴望被滿足。它們壓迫並驅動著我們，精確地控制著我們的一舉一動。在我們這個世界上，利己主義的願望發展的頂點就是渴望用高於我們的某種東西的知識來滿足我們的願望。

那麼，這些願望產生的根源是什麼，它們又是如何浮現出來的呢？產生這些願望的根源就是痛苦。從一種類型的願望到另一種類型的願望的過渡，都只有在痛苦的影響下才會發生。假如我處在一種平衡的狀態，我會感到心情舒暢而且一切都好。然後不經意間一個新的願望出現了，我感覺缺乏某種東西。這時我開始想要去經驗某種新的事物，因此我開始努力去滿足這個新出現的願望。這一過程持續不停地重複著它自己。也就是說，我們總是在不停地追逐著新的快樂。

　　我們生在這個星球上，我們生，我們死，都在努力著去實現我們那些永無止境的願望。只有在經過許多次生命輪迴後，我們才達到只有一種單一的願望存在下來的狀態：這個願望就是到達我們的根源，發現我們生命意義的願望。一旦這個終極的願望浮現出來，其他的任何事情似乎都變得不再必要和沒有意義。一個人會變得消沉抑鬱，感覺到情緒和精神的空虛，彷彿這個世界已沒有任何東西能給他帶來幸福。生命顯得毫無意義而且感覺欠缺某種真的東西，但又不知道欠缺什麼。直到類似「我生命的目的是什麼？」、「我為何存在著？」等問題將人們帶向卡巴拉為止。

 附錄

我為什麼感覺痛苦？

　　痛苦迫使我們前進。不論是我們感覺壓抑、空虛還是迷惑，所有這些不好的感覺的出現都是為了迫使我們思考它們出現的原因和產生的目的。在我們所處的這個世界中，我們只是看到了現實的外殼。就像我們只是看到電視螢幕上的畫面，卻看不到形成那些畫面的電子信號一樣。我們無法看見隱藏在自然、社會、個人或宇宙背後的是什麼，我們也無法控制其中的任何一個。就如同看一幅刺繡，只有在刺繡的反面才能看到那些構成了那幅刺繡圖畫的所有縱橫交織的環節及線條。同樣的原因，我們無法觀察到在我們的現實中發生的那些事情之間的聯繫；我們只能看到「某些事件突然因為某種原因發生了」。那麼，我怎樣才能知道我的行為的結果是什麼呢？突然之間，我遭受了一次打擊，而我不明白它為什麼發生或它是從哪裡來的。我們開始問自己「我在哪裡走錯了？」、「我做了什麼得到這種報應？」直至我們開始問自己：「這一切都是為了什麼？」任何人都可以為他們自己和別人遭受的痛苦找到他們自認為合適的解釋。但每個人都同意正是痛苦在促使我們思考它產生的目的和發生的原因，根據卡巴拉的觀點，它們是同一個相同的問題。

　　卡巴拉科學聲明說，所有痛苦的原因只有一個，使我們詢問它的意義。這樣的話，我們就可以將我們自己從一個在那裡原因是被隱藏著的物質的存在層面，提升到一個痛苦的原因是被揭示的更高的精神的存在層面。卡巴拉科學給予了我們這樣一個機會：去發現那個生命的源泉——那個更高之光，那個創造者——並且達成與那個根源的融合。這種有關我們痛苦的根源，痛苦產生的目的以及我們生命意義的問題的出現將一個人帶到卡巴拉。

為什麼要學習卡巴拉？為什麼是現在？

今天，很多人相信人類的發展正在走入一個死胡同。我們曾經試圖透過科學及經濟發展尋找更好更幸福的生活方式的希望，已經被一種日益增強的人類正在進入一個死胡同的悲觀情緒所沖淡。

我們看到這個世界上，越來越多的人已無法找到滿足感。我們曾經以為人類正在向前取得巨大的飛越，並相信我們正在取得實質性的進步，然而現在看起來我們正在四處碰壁。

人類似乎正在陷入一種沮喪、自殺、毒品氾濫的深淵，人們正在試圖與這個世界隔絕，抑制自己的情感。恐怖主義以及正在迅速蔓延的災難都是一場全球性危機的外在徵兆，所有這些狀態正將人類引向那個根本性的問題：「生命的意義是什麼？」

越來越多的人已經開始在尋找這個問題的答案。如果我們看一看近二十年來精神探求者的數目迅速增加的情況的話，我們就會清楚地看到這種趨勢。

在兩千年前寫就的《光輝之書》上寫道：在20世紀末，人類將開始追問有關生命的意義這個問題。而且這個問題的答案就隱藏在這個古老的卡巴拉科學當中，而且，只有在今天這個時代，只有在這些富有挑戰性的危機出現的時刻，這個智慧才會被揭示出來。

正是基於上述原因，卡巴拉科學被隱藏了幾千年。因為過去人們還沒有準備好接受它，而且在那時也不需要它。但是，近些年來人們對卡巴拉的興趣在急遽上升。

很多人已經開始學習卡巴拉，因為人們對卡巴拉能給他們帶來什麼

 附錄

感到好奇。一旦某個人瞭解到卡巴拉會回答那個有關生命意義的終極問題，他就對它不再感到害怕，並開始積極從事卡巴拉的研究和學習。

那些認為卡巴拉與魔法、奇蹟、紅繩和聖水等有關的想法正在逐漸消失。人們能夠看到那些只不過是某些心理的現象而已。

對真實可靠的卡巴拉的需求正在進一步上升。換句話說，對一種能夠使我們感覺更偉大的宇宙，永恆的存在以及更高的支配力量的精神需求正在持續增長。

人們想知道，我們這個世界以及我們的生命為什麼會如此演化，我們從何處來又要向何處去。

現今，許多世界各地的人們對這個問題都已經產生興趣，而這正是卡巴拉科學變得越來越受歡迎的原因。

因為世俗的存在似乎已全都變得越來越令人失望和有限，越來越多的人正在試圖將他們自己和超越這個世界的某種事物聯繫起來。

因此，今天的人們已準備好接受卡巴拉科學。卡巴拉歡迎所有渴望去發現生命的意義、存在的根源的人們，並提供他們一種實現它的實用的方法。

關於卡巴拉的十個偏見

偏見一：卡巴拉是一種宗教

事實是：卡巴拉是一種科學，一種有關整個現實的物理學。卡巴拉是一種智慧，一種揭示通常被我們的感官所隱藏的全部的真實的智慧。

偏見二：卡巴拉與紅繩和聖水有關

事實是：它們之間毫無關聯。紅繩、聖水和其他產品都不過是在過去二十年內被創造出來的有利可圖的商業行為。

偏見三：卡巴拉是保留給少數人的，並且只有在四十歲以上的男人才允許學習

事實是：以色利人在精神流放期間，卡巴拉僅由幾個經過精選的人繼續研究並保護著。然而，從 Ari（16 世紀）的時期開始，卡巴拉就已開始向全人類開放。

偏見四：卡巴拉與魔法有關

事實是：卡巴拉不涉及任何魔法或其他巫術，相反，它與務實的親身體驗和實踐有關。

偏見五：卡巴拉是一種宗派

事實是：卡巴拉是一種向全人類每一個人都開放的智慧和科學。

偏見六：卡巴拉與新世紀運動有關，而且是一種流行——即一種短暫的現象

事實是：卡巴拉是人類最古老的智慧。它大約起源於五千年前。

偏見七：卡巴拉與塔羅牌、占星術和命理學等有關

 附錄

事實是：塔羅牌、占星術和命理學都是對卡巴拉科學錯誤的理解和利用，是為著某種利己的目標操縱別人的行為，它們與真正的卡巴拉智慧沒有任何關係。

偏見八：卡巴拉與護身符有關

事實是：在我們的這個世界中，沒有任何事物具有精神的內涵。護身符只能幫助人們產生某種心理安慰作用。

偏見九：卡巴拉與冥想有關

事實是：學習卡巴拉並不需要任何冥想。冥想又是一個在最近幾個世紀存在的對卡巴拉的混淆中，被不懂卡巴拉的人對此智慧的錯誤聯繫。

偏見十：在你接觸卡巴拉之前需要學習 Torah（《摩西五經》）和 Talmud（猶太法典）

事實是：正相反，不學習卡巴拉的人根本無法正確瞭解這些經典中隱藏的真正的精神含義，而且會錯誤地認為它們是在講述這個物質世界的事件和行為。

為什麼要學習卡巴拉，它是關於什麼的？

卡巴拉智慧是一種研究精神世界的科學工具。我們使用自然科學，如物理、化學和生物學來探索我們的這個物質世界，但自然科學的研究只能針對由我們的五種感官所感知到的這個物質世界。要完全瞭解我們生活的這個世界，需要一個能探索我們的五官感知不到的那個隱藏領域的工具。這個工具就是卡巴拉智慧。

根據卡巴拉智慧，現實中存在兩種力量或者品格：一種是接受的願望，另一種是給予的願望。因為那個給予的願望想要給予，所以它創造出一個想去接受那個給予的願望，那個給予的願望更普遍地被稱為「創造者」。因此，整個創造物，包括我們，都是這個接受的願望的外在表現。

藉助卡巴拉，我們能夠為了我們自己的利益，去操縱構成現實的基本力量——接受與給予。卡巴拉不只告訴我們整個創造的藍圖，而且還教給我們如何可以變成現實的設計者，即變得和那個現實的原始設計者——創造者一樣全能和全知。

 附錄

什麼人可以研究學習卡巴拉?

當20世紀偉大的卡巴拉學家,以色列第一位首席猶太導師庫克(Kook),被問到誰能學習卡巴拉時,他非常明確地回答說:「任何想要學習它的人。」

在這最近一百年,在許多場合,所有的卡巴拉學家都無一例外地清楚地表示,今天卡巴拉是對所有人開放的。此外,他們聲明,卡巴拉是用來解決他們已經預見到的、而我們正在經驗的這場全球危機的必備工具。根據所有卡巴拉學家的觀點,那個將卡巴拉對公眾隱藏的時代已經結束了。

卡巴拉智慧在以前之所以會被隱藏起來,是因為卡巴拉學家害怕它會被人們誤用或被人們誤解。而正如事實已發生的那樣,曾經洩漏過的一點點,已經引起了很多誤解並導致了很多誤用的情形產生。因為卡巴拉學家解釋說,我們這一代人已進化到了準備好去理解卡巴拉的真正意義,以及去理清過去曾造成的那些誤解的階段,這門科學現在開始對所有想研究學習它的人們開放。

卡巴拉智慧教我們什麼？

卡巴拉智慧教授我們有關那些精神世界的結構，以及我們每一個人怎樣才能到達那裡。卡巴拉著作就如同旅遊指南一樣，如果你打算到一個新的城市去旅行，你可能需要一個導遊來告訴你，哪些地方是最好的景點、最好的咖啡店和俱樂部在哪裡？以及指出哪些是你不會想去的地方等等。

同樣地，卡巴拉著作告訴你那些精神世界是如何被建造起來的，哪些地方比較好玩而哪些地方不是。當然，這些指的都不是像這個物質世界的地方一樣的「地方」，而是那些卡巴拉學家們都曾經經歷過的某種精神世界的狀態。

此外，卡巴拉著作還會告訴我們，如何去發現那個精神的現實。如果你想要去世界上的某個地方，你可能會需要一張地圖、一個研究並熟悉該地的導遊。而這對那些精神世界的探索來說，就是卡巴拉著作所扮演的角色：它給你指出哪裡是精神世界，將你「送」到那裡，並為你四處導遊。

 附錄

Bnei Baruch 國際卡巴拉教育和研究中心是一種什麼樣的組織？

Bnei Baruch 國際卡巴拉教育和研究中心是為了研究、學習、教授及傳播真正的卡巴拉智慧的一個自發的國際性組織。它於1991年，由科學家、卡巴拉學家麥可‧萊特曼博士懷著上述的崇高目的成立的。他之所以將這個組織命名為 Bnei Baruch（意思是 Baruch 之子），為的是紀念他的老師、當代偉大的卡巴拉學家巴魯克‧阿斯拉格（Baruch Ashlag）；而巴魯克是他的父親，二十世紀最偉大的卡巴拉學家耶胡達‧阿斯拉格（Yehuda Ashlag）的繼任者，耶胡達‧阿斯拉格也被尊稱為巴拉蘇拉姆（Baal Sulam，意思是階梯的主人），以其《對〈光輝之書〉的階梯（Sulam）注釋》而聞名於世。

為了傳播卡巴拉智慧，Bnei Baruch 在世界範圍內用幾十種語言維護著 www.kabbalah.info 這個網站，出版卡巴拉著作、發行卡巴拉報紙以及製作卡巴拉廣播及電視節目等。每個月都約有一百萬人瀏覽該網頁，全球已有數萬人成為其積極的會員，他們共同支援這個目標，並為了全人類的利益而協助卡巴拉的傳播。

歷史上偉大的卡巴拉學家

卡巴拉智慧是人類最古老的智慧。它的起源可追溯到猶太人祖先亞伯拉罕的時代，即西元前 18 世紀，至今三千八百多年以前。亞伯拉罕是當時古巴比倫貝多因部落中一個普通的人，他發現了創造者的存在，也就是發現了超越這個世界之外的現實。然後，他寫下了有關這一切的稱為《Sefer Yetzira》（《創造之書》）的著作，這是有關卡巴拉智慧的最早的一本著作。

在他之後產生了很多的卡巴拉學家，包括他的弟子、兒子及孫子，全部都致力於卡巴拉智慧的研究和傳播，直到這一智慧被第二次為帶領以色列人走出埃及的摩西所揭示。摩西是一個偉大的卡巴拉學家，他為我們撰寫了 Torah（《托拉》，或《摩西五經》，《聖經》的前五卷）。在這本著作中，他以一種不同的方式，描寫了他自己對精神世界的揭示。

亞伯拉罕用 Sefirot 和名稱寫下他的著作，而摩西則使用了另外一種不同的語言——一種根枝語言來描述自己對那些更高的精神世界的揭示。由於這個世界的所有一切都來自那些更高的世界，就如經書中所寫的：「在這個世界裡，哪怕是一根小草，都在那些更高世界裡有著一個對應的讓它成長的天使（指更高的力量）。因此，存在於這個世界中的任何事物都與存在於那些更高世界裡的某個力量相對應。」

例如，在我們的這個世界，我們所遇到的所有事物都可以用語言、稱謂及名字加以表達。這樣，我們可以使用這些同樣的名稱，但表達的卻是在那些更高世界中所發生的事物。這就是摩西採用根枝語言寫下了他著名的《聖經》前五卷的方式。

 **附錄**

多虧了他，我們現在才擁有《摩西五經》。這個世界上的人們認為，這本經典所涉及的是這個世界裡發生的事情，描寫的是某些曾經發生的歷史事件、羅曼史以及其他活動等等，這都是對該著作的誤讀和誤解，而那些已達成精神世界的人們很清楚，摩西所描述的根本就不是我們這個世界，哪怕連一個字都沒有；他談論的全部都是有關那些精神世界的事情！他描述的是有關那個最高的統治的力量，以及靈魂如何上升及下降，他們的轉世以及整個精神的系統。

然後，是《光輝之書》的出現，它是有關卡巴拉智慧最重要的著作，雖然沒有人完全瞭解它。《光輝之書》是以一種叫做 Midrash 的語言寫成的。這種語言不同於亞伯拉罕所採用的 Sefirot 及 Partzufim 的語言，它也不同於摩西所使用的根枝語言。這種語言使用的是我們這個世界的詞彙。《光輝之書》是以小說的形式撰寫的，它虛構且富有詩意。它看起來是在無意義地談論著這個世界以及精神世界，但它卻是一種傳奇式的故事的語言，名為 Midrash。

繼《光輝之書》後，到了中古十六世紀，另一次卡巴拉重要的發展是神聖的 Ari（卡巴拉學家 Isaac Luria）在以色列北部的一個叫做 Safed 的小鎮上對卡巴拉的揭示。他沒有親自寫下任何著作，他的教義都是由他的弟子 Chaim Vital 記錄下來。這被認為是當代卡巴拉的開端。

後來，到了哈西德派的時代，卡巴拉智慧經過從 17 至 18 世紀間的發展，直到我們現在這個時代 20 世紀的巴拉蘇拉姆，即卡巴拉學家耶胡達·阿斯拉格。巴拉蘇拉姆用現代的語言闡釋了精深的卡巴拉智慧，他對《光輝之書》以及 Ari 的教義進行了完整的注釋。他像寫科學著作一樣寫下了《對十個 Sefirot 的研究》，該著作的寫法既具有學術性又非常地精確；它配有術語解釋表、問答、圖表等，是一種完整的適用於我們這個時代的卡巴拉科學教科書。

312

2

其他卡巴拉著作

 附錄

為了幫助你決定你接下來應該閱讀哪本書，我們已經將一些卡巴拉書籍分為了五類——適合所有人的著作、初級著作、中級著作、高級著作和教科書。第一類包含了適合所有人閱讀的書籍，無論你是一個初學者還是一位非常精通卡巴拉的人。第二～四類是根據讀者已掌握的知識水準來分類的。對初級水準的讀者沒有要求。中級水準要求之前已閱讀一到兩本初級著作；高級水準要求已閱讀前兩類著作各一到兩本。第五類教科書——包含了一些由早期卡巴拉學家們撰寫的正宗原始文獻的譯本，例如，阿里、耶胡達‧阿斯拉格（巴拉蘇拉姆）和他的兒子及繼承人巴魯克‧阿斯拉格（拉巴什）。

其他還沒有出版的英文譯本可以在 www.kabbalah.info/cn 網站上找到。這個網站上的所有資源（包括已出版書籍的電子版）都可以免費下載。

適合所有人的著作

《卡巴拉、科學及生命的意義》

Kabbalah, Science and the Meaning of Life

科學解釋了維持生命的機制；卡巴拉解釋了生命存在的原因。在《卡巴拉、科學及生命的意義》這本書中，萊特曼博士用一段揭示生命的意義的生動對話將科學和精神世界結合了起來。

幾千年來，卡巴拉學家們一直寫著，世界是一個被分為無數生物的整體。如今量子物理學這一最前端的學科闡明了一種非常簡單的觀點：從最基本的物質層面上來說，我們所有人類和現實的環境的一切實際上是一個單一的整體。

科學說明，現實受檢驗它的觀察者的影響，即對現實的感知是主觀的，卡巴拉也同樣這樣認為。但卡巴拉做出了一個更加大膽的聲明：即使是創造者，現實的創造者，也位於觀察者之內。換句話來說，上帝存在於我們內心，不存在於其他任何地方。當我們去世後，祂（創造者）也會消失。

萊特曼博士清楚地解釋了這些全新的震撼人心的觀念，因此即使是科學或者卡巴拉的初學者也能夠很容易地理解它們（雖然始終似乎難以置信）。如果你對於「為什麼你會在這裡、生命的意義是什麼以及你可以做些什麼來使你更加享受生活」這些問題不僅僅只有一點點好奇，而是真的想要尋找答案的話，那麼這本書無疑是你的必讀著作之一，它會為你對世界、宇宙和生命產生的思考提供一個全新的視角。

 附錄

《危機：想知道為什麼？》
Crisis, Wonder Why?
謀求發展帶來的卻是毀滅
追求幸福得到的卻是絕望
渴望和平導致的卻是戰爭

道路在何方？未來在哪裡？
難道發展的終點是毀滅！？

一個為今天而準備的五千年的偉大智慧，
被一個民族攜帶著、隱藏著、發展著、等待著，
只為今天這個危機四起的時刻的出現，
當人類真正開始需要她的時候，
她才揭開她神祕的面紗，
為人類指點迷津，引向光明！

　　危機到底是什麼？危機的背後又隱藏著什麼？自然災害真的是自然的嗎？災難是上天對人類的懲罰嗎？為什麼會爆發金融危機？氣候和生態危機是如何造成的？為什麼危機和災難發生的越來越頻繁了呢？恐怖主義的根源是什麼？為什麼世界從來沒有真正的和平過？幸福為什麼總是稍縱即逝？人類尋找的幸福在哪裡？如何才能實現真正的幸福？如何才能解決危機？我們都在期待改變，真正的改變，能夠帶來拯救的改變

是什麼？如何改變？生命意義又是什麼？……

　　本書透過幾十篇對人類面臨的各種危機現象的描述及其本質和危機的產生原因分析的文章，以及當代偉大的卡巴拉學家萊特曼博士有關危機、自然災難、戰爭與和平、婚姻及幸福的幾篇精彩對話所組成。

　　有關危機呈現的短文是全世界卡巴拉學員從卡巴拉智慧的視角，對我們人類現實生活中面臨的危機和困惑的卡巴拉式解讀。內容涵蓋了從金融到經濟危機，從全球化到網路時代，從生態環境和氣候危機到自然災害，從個人婚姻到家庭幸福的危機，從恐怖主義到戰爭，從科學對世界在宏觀和微觀世界的探索到生命意義的追尋等等。總之，歷史發展到21世紀的今天，人類從來沒有像今天這樣感到如此地迷茫和困惑。人們甚至絕望到相信世界毀滅的末日就要到來。

　　透過閱讀這些精彩的文章和對話，我們可以清晰地看到，剝開所有的災難和危機的表象，引發危機的根源和那個導致危機發生的唯一的原因，將鮮活地呈現在我們眼前。你會發現，不論是什麼樣的危機，無論什麼樣的災難，所有那些看似毫不相干、毫無關聯的危機和現象，最後都濃縮並指向一個單一的原因，都是由一個共同的根源和原因引起的，而且，你會神奇地發現，所有的危機和災難，實際上都是一種必然，並且，危機本身就是一種拯救，危機也是整個創造的一部分。而找到了那個造成所有危機的唯一的原因並瞭解了危機背後隱藏著的目的，也就找到了唯一的救贖，找到了生命起源和存在的奧祕，最終找到生命的意義。而且只有這時，人類真正的自由選擇之點才會出現。問題是我們是否願意選擇。毀滅還是重生，拯救的鑰匙就在我們自己手中，就隱藏在危機的背後，也在閱讀此書給每一讀者帶來的思考和求索之中。

　　本書內容分為十二章節八十一篇主題文章，涉及各類危機和社會及個人生活熱點問題。

 附錄

雖然，文章在編排上有分類和次序，可能很短小，但涉獵探討的問題卻可能觸及終極和根源，當然，我們力圖使它們通俗易懂。但您可以選擇任何涉及自己最關心的點的文章開始來讀，隨便跳讀。不要追求一遍就能讀懂。我們唯一希望的就是大家能夠自己從內心向外敞開自己的心扉，拋卻所有固有知識和思維模式設定的障礙。讓書中蘊藏的智慧流經你自己，滋潤你的心田，叩開你的心扉，使你真正開始知道！真正開始「看見」！

《拯救：如何在世界危機中變得強大》

Kaballah on Crisis, Its Cause and Solution

沒有問題可以在產生了它的那同一個意識層面上被解決。

——愛因斯坦

人類目前面臨的所有問題和危機的根源都出在，我們對這個世界、宇宙的進化發展以及我們人類在這個進化的鏈條上扮演的角色，也就是對我們自己是誰以及生命的意義是什麼這些問題的無知？

實際上，人類現在出現的問題是必然的也是必須要經歷的，危機和災難實際上並不是什麼新的名詞。

人類的文明史某種意義上講就是一部應對危機和災難的歷史。人類正是在應對危機和災難中成長起來的。如果在歷史上，無論如何我們都「成功」地應對了危機和災難的話；那麼，現在人類面臨的全面危機卻讓全人類感到束手無策甚至開始絕望。

难道真的像爱因斯坦所讲，如果我们不超越我们自己现在所处的这个引发了这些危机的意识层面，上升到一个更高的意识层面上的话；我们面临的问题就不可能在我们现在所处的这个意识层面上得到解决吗？我们目前的处境正迫使著我们不得不认为爱因斯坦的断言是正确的。

人类几千年的文明发展，危机灾难应对的历史，已经充分证明了人类在解决人类面临问题上的无助和无能。

至今，人类已经尝试了各种主义和制度，尝试了各种手段，任其为宗教的、哲学的、科学的还是经济的手段等等，但似乎任何思想，任何主义都没有实现其初始时的美好承诺，人类不但没有真正从根本上解决任何其面临的问题，反而越加深入地陷入到了更大的危机和灾难的泥潭，以致于到了没有人会反对全球毁灭正在迫近的说法的地步。

那么，事实果真如此吗？我们看到的感知到的这么宏伟的宇宙和这么神奇的生命就是以毁灭做为其终点吗？本著作由以下几部分组成：

第一部：《拯救你自己，如何在世界危机中使自己变得强大》。是莱特曼博士专门针对2008年世界金融危机后分析危机发生的原因，以及如何应对危机使自己变得真正强大的针对性著作。

第二部：由莱特曼博士针对几个困扰人类的精彩对话组成，包括金融危机、自然灾害、战争与和平等主题。

第三部：由莱特曼博士在世界智慧理事会等年会上，针对危机提出的应对措施的演讲稿所组成。希望读者能够从本书中认识危机，认识危机的根源和目的，进而找到包含在危机中的拯救。

 附錄

《道路：歷史・現在・未來》

The History, the Present and the Future

　　《道路：歷史・現在・未來》，從卡巴拉智慧的宏觀視角，縱覽了整個創造的過程，驅動生命的起源和進化背後隱藏著的力量。在對從創造者和創造物，也就是給予的願望和接受的願望，這兩個宇宙中唯一存在的力量的演變發展過程的解讀當中，你不但可以瞭解到創造的歷史，生命進化的脈絡，你還可以看到在所有的危機發生的背後存在著一條清晰的路線；並且會瞭解到現在人類面臨的全面危機和災難絕不是偶然的，一切都是在創造的開始就被預定好了的。而且，所有的危機和災難都是有目的的，它們的出現都是為了實現創造的目的。

　　本書還將幫助讀者解開幾百年來一直困擾著人類有關宇宙起源和生命演化理論的上帝創世說和達爾文進化論之間存在的謎團。

《超越世界》

Attaining the Worlds Beyond

　　《超越世界》的引言部分寫道：「……在1991年9月的猶太人除夕，我的老師感覺不舒服，他把我叫到他的床邊，遞給我他的一本筆記本，說道，『拿去吧，好好學習它。』第二天，我的老師就在我的懷裡仙逝了，從此，我和他的眾多弟子在這個世界上便失去了他的指引。」

　　「他曾經說過，『我想教你轉向創造者，而不是我，因為祂（創造者）才是唯一的力量、所有存在物的唯一源頭、唯一一個可以真正幫助你的力量，並且祂正在等待著你向祂祈求幫助。當你在試圖擺脫這個世界的

束縛的過程中、在提升你自己超越這個世界的過程中、在你找尋生命意義的過程中以及在確定你生命目的的過程中尋求幫助的時候，你必須轉向創造者，祂（創造者）為了迫使你轉向祂（創造者）而給了你所有的這些渴望。』」

《超越世界》講的就是那個筆記本裡的內容，也包含其他一些激勵人的文章。這本著作適合所有那些想發現一種符合邏輯的、可靠的用來理解這個世界中的現象的方法的人來閱讀。這本書生動地介紹了啟迪心靈，鼓舞人心的卡巴拉智慧，使讀者們到達他們靈魂的深處，找到超越世界的精神之路。

《心裡之點：靈魂快樂的源泉》

The Point in the Heart: a Source of Delight for My Soul

《心裡之點：靈魂快樂的源泉》一書，是從麥可‧萊特曼博士的一些課程精選摘要組成的一本書，麥可‧萊特曼博士，依靠他驚人的智慧在北美和全世界範圍內贏得了越來越多專注的學生。麥可‧萊特曼博士是一位科學家、一位卡巴拉學家同時是一個以令人信服的方式呈現古老智慧的偉大的思想家。

本書以一種獨特的和隱喻的語言編寫而成，心裡之點以真誠但耐人尋味的方式，回答了我們所有人類曾經問過的最深層的問題。當生命失去了控制，當我們需要一個獨自一人去反思的時刻，這本書將幫助我們重新發現那個位於我們內部的指南針。

這本書並不是要教你卡巴拉知識，而是向你輕柔地介紹一些從這個智慧中產生的思想的火花。《心裡之點》這本書是開啟一種新的認知的視窗。正如作者自己在書中做見證所說的，「卡巴拉智慧是一門有關情

 附錄

感的科學,一門有關快樂的科學,歡迎你開啟它,品嚐它。」

在卡巴拉中,「心」象徵著我們享樂的願望的總和。心裡之點就是我們開始問自己在這個世界上我們生命的意義是什麼時,那個特殊的親密時刻。它是當我們暫停下來並反思隱藏在我們不停在玩的那個「追逐遊戲」的背後到底是什麼的時刻,不是問我們是否真的需要它們,而是問為什麼我們需要它們的那個時刻。用萊特曼博士自己的話講,這就是「靈魂的開始,也是揭示愛的第一步」。當你在黑暗中需要「光」明時,這本心裡之點將成為你度過黑暗的蠟燭。

《卡巴拉智慧指南》

A Guide to the Hidden Wisdom of Kabbalah

卡巴拉智慧指南是一本對於卡巴拉初學者來說,深入淺出,通俗易懂,輕鬆愉快的讀物。它將深奧的卡巴拉智慧用一種清晰的方式介紹給讀者。該著作涵蓋了從卡巴拉歷史一直到這種智慧如何可以幫助我們解決世界危機等各個方面。

全書分三個部分:

第一部涵蓋了卡巴拉的歷史、事實和有關卡巴拉的謬論,並介紹了卡巴拉的關鍵概念;第二部說明了所有有關精神世界和其他相關的東西,包括希伯來字母的含義和卡巴拉音樂的力量;第三部介紹了如何利用卡巴拉智慧認識和應對世界危機。

我們不需要剝奪我們經過多年的努力工作而獲得的並已經習慣的生活標準。實際上有一個更簡單的方法,可以讓人類不但可以度過這一危機和災難四伏的時期,而且可讓人類獲得我們曾經連夢想都想不到的東西,並實現生命的真正意義和目的。本書是學習卡巴拉,繼而掌握宇宙

存在的奧祕，實現生命的意義的必讀著作。

《卡巴拉的基本概念》
Basic Concepts in Kabbalah

這本書幫助讀者理解卡巴拉的一些概念、精神世界裡的物體和有關精神世界的術語。透過反覆地閱讀這本書，讀者可以在他（她）心裡培養出之前並不存在的內在洞察力、感悟和理解能力。這些新獲得的觀察力就像一些感測器一樣，可以「觸及」到我們五種感官無法感知到的我們周圍的空間。

因此，《卡巴拉的基本概念》這本書旨在促進對有關精神世界的一些術語的思考。一旦我們理解了這些術語，我們就可以透過我們內心的視覺來感知我們周圍的精神世界的結構，如同一團迷霧消散之後一樣。這本書並不是旨在學習一些事實。相反，這本書的目標讀者是那些渴望喚醒他們可以擁有的最深層次和最微妙的感知的人們。

《永遠在一起》
Together Forever

從表面上來看，《永遠在一起》描寫的是一個針對孩子們的童話故事。但如同所有描寫生動的關於孩子們的故事一樣，它超越了年齡、文化和成長環境的界限。

在《永遠在一起》中，作者告訴我們，如果我們是父母，並忍受著我們一生中遭遇到的考驗的話，那麼我們將會變得更堅強、更勇敢和更睿智。我們不會變得越來越脆弱，相反，我們將學會創造我們自己的神

 附錄

話和奇蹟,就像一位魔術師一樣。

在這個暖人心房的故事裡,萊特曼博士與孩子和父母們分享了一些精神世界的魅力。卡巴拉智慧裡包含了許多引人入勝的故事。魔術師是這種永恆智慧的源頭給予的另一份禮物,這種智慧使我們的生活更豐富、更輕鬆和更充實。

卡巴拉初級著作

《卡巴拉入門》

Kabbalah For Beginners

《卡巴拉入門》這本書適合於所有正在尋找有關生命的一些最根本問題的答案的人去閱讀。我們所有人都想知道為什麼我們會在這裡、為什麼會有痛苦以及我們如何能夠使生活變得更快樂。這本書的四個部分準確地回答了這些問題，並清楚地闡明了卡巴拉的主旨及其實際運用。

第一部分討論了卡巴拉智慧的發現、它的發展過程以及它最後是如何被隱藏直至現在的；第二部分介紹了卡巴拉智慧的主旨，並使用了十張簡單的圖畫來幫助我們理解精神世界的結構和它們與我們的這個世界之間的關係；第三部分揭示了一些不為公眾所知的卡巴拉概念，第四部分闡明了你和我可以運用的一些實際方法，以使我們的生活對於我們和我們的孩子而言可以變得更美好和更愉快。

《卡巴拉智慧：卡巴拉啟示》

Kabbalah Revealed

這本書以其清晰易懂的寫作風格幫助讀者理解周圍的世界。它一共包括六個章節，每個章節都闡明了卡巴拉智慧的一個不同的方面，介紹了它的教義，並列舉了我們日常生活中的很多例子來解釋這些教義。

這本書的前三章解釋了為什麼世界正面臨一場危機、我們不斷增長的願望是如何在促使我們進步的同時又造成我們的分裂的、為什麼實現積極變化的最大的障礙源於我們自己的精神之中。第四章節到第六章節描述了能夠產生積極變化的藥方。從這些章節中，我們可以學到我們如

 附錄

何利用我們的精神來創造一種和所有創造物和諧共處的寧靜的生活。

《偉大的智慧》
Wondrous Wisdom

這本書講解了有關卡巴拉的一些基礎知識。類似於我們在這裡提到的所有書籍，《偉大的智慧》是基於由卡巴拉學家幾千年來傳授給學生們的正宗教義所凝鍊而成的。這本書的核心是一系列揭示卡巴拉智慧的本質以及解釋怎樣達成它的課程。對於那些詢問「我到底是誰？」和「為什麼我會在這個星球上？」的人來說，這本書是必讀著作之一。

《覺醒至卡巴拉》
Awakening to Kabbalah

萊特曼博士懷著敬畏之情對卡巴拉這一古代智慧進行了獨有見地的介紹。在這本書中，萊特曼博士不僅提供了一種對卡巴拉的基本教義的理解，也提供了你如何使用這種智慧來闡明你與其他人和你周圍世界之間的關係的更深層次的理解。

透過使用科學語言和詩歌語言，他探究了有關精神世界和存在的最深奧的問題。這本發人深思、獨特的指南將會鼓舞和激勵你跳出這個世界和你日常生活的限制來發現真理，接近創造者並達到靈魂的新的高度。

《卡巴拉智慧——從混沌走向和諧》
From Chaoes to Harmony

許多研究者和科學家都認為，自我（利己主義）為什麼是我們的世

界現在處於危險的狀態的根源。萊特曼博士的這本具有開創性意義的書，不僅解釋了利己主義是整個人類歷史上所有苦難的基礎，而且還提示了我們如何將我們的苦難轉變為快樂的方法。

這本書清楚地分析了人類的靈魂和它的問題，並提供了一個「路標」來指示我們如果我們想再次變得快樂的話，我們需要做些什麼。《從混沌走向和諧》解釋了我們如何能夠提升到一個個人、社會、國家和國際層次上的存在的新水準。

《解密光輝之書》
Unlocking The Zohar

《光輝之書》中包含著一種可將我們引向完美的非常特殊的力量。它具有一種使人渴望不停止地讀它的魔力。對於那些真正讀進去的人們，《光輝之書》就是一個生命能量和活力的源泉。擁有了它，我們就可以開始一個新的生命並與在這個世界上存在的美好與快樂相伴。

《解密光輝之書》是旨在容易為讀者理解的名為《所有人的光輝之書》的系列著作的介紹性著作。為了最好地利用這一系列著作，強烈推薦首先閱讀這本著作，這本書將會引領讀者正確地閱讀《光輝之書》，從而從中獲得最大的收穫。閱讀本書並不需要你有任何特別的知識。本書第一部分解釋了《光輝之書》中蘊藏的智慧本質，它被隱藏數千年的原因，以及它如何在今天可以使我們受益；第二部分介紹了我們感知現實的方式和創造的藍圖，以及最終我們如何能夠透過解密《光輝之書》一起解開創造的祕密。本書第三部分特別地從《所有人的光輝之書》中節選了一些精彩的篇章。在你閱讀完本著作之後，你將會感覺到《光輝之書》的力量並且享受它的收益。

 附錄

卡巴拉中級著作

《卡巴拉經驗》
Kabbalah Experience

由這本書中的問題和答案所揭示的卡巴拉智慧的深奧程度將會激勵讀者去反思和沉思。這不是一本只需匆匆閱過的書，而是一本值得反覆推敲和仔細閱讀的書。這樣，讀者將會體驗到一種不斷增長的受到啟發的感覺，同時很容易地掌握那些每個卡巴拉學習者在學習卡巴拉的過程中都會問到的問題的答案。

《卡巴拉經驗》是一本關於人類從過去走向未來的指南，揭示了所有卡巴拉學習者在他們的卡巴拉之旅中的某些時候將會經歷的處境。對於那些珍惜生命中每一刻的人來說，這本書提供了一種對永恆的卡巴拉智慧的獨特理解。

《卡巴拉路徑》
The Path of Kabbalah

這本書很獨特地將卡巴拉初級著作與更高深的概念和教義結合了起來。如果你已經閱讀了一到兩本萊特曼博士撰寫的書籍的話，那麼你會發現這本書很容易讀懂。《卡巴拉路徑》這本書不僅提及了一些基本概念，例如，對現實的感知和自由選擇；而且還不斷深入和擴大了卡巴拉初級著作的範圍，例如，這本書比那些「純粹」的初學者閱讀的書籍更加詳細地解釋了世界的結構；這本書也描述了世俗物質世界的精神根源，例如，希伯來日曆和節日等。

卡巴拉高級著作

《對卡巴拉智慧的導讀》

The Science of Kabbalah, The Preface to the Wisdom of Kabbalah

麥可・萊特曼博士既是一位卡巴拉學家也是一位科學家，他撰寫這本書是為了向讀者介紹正宗的卡巴拉智慧的獨特語言和術語。萊特曼博士在這本書中以一種理性和謹慎的方式揭示了正宗的卡巴拉。讀者們可以逐漸地理解宇宙和存在於宇宙中的生命的邏輯設計。《對卡巴拉智慧的導讀》是一本在清楚的解析和深度上都無與倫比的具有開創性意義的著作，它吸引了許多智者，並使讀者們能夠理解巴拉蘇拉姆（耶胡達・阿斯拉格）的更多的學術著作，例如，《對十個 Sefirot 的研究》（The Study of the Ten Sefirot）和《光輝之書》（The Book of Zohar）。讀者在這本書中將享受到一些只有正宗的卡巴拉才可以回答的有關生命謎團的滿意答案。你可以一邊閱讀這本書，一邊為到達更高的世界的奇妙之旅做準備。

《對光輝之書的導讀》

The Science of Kabbalah, Introduction to the Book of Zohar

對於那些想理解《光輝之書》中隱藏的資訊的人來說，這本書和《對卡巴拉智慧的導讀》是必讀的。這本書中涉及到的許多有用的主題介紹了「根源和分枝語言」，如果沒有這種「根源和分枝語言」的話，那麼在《光輝之書》中描述的故事將僅僅是一些寓言和傳奇。《對光輝之書的導讀》將為讀者們提供理解正宗的卡巴拉智慧的一些必備工具，以使他們到達更高的世界。

 附錄

《光輝之書:對阿斯拉格注釋的解讀》
The Zohar, Annotations to the Ashlag Commentary

《光輝之書》是卡巴拉智慧的一個永恆的源泉和所有卡巴拉文獻的依據。自從它在大約兩千年前出現以來,它就一直是卡巴拉學家們使用的主要文獻資料,通常也是唯一的文獻資料。

數百年來,卡巴拉都被隱藏了起來,不為大眾所知,因為人們適合學習它的時機還不成熟,還不適合學習它。然而,我們這一代人被卡巴拉學家們指定為可以理解《光輝之書》中的概念的第一代人。現在我們可以將這些概念運用於我們的生活中,而且必須開始實施卡巴拉智慧,否則人類將陷入越來越深重的災難和困苦之中。

透過一種獨特和運用暗喻的語言,《光輝之書》加深了我們對現實的理解並拓寬了我們的世界觀。雖然這本書只涉及了一個主題——如何和創造者取得聯繫,但它從不同的角度闡明了這一主題。這使得我們每個人都可以發現某個將使我們理解這種深奧和永恆的智慧的特定片語和單詞。

教科書

《我聽說的》
Shamati

麥可・萊特曼博士在這本書中寫道，在我的老師巴魯克・阿斯拉格（拉巴什）使用的所有文獻和筆記中，他總是帶一個特殊的筆記本。這個筆記本裡記錄了他和他父親之間的一些對話，他的父親是耶胡達・阿斯拉格（巴拉蘇拉姆），即《對光輝之書的蘇拉姆（階梯）的注釋》、《對十個Sefirot的研究》（The Study of the Ten Sefirot 對卡巴拉學家阿里的著作的注釋）和許多其他卡巴拉著作的作者。

在1991年9月的猶太人除夕，拉巴什感覺到不舒服，他把我叫到他的床邊，遞給我這個筆記本，這個筆記本的封面只有一個單詞，即Shamati（即「我聽說」的意思）。當他把這個筆記本遞給我的時候，他說道，「拿去吧，好好學習它。」第二天，我的老師就在我的懷裡仙逝了。從此，我和他的眾多弟子在這個世界上便失去了他的指引。

為了實現拉巴什的遺言——傳播卡巴拉智慧，麥可・萊特曼博士按其原樣出版了這個筆記本，保留了這個筆記本神奇的轉變力量。在所有卡巴拉書籍中，《我聽說的》是一本最獨特和最富有吸引力的著作。

《卡巴拉學生用書》
Kabbalah For The Student

《卡巴拉學生用書》中包含了由耶胡達・阿斯拉格、他的兒子及繼承人巴魯克・阿斯拉格和其他一些偉大的卡巴拉學家所撰寫的正宗的卡

 附錄

巴拉文獻，內容博大精深，耶胡達‧阿斯拉格是對《光輝之書》做出《蘇拉姆（階梯）注釋》的作者。這本書中包含了一些準確地描繪卡巴拉學家們所經歷的更高的世界的發展過程的圖解，也包含了一些導引性的文章，以幫助我們真正理解卡巴拉的最主要著作——《光輝之書》。

在《卡巴拉學生用書》中，萊特曼博士收集了卡巴拉學習者為到達精神世界所需要閱讀的所有文獻，萊特曼博士是巴魯克‧阿斯拉格的首席弟子和個人助理。在他的每日課程中，萊特曼博士透過教授這些鼓舞人心的文獻來指引全世界的學生們學習卡巴拉，以幫助初學者和高級學員更好地理解在到達更高的世界的精神之旅中，我們要走的精神道路。這是真正學習卡巴拉智慧的必讀著作。

《拉巴什，有關社會的文獻》
Rabash：The Social Writings

巴魯克‧阿斯拉格導師（拉巴什）在卡巴拉的歷史上扮演了一個非常顯著的角色，他為卡巴拉智慧和我們人類的經驗之間架設了最後的橋梁。由於他的特殊品格，他可以將自己完全隱藏在他的父親和老師，偉大的卡巴拉學家，耶胡達‧阿斯拉格導師（人稱巴拉蘇拉姆）的光環之中。

然而，如果沒有拉巴什的著作，他父親想要向全世界揭示卡巴拉智慧的所有努力也將會無功而返。沒有他的著作，巴拉蘇拉姆如此想要我們達成精神世界的努力將不會實現。

在他的日常生活中，拉巴什是謙卑和自制的人生典範。雖然如此，他的著作卻充滿了對人的本性的深刻洞見。那些初看起來似乎很平常的語言實際上卻是通向人們心靈最深處的精確的情緒通道。他的著作向我們顯示在哪些關鍵的轉捩點上我們必須架設我們的階梯並開始攀登。在

精神達成的旅程中,他會用其驚人的敏感度,一路陪伴我們度過那些我們將要遭遇的艱難和困惑。他的話語能夠使讀者和他們自己的本性達成條件,將恐懼和憤怒最快地轉化為自由、喜悅和信心。

沒有他的著作,特別是那些有關一個人在團隊中的角色的著作,我們將永遠不會從一個普通的卡巴拉熱愛者變成一個真正的卡巴拉學家。拉巴什是迄今為止唯一一位為這個世界中的任何一個人提供了一套清晰有效的方法,使得人們可以從他們的心裡之點覺醒的那一刻開始,直到他們透過在團隊中的工作實現他們的精神目標。

這本書裡收集的著作,不應只是簡單地用於閱讀,它更應該是一本實用的精神指南。

3

有關 Bnei Baruch
國際卡巴拉教育和研究中心

 附錄

Bnei Baruch 是一支成立於以色列的卡巴拉學習團隊，它與整個世界共同分享卡巴拉智慧。超過三十種語言的學習材料是基於數千年世代相傳的正宗的卡巴拉文獻著作。

◎歷史和起源

麥可・萊特曼是本體論和知識理論的教授，擁有哲學和卡巴拉的博士學位以及醫學生物控制論的碩士學位，在1991年，當他的老師巴魯克・阿斯拉格（拉巴什）去世後，萊特曼博士創立了 Bnei Baruch 卡巴拉學習團隊。他將其命名為 Bnei Baruch（即「巴魯克之子」的意思）是為了紀念他的老師。萊特曼博士在他老師生命的最後十二年裡（即1979～1991年）從未離開過他的身邊。萊特曼博士是巴魯克・阿斯拉格的首席徒弟和個人助理，並被公認為真正卡巴拉智慧的教學方法的繼承人。

拉巴什是二十世紀最偉大的卡巴拉學家——耶胡達・阿斯拉格的長子和繼承人。耶胡達・阿斯拉格是《光輝之書》最權威和全面的注釋——《蘇拉姆注釋》（即「階梯的注釋」的意思）的作者。他是第一位揭示完整的精神提升的方法的卡巴拉學家，並被稱為巴拉蘇拉姆（即「階梯的主人」的意思）。

現在，Bnei Baruch 國際卡巴拉教育和研究中心的所有學習方法都基於這兩位偉大的精神導師鋪設的道路之上。

◎學習方法

Bnei Baruch 每天傳授並應用巴拉蘇拉姆和他的兒子拉巴什發展出來的獨特的學習方法。這種方法依據正宗的卡巴拉資源，例如，西蒙・巴爾・約海所著的《光輝之書》、阿里所著的《生命之樹》以及巴拉蘇拉姆所著的《對十個 Sefirot 的研究》（The Study of the Ten Sefirot）。

學習卡巴拉不僅需要正宗的卡巴拉資源，而且還需要簡單易懂的語

言和一種科學、現代的學習方法。這種學習方法得到了不斷的發展，並使 Bnei Baruch 成為以色列和整個世界的國際公認的教育機構。

這種學習方法獨特地將學術研究方法和個人經歷結合在了一起，拓展了學生們的視野，並使他們獲得了對他們生活著的現實的一種全新的感知。這樣，那些走在精神之路上的學生便獲得了研究他們自身和他們周圍的現實的必備工具。

◎信息

Bnei Baruch 是由全球成千上萬學員組成的進行多種傳播活動的一個機構。每個學員根據自己的個人條件和能力選擇自己的學習途徑和強度。Bnei Baruch 傳播的資訊的本質很廣泛，即團結人民、團結各民族和愛每一個人。幾千年來，卡巴拉學家們一直都在教授人們之間的愛是所有人類關係的基礎。這種愛在亞伯拉罕、摩西和他們成立卡巴拉學習團隊的那個時代得到了廣泛的傳播。如果我們吸收了這些古老但又現代的價值觀的話，那麼，我們將會發現我們擁有了能忽略我們之間的不同而團結在一起的力量。

隱藏了數千年的卡巴拉智慧如今已浮現出來，它一直在等待一個我們人類已經充分發展並準備好執行它的資訊的時機。現在，它成為了一種可以團結世界各民族的方法，並使我們所有人能夠迎接目前的挑戰，無論是個人還是社會。

◎活動

創立 Bnei Baruch 的前提是「只有透過廣泛地向公眾傳播卡巴拉智慧，我們才能夠得到完全的救贖」（出自巴拉蘇哈姆）。因此，Bnei Baruch 向人們提供了各種各樣的方法，以使他們探索和發現他們生命的意義，並為初學者和高級學員提供精心的指導。

 附錄

◎卡巴拉電視

Bnei Baruch 成立了一家阿斯拉個研究中心電影製作公司（ARI Films）（www.arifilms.tv），這家電影公司主要致力於製作多種語言的和全世界範圍內的卡巴拉教育電視節目。

Bnei Baruch 在以色列擁有自己的電視台，透過有線電視和衛星 24/7 播出。這些電視節目也在 www.kab.tv 上播出。而且，這個電視頻道上的所有電視節目都是免費的。這些電視節目適合所有學員，包括初學者和最高級學員。

此外，阿里電影製作公司也製作卡巴拉教育故事片和紀錄片。

◎網路網站

Bnei Baruch 的國際網站（www.kab.info）上有正宗的卡巴拉智慧的一些資源，包括文章、書籍和原始文獻。它是網路上至今為止最大的一個正宗卡巴拉資源庫，並向讀者提供了一個獨一無二的、涵蓋面極廣的圖書館，以便讀者們充分地探索卡巴拉智慧。此外，卡巴拉媒體文檔（www.kabbalahmedia.info）上包含了五千多個媒體資料，可下載書籍和大量的多語種文獻、視頻和音頻檔。

Bnei Baruch 線上學習中心為初學者提供了獨特、免費的卡巴拉課程，引導學生在他們舒適的家中學習深奧的卡巴拉智慧。萊特曼博士的每日課程也在 www.kab.tv 上直播，並附有補充性的文本和圖表。

以上所有資源都是免費提供的。

◎報紙

《今日卡巴拉》是由 Bnei Baruch 每月免費發行的一種報紙，它有四種語言版本，包括英語、希伯來語、西班牙語和俄語。其風格簡單易懂、富有現代感，內容與政治、商業無關。《今日卡巴拉》的目的是為了以

一種簡單易懂、生動的樣式和風格向世界各地的讀者們免費揭示卡巴拉智慧中隱藏著的大量知識。

《今日卡巴拉》目前在美國的每一個主要城市、加拿大的多倫多、英國的倫敦和澳大利亞的雪梨免費發行。它以英語、希伯來語和俄語印刷，並且在 www.kabtoday.com 上也可閱讀。

此外，訂閱者只需支付郵費便可閱讀到該報紙的紙張版。

◎卡巴拉書籍

Bnei Baruch 出版正宗的由耶胡達·阿斯拉格（巴拉蘇拉姆）、他的兒子巴魯克·阿斯拉格（拉巴什）和麥可·萊特曼撰寫的書籍。耶胡達·阿斯拉格和拉巴什的著作對充分理解正宗的卡巴拉教義至關重要，萊特曼博士在他的每日課程中解釋這些正宗的卡巴拉教義。

萊特曼博士基於巴拉蘇拉姆提出的一些核心概念，以一種簡單易懂、現代的風格來撰寫他的著作。這些著作是現在的讀者和原始文本之間的一條重要的紐帶。所有這些書籍都有銷售，也可以在網上免費下載。

◎卡巴拉課程

正如卡巴拉學家們多少世紀以來一直所做的那樣，麥可·萊特曼博士每天凌晨三點至六點（台北時間是上午九點至十二點）在以色列的 Bnei Baruch 國際卡巴拉教育和研究中心講課。萊特曼博士用希伯來語講課，現在這些課程被每天同步翻譯為七種語言：英語、俄語、西班牙語、法語、德語、義大利語和土耳其語。正如其他所有活動一樣，這些直播節目也是免費提供給全球數百萬學生的。

 附錄

◎經費

　　Bnei Baruch 國際卡巴拉教育和研究中心是一個教授和分享卡巴拉智慧的非營利性機構。為了保持其獨立性和意圖的純潔性，Bnei Baruch 不接受任何政府或政治組織的支援和資助，也和它們沒有任何關聯。

　　由於其大部分活動都是免費提供的，團隊活動經費的主要來源是捐款和什一稅——學生在其自願的基礎上的奉獻和以成本價出售的麥可·萊特曼博士的書籍的所得。

Even if the future is not clear and there are various opinions, the trend of our advancement has to be understood: Human development leads to its full integration. And although this development towards unity takes place contrary to our personal, state, and national egoism, we must accept this natural evolution as an obligation, as a fact, and make decisions in accordance with it to aviod further blows".

"儘管未來對我們來講還不清晰，也存在著各種各樣的觀點，我們還是必須瞭解我們發展的趨勢：人類的發展最終必然導致全人類的完全融合。儘管這種向著團結統一的方向的發展與我們個人的、國家的或者民族的利己主義目標是對立的，但是，我們不得不接受這種自然的進化發展是一種必然，並把它看作是一個事實，進而做出順應這一發展趨勢的相應決策，以免招致自然更大的打擊。"

——麥可·萊特曼博士

如何聯繫我們

網站 Internet:
www.kabbalah.info/cn

卡巴拉電視 Kabbalah TV
www.kab.tv

網路書店 Bookstore
www.kabbalahbooks.info

學習中心 Learning Center
edu.kabbalah.info

電子信箱 E-mail
chinese@kabbalah.info
info@kabbalah.info

Bnei Baruch Association
PO BOX 3228
Petach Tikva 49513
Israel

Kabbalah Books
1057 Steeles Avenue West, Suite 532
Toronto, ON, M2R 3X1
Canada
E-mail: info@kabbalahbooks.info
Web site: www.kabbalahbooks.info
USA and Canada:
Tel: 1 416 274 7287
Fax: 1 905 886 9697

Kabbalah
Wisdom

Kabbalah
Wisdom

www.ingramcontent.com/pod-product-compliance
Lightning Source LLC
LaVergne TN
LVHW021651060526
838200LV00050B/2303